JN289300

コレーク行政学

藤井浩司 編
縣 公一郎

政治経済叢書

成文堂

序

藤井　浩司

　本書の書名から行政学の教科書を想定していた読者は、本書の目次構成、内容をみていささか当て外れの思いをもたれたのではないだろうか。本書の書名は共編者の縣公一郎教授によって付けられたもので、コレークとはドイツ語の Kolleg をさし、ここでは「講義」の意で用いられている。行政学を研究する若手研究者が一堂（一冊の本）に会して、現代行政にかかわる課題群から当面の研究テーマないしそれに近接するテーマを選択し、分担執筆した成果として本書が上梓された。

　教科書というと、当該の学問がその歴史のなかで築きあげてきた理論や概念について主要な、もしくは基礎となるものを取り上げて概説するというのが通例であろう。その学問領域で共有された問題関心に基づき定式化された＜質疑応答＞をパラダイムというとすれば、かかるパラダイムについての解説が教科書の主な内容になる。行政学の場合なら、行政国家・福祉国家、官僚制、政府構造、政府間関係、地方自治、内閣制、公務員制、行政組織・行政管理、予算・会計、公共政策・政策過程、政官関係、行政統制・行政責任などがこれまで主要な質疑応答の項目としてあげられてきた。本書の各章で取り上げられている主題は、一目すればわかるように、上記の「教科書的な」項目とほとんど重なっていない。

　そこで冒頭の問いかけになるのだが、今日のように行政を取り巻く環境が大きく変動し、同時に行政が大きな変化の途上にある状況の下では、従来の行政学における質疑応答項目も意味内容や概念の変容を免れず、型どおりの教科書づくりという企てそれ自体が大変厄介で難しいものとなってくる。もはやいうまでもないが、行政学のパラダイムはいま大きな揺らぎのただなかにある。その揺らぎがはたして行政学におけるパラダイム・シフトにつなが

るのかどうか、それを見極める模索と新たなパラダイム形成への試行の営みを本書各章の随所に読者には読み取ってもらえるのではないだろうか。その意味では、本書は、現代行政学が置かれている現状と直面している課題、そして将来の展望を示そうとしている点で、教科書としての使命の一端を担っているといえるのではないかと思っている。

　そもそも行政学は隣接する他の社会科学と対比して比較的若い学問である。現代行政学に大きな影響を与えたアメリカ行政学の場合などは、その誕生年（1887年）について通説的な理解が共有されているほどである。その若さゆえに、行政学はディシプリンとして共有されるはずの研究の目的、対象、方法、効用などに関する知見の体系的な分類整理と配置構成がいまだ塑形の途上にあり、誕生からこれまでの間、パラダイムをめぐる模索と試行の営みをずっと続けてきたようにも思える。

　わが国における行政学というディシプリンの系譜をたどるとき、必ず引証される学史上の画期となる出来事がある。それは（日本の）行政学という学問の誕生と復活と再生にまつわるエピソードである。

　わが国において行政学がはじめて大学の講義科目として設置されたのは、1882年、当時の東京大学文学部政治学科（後に東京帝国大学法科大学）においてであり、ほぼ同時期に現在の早稲田大学政治経済学術院の前身である東京専門学校政治科においても行政学が配置されていた。当時行政学の講義を担当していたのは、前者（東京大学）ではカール・ラートゲン、有賀長雄、一木喜徳郎、後者（東京専門学校）では天野為之、有賀長雄らで、いずれもドイツ官房学の理論系譜の流れを汲んでいた。こうして誕生した行政学もおよそ10年が経過するうちにドイツ行政法学が台頭するなかで大学の講義科目から姿を消していった。

　次いで、大学の講義科目として行政学が復活したのは、1921年、東京帝国大学と京都帝国大学の両大学における行政学講座の設置によるもので、それぞれ東京大学では蠟山政道が、京都大学では田村徳治が講座を担当した。周知のように、20世紀初めは、政治学、社会学、経営学をはじめとして欧米の学界で新しい知見やパラダイムが提示された時代であったが、当時の行政学はそれらの成果を積極的に摂取し、吸収しようとしていた。欧米学界の研究

成果への前向きな受容は、その後の日本の行政学の展開の基底に通奏される
トーンとなる。

　第二次世界大戦が終わり、敗戦国となったわが国は抜本的な体制転換を求
められることになった。戦前体制の解消と戦後体制の構築が進められるなか
で、戦後行政学にとって再生の画期となったのは、1950年の日本行政学会の
発足であった。戦後改革の主要な取り組みがアメリカの主導で実施され、政
治行政の民主化が英米モデルに基づいて進められたという事情も手伝って、
戦後日本の行政学はアメリカ行政学の影響を受けながら展開していくことに
なる。が、その一方で、これ以降の行政学は、もはや長く使い古された陳腐
なフレーズだが、「アイデンティティの危機」という課題を抱え続ける。

　わが国の行政学の画期となったエピソードをあらためて概観すると、一連
の出来事が一定のインターバルで起こっていることがみてとれる。いわゆる
制度循環仮説（社会経済環境の変化によって引き起こされた制度と現実との乖離
が制度の耐用年数を規定し、制度の創設から一定の期間を経過すると既存制度は
制度改革を迫られ、新たに設計された制度に取って代わられる）に照らしてみれ
ば、わが国の制度循環の軌跡（1890年前後の近代統治制度の原型形成期、1950
年前後の戦後改革期）とほぼ重なっており、行政学という学科のレリヴァン
シーを雄弁に物語っているともいえる。ともあれ現在の構造改革の動向と展
開もこの制度循環仮説のコンテクストから説明されるのだが、そうであると
するならば、歴史の経験則に照らすと行政学もまたひとつの画期を迎えてい
ることになる。

　本書の共編者、分担執筆者も含めて、現在の行政学者の多くは、アイデン
ティティ・クライシスにみまわれた行政学世界のなかで生まれ、成長し、業
を営んできた。先に述べたように、いま行政学が直面しているパラダイムの
揺らぎの先にあるものが、自分探しの旅に終わりを告げる新たなアイデンテ
ィティの確立なのかどうか。「ガバナンス」、「公共経営」というターミノロ
ジーの登場と普及が、「行政」と並ぶand/or取って代わる位置を占めるよう
になったとき、もはやそのフィールドはひとつの学科の先占が許されるので
はなく、多様なディシプリンが交流し連携する場になる可能性も否定できな
い。本書が、読者にとって行政学の現状と課題と展望を探るうえでのガイド

ポストになれば、編者としてこれにすぐる喜びはない。

　それでは、残された紙幅の許すかぎりで、本書を構成する各章の解題を述べることにする。

　まず第1章では、近年のガバナンスをめぐるふたつの代表的なアプローチ、国家中心アプローチと社会中心アプローチがそれぞれ、①NPMに対する評価、②舵取り（steering）の主体と手段、③アカウンタビリティ確保の方法に関してどのような所見を示しているのか、両者を対比しながら議論を整理し検討を加えている。さらに、英国・ブレア政権のもとで取り組まれた政府改革の中心課題とされた連携政府の企てを素材に、ガバナンス・アプローチの課題について考察を試みている。

　第2章は、1980年代以降先進資本主義国でみられた行財政システムの転換に伴い登場した「公共経営モデル」について、それ以前の伝統的な「公行政モデル」との対比のなかで、その概念形成と理論内容の特徴を日英のNPM型行政改革を事例に分析している。そして、NPM型行政改革の問題点や限界をふまえつつ行政を中心とした公共サービスをマネジメントすることが公共経営の役割、課題であると結論づけている。

　「NPO」を主題とする第3章では、政府－NPO関係論の理論系譜を概観したうえで、政府とNPOの協働・連携の必要性を前提として、双方の側にどのような問題点、課題があるのかを明らかにしている。そして、わが国における先進的な自治体での行政－NPO協働の事例を検討し、今後の展望を示している。

　続く第4章では、近年のいわゆるICT革命によって引き起こされた行政活動のイノベーションについて、わが国政府のICT基本戦略である「e-Japan戦略」と「u-Japan戦略」のふたつの政策対応の展開を素材に説明している。そして、ICTによる行政改革の目的・目標を明確に提示したうえで、今後のイノベーションの展望と課題を示している。また、本章では、当該の主題にかかわる研究者、実務家双方の先行研究を紹介している。

　第5章は、現実世界で生起するさまざまなリスクに対し、国民の安全を確保するために行政はどのような対応が可能であり、また対応すべきなのかを明らかにしようとする。その際、先行研究で示された知見に基づいてリスク

の概念整理、分類を試み、さらに最近のBSE問題の経緯を丹念にトレースしながら、リスクに直面した行政の役割について検討を試みている。

次いで「行政改革」をテーマとする第6章では、まず戦後日本における行政改革の系譜を第一次臨調（1961年発足）から小泉構造改革に至るまで概観し、行政改革をめぐる三つの論点、①行政組織改革（中央省庁再編など）、②執政機能強化（内閣機能強化、政官関係など）、③「官から民へ」改革（民営化、独立行政法人化、規制改革など）に焦点を合わせ、これからの行政改革の展望と課題を示している。

そして第7章は、1990年代以降今日まで大きな改革の流れのなかで変容する地方自治の動向について、①第一次地方分権改革、②市町村合併、③三位一体改革という三つの局面を取り上げて、改革の経緯、目的、内容を時系列に詳細に説明するとともに、今後の課題として、ポスト三位一体改革と道州制構想の行方を展望している。

「政策評価」を取り上げた第8章では、まず政策評価の概念を精査し、手法類型（政策分析、プログラム評価、業績測定）について概説している。次に、わが国における政策評価制度の導入の経緯、制度の仕組み、運用の現状について、中央政府、地方自治体（岩手県を事例に）それぞれの現実動向をレビューしている。さらに、今後の政策評価制度の検討課題として、業績評価指標の改善、予算編成における業績情報の活用が指摘されている。

最後に第9章では、このところ数年の間に急速に注目されるようになった「公共哲学」が主題として論じられている。公共哲学に対して問題関心が高まってきた社会的背景、公共哲学の思想史的系譜、わが国における公共哲学の議論における論点について、先行の知見や研究成果を丹念に引証しつつ検討が加えられている。そして、公共哲学的行政学の可能性と展望について議論が展開されている。

やや蛇足気味の解題ではあるが、これからページを繰ろうとしている読者にとって道案内の標識ほどの役に立てばささやかな喜びである。

2007年8月

目　次

序
第1章　ガバナンスと連携政府 …………………………………1
1　ガバナンス論の諸相 ……………………………………1
1–1　ガバメントからガバナンスへ ……………………1
1–2　ガバナンス論の二つのアプローチ ………………4
2　国家中心アプローチ ……………………………………6
2–1　NPMに対する評価 ………………………………6
2–2　ピエールとピーターズのガバナンス論 …………7
3　社会中心アプローチ ……………………………………9
3–1　NPMに対する評価 ………………………………9
3–2　ネットワーク・ガバナンス ………………………11
4　英国における連携政府の試み …………………………13
4–1　連携政府の概念と枠組み …………………………14
4–2　連携政府に向けた政府中枢の役割と課題 ………16

第2章　NPMから公共経営へ …………………………………25
1　行政から公共経営へ ……………………………………25
1–1　公共経営モデルの登場 ……………………………25
1–2　「公共経営モデル」登場の社会経済的背景 ………26
1–3　伝統的な公行政モデルの否定 ……………………27
1–4　NPMによる公共経営の普及 ……………………28
2　イギリスにおけるNPM型行政改革 …………………30
2–1　ホワイトホール文化からマネジメント文化への改革 …30
2–2　政策と執行の分離－エージェンシー制度の導入－ ………31

2-3　市場競争と民間活力導入による公共サービス改革
　　　　―市民憲章と市場化テスト―……………………………33
　　2-4　監査と事後評価の重視 ……………………………………34
　　2-5　教育における NPM 改革 …………………………………35
　3　日本における NPM 型行政改革 ……………………………………36
　　3-1　「遅れてきた」NPM 改革ブーム …………………………36
　　3-2　日本における NPM 導入の動き―橋本行革から小泉
　　　　構造改革へ― ………………………………………………37
　　3-3　財界のイニシアチブによる NPM 改革 …………………38
　　3-4　地方自治体への NPM 導入の動き ………………………39
　　3-5　市場化テストによる NPM 改革の分野横断的実行 ……40
　　3-6　地方分権改革から地方構造改革への展開と NPM の普遍化 ……42
　4　NPM の陥穽と公共経営の課題 ……………………………………43

第3章　NPO と行政 …………………………………………………51
　1　「NPO 待望論」の落とし穴 …………………………………………51
　2　政府－NPO 関係論の系譜と NPO の機能 ………………………52
　　2-1　競合パラダイムと制度選択論 ……………………………52
　　2-2　アメリカにおける政府－NPO 関係と NPO の独自的機能― ……53
　3　協働の必要性と行政・NPO 双方の課題 …………………………56
　　3-1　NPO の問題点と行政の役割 ………………………………56
　　3-2　行政側の課題 ………………………………………………58
　　3-3　NPO 側の課題 ………………………………………………59
　4　日本における協働のルール構築の試みと
　　　協働における課題 …………………………………………………62

第4章　テクノロジーと行政
　　　　――情報通信技術とイノベーション― ……………………71

　　　　　　　　　　　　　　　　　　　　　　　　　目　次　ix

  1　「ICT 革命」と行政活動のイノベーション……………………71
    1-1　パソコンとインターネットの普及のインパクト……………72
    1-2　携帯電話の普及と高性能化…………………………………74
    1-3　e-Japan から u-Japan へ……………………………………76
  2　研究の系譜と経緯………………………………………………80
    2-1　行政学・経営学からの接近…………………………………80
    2-2　実務からの接近………………………………………………82
  3　今後の展望と課題………………………………………………84
    3-1　ICT を用いた行政改革の目的と目標………………………84
    3-2　イノベーションへの課題……………………………………88

第 5 章　リスクと行政……………………………………………95

  1　リスクに出会う…………………………………………………95
    1-1　なぜ行政がリスクに対処する必要があるのか？……………95
    1-2　リスクとはどんなものか？…………………………………95
    1-3　リスクを制御しようとする歴史……………………………98
  2　リスクと闘う……………………………………………………102
    2-1　BSE 経緯………………………………………………………102
    2-2　BSE に対する反応－予防的配慮と行政と本当のリスク－……107
  3　リスクと共に生きる……………………………………………114

第 6 章　行政改革の諸相……………………………………………123

  1　行政改革とは何か………………………………………………123
    1-1　行政整理・効率化……………………………………………123
    1-2　行政の守備範囲論……………………………………………124
    1-3　政策形成機能改革……………………………………………124
  2　行政改革の系譜…………………………………………………125
    2-1　行革前史・第一臨調…………………………………………125

2-2　第二臨調・行革審 …………………………………………125
　　2-3　行革委員会と規制改革 ……………………………………127
　　2-4　行革会議と橋本行革 ………………………………………128
　　2-5　小泉構造改革 ………………………………………………129
　3　行政組織改革 ……………………………………………………130
　　3-1　政策需要の変化と行政の対応 ……………………………130
　　3-2　中央省庁再編 ………………………………………………131
　　3-3　行政組織改革の今後の展望と課題 ………………………134
　4　執政機能強化 ……………………………………………………134
　　4-1　内閣総理大臣の指導力と政官関係 ………………………134
　　4-2　内閣機能強化 ………………………………………………135
　　4-3　政官関係の変容 ……………………………………………136
　　4-4　今後の展望と課題 …………………………………………137
　5　「官から民へ」の改革 …………………………………………138
　　5-1　民営化 ………………………………………………………138
　　5-2　独立行政法人化 ……………………………………………140
　　5-3　規制改革・官製市場の開放 ………………………………142
　　5-4　「官から民へ」の今後 ……………………………………144
　6　行政改革の今後 …………………………………………………145

第7章　地方自治の新動向 ……………………………………………147
　1　第一次地方分権改革 ……………………………………………147
　　1-1　第一次地方分権改革の主な流れ …………………………147
　　1-2　第一次地方分権改革の主な成果 …………………………149
　　1-3　残された課題（「未完の分権改革」）……………………150
　2　市町村合併とコミュニティ・都市内分権 ……………………151
　　2-1　明治の大合併と昭和の大合併 ……………………………151
　　2-2　平成の大合併の進展 ………………………………………152

2-3　コミュニティ・都市内分権 …………………………………156
　3　三位一体の改革 ………………………………………………………158
　　3-1　経済財政諮問会議 ………………………………………………158
　　3-2　2002年度の改革 …………………………………………………158
　　3-3　2003年度の改革 …………………………………………………159
　　3-4　2004年度の改革 …………………………………………………159
　　3-5　2005年度の改革 …………………………………………………160
　4　今後の展望と課題 ……………………………………………………162
　　4-1　ポスト三位一体の改革 …………………………………………162
　　4-2　道州制 ……………………………………………………………163

第8章　政策評価 ……………………………………………………………167

　1　政策評価の概念と系譜 ………………………………………………167
　　1-1　政策評価とは ……………………………………………………167
　　1-2　政策評価の手法類型 ……………………………………………168
　　1-3　政策分析 …………………………………………………………169
　　1-4　プログラム評価 …………………………………………………171
　　1-5　業績測定 …………………………………………………………172
　2　政策評価の現実動向－国の政策評価－ ……………………………173
　　2-1　導入の経緯 ………………………………………………………173
　　2-2　国の政策評価制度の仕組み ……………………………………174
　　2-3　国の政策評価制度の現状 ………………………………………178
　3　政策評価の現実動向－地方公共団体の政策評価－ ………………182
　　3-1　経　緯 ……………………………………………………………182
　　3-2　地方公共団体の政策評価制度の仕組み－岩手県を事例に－ …183
　　3-3　地方公共団体の政策評価制度の現状－岩手県を事例に－ ……185
　4　政策評価の今後と課題 ………………………………………………186

第9章 公共哲学 ……………………………………………… 193

1 公共哲学の時代－「公共性」が問題となってきた社会的背景－ …………………………………………… 193
2 「公共哲学」とは ……………………………………… 196
 2-1 思想史的背景－アリストテレスから現代アメリカ政治哲学まで－ ……………………………… 196
 2-2 わが国における公共哲学の展開 ……………… 203
3 行政（学）と公共哲学－公共哲学的行政学の展開－ … 208
 3-1 「公共哲学」と「公共政策」 …………………… 208
 3-2 公共哲学的行政学の展望－補完性の原理の検討を通して－ … 211

あとがき
索　引

コラム目次

コラム1　ガバナンスの起源と"グッド・ガバナンス" ………… 5
コラム2　教育改革におけるイギリスと日本 ………………… 46
コラム3　NPOのスタッフマネジメント ……………………… 65
コラム4　イギリスにおけるコンパクト ……………………… 66
コラム5　パスポート1冊、1,300万円⁉ ……………………… 79
コラム6　「予知」から「速報」へ …………………………… 117
コラム7　規制改革と国民生活 ……………………………… 145
コラム8　地方制度の画一化と多様化
　　　　　－イングランドとの比較から－ ………………… 156
コラム9　総合評価における政策効果の把握 ……………… 181
コラム10　「公」と「官」の問題 …………………………… 216

第1章

ガバナンスと連携政府

新谷浩史

キーワード

ガバナンス／舵取り／NPM／ネットワーク／
連携政府（Joined-up Government）

1　ガバナンス論の諸相

1-1　ガバメントからガバナンスへ

　1980年代初頭からの産業構造の転換、グローバル化をはじめとする経済・社会的変動の要請に対して国家が応答する中で、国家の変容が語られはじめた。ジェソップ（Bob Jessop）は、国家の変容を、政策レジームの国際化＝超国家的調整に伴う国家の空洞化（hollowing out）とさまざまな機能領域における**「ガバメントからガバナンスへ」**という相互に連関する二点にまとめている。(1)

　空洞化とは、ルールや政策決定の諸権限の超国家機関への委譲により、その結果作成されるルールや決定が国家の自律性を喪失させていることを指す。一方、ガバナンスへの移行とは、社会の複雑化に伴うガバメント（＝ヒエラルキー型の政策形成・決定、命令や規則にもとづく国家による一方的な垂直的統制・調整）の限界を踏まえ、企業、NPO・NGOといった社会的アクターの果たす役割、さまざまな公私アクター間のネットワークやパートナーシッ

プによる問題解決機能にも目を向け、国家の主導的・決定的役割が相対化されている事態を表している。この文脈の中で、国家の関与の性格が、ヒエラルキーの低い、より分権化された、非統制的なものになると考えられている。

　同様の視点から統治モデルを整理したのが、ピエール（Jon Pierre）とピーターズ（B. Guy Peters）である。彼らは、ガバナンスには、目標の設定、目標の一貫性の確保、実現手段やメカニズムの選定、実施主体のアカウンタビリティの確保という4つの要素があり、これらの活動には、相当の制度の能力―金銭・人材などの資源の活用能力、制度への社会による信頼や正統性―が必要であるとしたうえで、活動プロセスにおける国家の役割、および国家―社会の相互作用形態により、統治モデルを次のように5類型化している（図1）。[2]

① 「国家統制（Étatiste）」モデルは、国民の参加がほとんどなく、国家が統治を独占するというもので、1970年代のシンガポールや台湾の国家主導の経済開発が典型例とされ、現代には存在しないとされる。

② 「自由民主主義（Liberal-democratic）」モデルは、社会的アクターは国家に影響を与える能力を持つが、いかなるアクターが決定に参加するかは、国家の利益・目的によって、国家により選別されるとし、①よりは、公私アクター間の協働を認めるものである。

　①・②は、ヒエラルキー型の政策形成・決定、命令や規則にもとづく垂直的統制・調整を特徴とする「ガバメント」であり、③から⑤に向かうにつれて、国家の主導的・決定的役割はより一層相対化され、社会的アクターの役割が強調されていく。③から⑤がガバメントと対比される「ガバナンス」と捉えることができる。

③ 「国家中心（State-centric）」モデルは、参加・比例代表・包摂（inclusion）・透明性といった価値にコミットし、国家が社会に埋めこまれていると想定する。国家はプライオリティや目標の設定といった政策過程のキー・アクターであり、国家は決定への参加アクターを選別することができるが、相当程度意思決定は組織利益との制度化された交換を通じて行われる。「ネオ・コーポラティズム」がこのモデルの典型例である。

図1　統治モデルの5類型

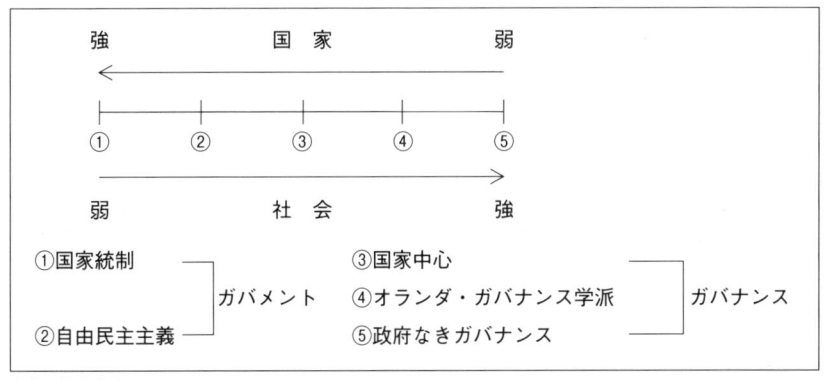

```
      強        国   家        弱
       ←─────────────────
       ├────┼────┼────┼────┤
       ①    ②    ③    ④    ⑤
       
      弱        社   会        強
       ─────────────────→
```

①国家統制　　　　③国家中心
　　　　　　ガバメント　④オランダ・ガバナンス学派　　　ガバナンス
②自由民主主義　　　⑤政府なきガバナンス

出典：筆者作成。

④ 「オランダ・ガバナンス学派（The Dutch governance school）」モデルは、国家の決定や行為を、社会的アクターの利益を反映したものと捉え、政策の決定・実施における社会的アクターの影響力を重視する。公私のネットワークやパートナーシップがこのモデルの特徴であるが、国家がネットワークの明確な中心（undisputed center）であり、その役割は、プライオリティや目標の設定、目標達成のための資源の動員、行動の調整である。このモデルは、「合意による統治」という伝統を有するオランダなどのヨーロッパの小国にみられるとされており、ネオ・コーポラティズムを基盤としている点で③と類似しているが、③よりは、社会的アクターの参加および影響力は多元的であると想定している。

⑤ 「政府なきガバナンス（governance without government）」モデルは、国家は、社会における正統性と統治能力を喪失しており、せいぜい、社会的アクターが自治的なガバナンス枠組み（governance arrangement）を生み出すために相互作用するアリーナにすぎないと見立てる。ガバナンスは、統治能力を喪失した国家に代わり、おおむね政策セクターごとの公私アクターから成る「組織間の自治的ネットワーク」における公式・非公式の相互作用を通じて達成される。このモデルは、英国などのウエストミンスター・システムにおいて現実になりつつあるという指摘もあるが、北欧における実践を参照しているとされる。

ジェソップは、すべての政策領域で、空洞化や「ガバメントからガバナンスへ」の移行により国家の自律性が喪失されるとはいえないという。国家の機能を例外機能と通常機能に分け、前者の技術・経済的、国家の自己維持・政治的、イデオロギー的機能がたとえ各レベルの主体に委譲されたとしても、後者の社会凝集的機能—社会的紛争の解決、再配分—や民主的政治的アカウンタビリティの確保という役割は未だに国家に残されているとしている。また、機能委譲に伴う公私アクターのネットワーク化は、国家の自律性の低下をもたらすのではなく、さまざまなアクターから新たな知識や資源を動員することによって、目標の達成を可能にし、国家の能力強化を逆にもたらすかもしれないという。(3) その意味では、政策領域ごとに統治の形態・パターンは多様であり、「ガバメントからガバナンスへ」の移行とは、複雑化する社会における国家の機能様式の変容や国家—社会関係の再構築を反映したものであるといえよう。

1-2　ガバナンス論の二つのアプローチ

それでは、機能委譲に伴う公私アクターのネットワーク化は、国家の能力強化と自律性の低下のどちらを招来するのか、国家に残された機能である民主的政治的アカウンタビリティを国家はいかに確保するのであろうか。

ピーターズは、グローバル市場、国連やEUなどの超国家機関、地方自治体、ネットワークなどが、統治能力を喪失した国家に代替するガバナンスのアクターとして議論されているが、それらの政策結果に対する影響力は想定されているほどは大きくはなく、政策の一貫性や社会に対する中心的目標の設定という観点からいえば、未だに国家が支配的アクターであり、**NPM（New Public Management）** 等の行政改革は国家の能力を高めるという。(4) そして、国家の統治能力喪失の程度を判断する基準を提供する意味でも、ガバナンス概念を語義の「舵取り（steering）」（＝共同の利益や共通目的のために自律的な個人や組織を調整したり、方向付けること）と捉えるのが有効であるとして、ガバナンス論の展開の仕方として、国家の舵取り能力に焦点を当てる「**国家中心アプローチ**」(5) を採っている。

一方、当然ながら、国家の空洞化、ネットワーク化を論じる者は、国家の

舵取り能力の毀損を主張し、公式・非公式の公私アクター間の相互作用のプロセスと構造に焦点を当てる「**社会中心アプローチ**」をとることになろうが、社会に一定の方向性をもたらす舵取りの必要性を否定するわけではない。社会中心アプローチは、国家の舵取り「能力」の低下を主張するだけで、アナーキーを肯定するわけではないからであり、また、国家によるものとは異なる別の舵取り様式・方法を模索するからでもある。たとえば、ローズ（R. A. W. Rhodes）は、80年代のアングロサクソン系諸国の新自由主義的行政改革の諸実践から導出された、経済・経営学主導のNPMへの嫌悪・対抗や、国家による民主的政治的アカウンタビリティの低下も含め、NPMの意図せざる帰結に対する行政学の対応こそがガバナンス論興隆の背景であるとし、彼自身は、国家の空洞化＝自律性の低下と、代替的統治モデルとしての「自己組織的組織間ネットワーク」を議論している（図1⑤に該当）。

> **コラム1** ガバナンスの起源と"グッド・ガバナンス"
>
> 「ガバナンス（governance）」という言葉は、ギリシア語の動詞「kubernân」に出自があるとされる。それが中世ラテン語の「gubernare」につながり、規則制定や舵取り（steering）を意味するものとして使われた。そして、13世紀フランス語の「gouvernement」が英語に転化し、governanceが1338年に造語された。その後、この言葉はほとんど用いられることがなかった。
>
> ガバナンスが脚光を浴びるようになったのは、1980年代末以降に、世界銀行（IBRD）や国際通貨基金（IMF）、国連開発計画（UNDP）が、開発援助の条件として"グッド・ガバナンス"の実現を要求したことによるのであり、その後、政治学・行政学・国際政治学において学術用語として定着していった。
>
> グッド・ガバナンスの内容は、機関により多少異なるが、ハースト（Paul Q. Hirst）によれば、経済市場を機能させることを目的に、それに適合的かつ有効な政治的枠組─法の支配、複数政党制、効率的な行政、国家から自律した市民社会─を確立することである。これは、「NPMと自由民主主義の結婚」といわれるように、西欧型の政治・経済システムや価値を「グッド」と想定しており、社会システムの脆弱な途上国への無批判的適用は、西欧型システムへの同型化の強制であって、大きな混乱をもたらせると危惧される。

以下では、ガバナンスへのアプローチを国家中心と社会中心に類別し、各アプローチの代表的議論について、①NPMに対する評価、②舵取りの主体と手段ないし様式、③民主的政治的アカウンタビリティ確保の方法の観点から検討することとしよう。

2　国家中心アプローチ

2-1　NPMに対する評価

世界中の行政改革の指導原理とされるNPMは、新制度派経済学とマネジャリズムの融合で、明確な理論体系を持たないものであり、国や地域、あるいは時代によってそのコンセプトには相当幅がある。大住に従い、共通する要素を4つに絞るならば、その要素は、①顧客主義、②分権化・権限委譲（ヒエラルキー構造の簡素化）、③市場メカニズムの活用（民営化・民間委託、擬似市場の創設）、④業績による統制である。

このNPMがガバナンスと関連があるのは、従来の国家の役割・機能の見直しを促進する議論だからである。ハースト（Paul Q. Hirst）は、従来の国家の役割を①国家―社会の権限・責任の配分ルールの設定と監視、②社会活動への介入（規制）とサービスの供給、③社会の合意の促進、利益の調停に分け、NPMは①のみを役割とする自由主義国家への回帰と自律的社会の創出を理想とし、②の役割の縮小・解体を目指しているという。

毎熊は、NPMの統治構造を、舵取り・漕ぐ（＝サービス供給）双方、あるいは、一方の機能を持つ多様なアクターがさまざまに連携しあうネットワークとして捉え、その中核に政府が位置するとする。また、政策立案に特化した政府の舵取りは、評価・監査・業績測定等の一見中立的なソフトな統制技術によって支えられており、一方、起業家文化の浸透・自己統制の奨励によって、業績・組織改善過程の所有者意識（ownership）が漕ぐ組織に付与されることで、「業績」という価値が双方で共有され、舵取りと漕ぐが矛盾なく整合すると観念される。毎熊は、NPMの本質を、巧妙な舵取り技術による「被治感なき統治」にみているのである。

毎熊の議論は、中核の政府とサービス供給組織間の関係に焦点が当てら

れ、市民との関係には視点が及んでいないが、ピエールは、市場メカニズム活用の結果としての「国家の市場化」は、従来の政治家を媒介としたコミュニケーション・チャネルを破壊して、サービス供給者と市民間の直接コミュニケーションに限定し、民主的政治的アカウンタビリティをサービス・ニーズへの応答性と同等視するというように、脱政治化（depoliticization）を招来するという。[12]この「政治なき民主主義」では、市民はサービス供給者を選択する権限が付与されるのみで、政策選択等の政策過程から排除され、サービス契約を履行する限り供給者はなんら責任は問われず、サービス供給から手をひいた政府は、結果に直接責任を負うことはないし、政策立案を独占化する。NPM型統治の作用が累積すれば、資源配分の権限と業績統制によって機能強化された政府と市民の距離が、サービス供給組織の介在によって拡大し、市民の無力化・無関心は加速することとなってしまうのである。

2-2 ピエールとピーターズのガバナンス論

市場志向のNPMに対する上記の評価は、国家機能の強化を論じるゆえに、国家中心的な視座からのものであるが、その帰結として、政治の排除と市民社会への抑圧が問題として浮上してくることが確認された。したがって、国家中心的なガバナンス・アプローチでは、舵取りの方向性の転換、国家運営の正統性・アカウンタビリティ確保のために、国民が政策決定に影響を与えられるよう参加を拡大することが課題となる。

(1) 舵取りの主体と手段

ピエールとピーターズは、ガバナンス論の前提条件として、次の二点を念頭に置くべきであるとする。[13]

① 国家は未だに社会を舵取りできるが、その権威や正統性は、法的権力ではなく、重要な資源に対する統制能力、および集合的利益（collective interest）にもとづくこと。
② 国家は、何の目的、誰の利益のために舵取りをするのか。

これらを念頭において、彼らは、ガバナンスを「国家による環境変化（経済のグローバル化、応答性の要求など）への適応と集合的利益の確保に向けた国家能力の強化のための制度編成」[14]と定義する。能力強化という文脈の中

で、NPMの主張である国家による分権化や市場化は、社会の諸資源の動員であるとともに、社会とのアクセス・ポイントの拡大、すなわち、国家が追求する目標の社会への浸透を可能にする手段と理解される。ここで、舵取りの意味合いが、「政府の所有者である市民の集合的利益のために、社会諸アクターを動機づけ、場合によっては規制することで一定の方向に条件付けるとともに、各種の利害・見解を調整する能力」と整理できよう。舵取りの手段も規制・規則の設定、モニタリング、財政を活用してのインセンティブの付与、価値・文化の浸透、コミュニケーション等多彩なものが考えられる。

　ピエールとピーターズの議論は、一見すると、構造的には国家を中核としたネットワークという点でNPMと相違ないが、構造変化の正当化根拠が集合的利益であり、NPMの業績＝サービスの供給効率とは異なっている点が重要である。政策問題ごとに集合的利益は異なるので、それに応じてガバナンス・スタイルが変わると主張されるからである。

　ガバナンス・スタイルには、規制・再配分政策、規制緩和後の再規制を対象とする「国家主導型」、顧客ニーズへの対応のためのサービス供給システムの多様化、意思決定の可視性・透明性を高めるための参加の拡大を目的とした「地方分権化型」、市場化、起業家精神の触発、サービス供給の効率性向上を目的とする企業・NGOへの権限委譲＝「政府外分権化型」があり、[15]業績が集合的利益となる場合もあるので、NPMは、彼らのガバナンスの一類型であるといえよう。

(2)　民主的政治的アカウンタビリティ確保の方法

　ついで、ガバナンス・スタイルは、「国家が社会から政策に対する賛意を確保するプロセス」[16]と定義されていることから、政策問題ごとの集合的利益の定義が重要となる。集合的利益の定義、あるいは、正統化プロセスは政策協議に委ねられる。政策協議とは政策形成にさまざまな市民見解・意見を取り入れる試みで、政策の討議過程（deliberative process）への国民参加の促進であるが、そこにはネオ・コーポラティズム的政策調整の意味が付与されている。というのも、ピーターズは、ネオ・コーポラティズム的政策調整は、決定コストが短期的には高いが、長期的には協調を生み出し、決定の応諾、ルールの遵守が得られるので、価値があると考えているからである。[17]

しかし、主たる社会的アクターの利害表明とその調整を目的とするネオ・コーポラティズムは、国民の決定へのアクセスを拒否する閉鎖的な政策共同体（policy community）をもたらす可能性がある。したがって、政策過程をよりオープンにする、市民参加を拡大する措置が考えられなければならない。この方法として昨今注目を集めているのが、討議民主主義（deliberative democracy）の実践とされる政策・計画の決定に際しての市民パネル（citizen's panel）である。

市民パネルは、陪審制度に範をとったものであり、特定の利害・見解を背景としない普通の市民の反応の抽出を目的としており、全体を代表・網羅する形で無作為に市民を抽出して政策問題の分析と解決案としての勧告をさせるが、勧告＝決定ではなく、専門家の判断と市民常識の乖離を防ぐために、決定の参照材料を提供させることに特徴があるとされる。[18]とはいえ、市民パネルの実施は、確実に、政策決定への国民の意思の反映度合いを高める一方で、政府に対する民主的統制に不可欠な情報格差の解消と国民の能力強化を促進するであろうし、アカウンタビリティの改善にも寄与すると考えられるのである。

3　社会中心アプローチ

社会中心アプローチは、国家と社会のネットワークやパートナーシップを通じた相互作用によるガバナンス、あるいは、国家の介入を必要とせず市民社会それ自身によるガバナンスに焦点を当てる。本稿では、前者のネットワーク・ガバナンスを議論の対象とし、後者のコミュニティ・ガバナンスは除外することをあらかじめお断りしておきたい。

3–1　NPMに対する評価

NPMは、中央・地方を問わず、政府の活動を政策の形成と政策の実施およびサービスの供給とに組織的に分離し、後者への市場メカニズムの導入による政府の撤退（withdrawal）を主張する。イギリスにおける改革を例にとると、国営企業の民営化、民間委託、準独立非政府機関（quasi-autonomous-non

-governmental-organization）への切り離し、政策立案部門とサービス供給部門の分離（エージェンシー化）、自治体への権限委譲、強制競争入札等が行われ、政府は直接的なサービス供給から撤退した。多様なサービス供給主体の創設、権限の委譲は、階層的で統一的な官僚制を解体し、一定の枠組みの中ではあるが各供給者の自律性を強め、その活動に対する政府のコントロールを弱めた。

　このような現象をローズは、**サービス供給体制の断片化（flagmentation）**と呼び、政府はサービス供給の権限の委譲により活動を直接コントロールする手段を失ったが、その代わりに資源に対するコントロールを強め、供給者を間接的にコントロールするようになった[19]という。個々の組織に対するコントロールは資源を通じてある程度可能かもしれないが、公共部門における活動はさまざまな調整を要するものである。したがって、ローズが指摘するように、基本的に組織の内部管理の議論であるNPMは、複雑多様化したサービス供給組織間の調整や管理には適用できず、結果的にNPM型改革は政府の計画および調整能力の低下を招くこととなったのである[20]。

　そのため、一つの政策に中央省庁、準独立非政府機関、自治体、民間企業、NPO等多元的主体が関与し、それらのネットワークと組織間の相互調整によって立案から実施までのサイクルがはじめて完結する事態が生じてきたのであり、国家の統治能力の低下が、自律的組織間のネットワーク管理の必然性を促した。それゆえに、ローズはガバナンスをネットワークの管理と捉えるのである[21]。同様に、オランダ・ガバナンス学派のキッケルト（Walter J. M. Kickert）も、オランダにおいて民営化・分権化・規制緩和・自律化（autonomization）という一連の改革の中で政府の撤退が生じ、その結果、さまざまな政策領域における国家―社会関係＝政策ネットワークが変容したと主張する[22]。その特徴は、国家とネットワーク参加者の距離の拡大、国家による舵取りの間接化＝「距離をとっての舵取り（steering at a distance）」、ネットワークの自治（self-governance）の増大であるとされ、キッケルトは、複雑なネットワークの管理をパブリック・ガバナンスと定義している[23]。

3–2 ネットワーク・ガバナンス
（1）　舵取りの主体・様式と国家の役割
ローズはネットワーク・ガバナンスの特徴として、次の四つを挙げている。[24]
① 政府、民間企業、NPO等の組織間の相互依存
② 資源交換と共通目的の交渉の必要性に起因する、ネットワーク構成員間の継続的相互作用
③ 参加者間の交渉・同意に基づくゲームのルールに規制された、信頼にもとづく相互作用
④ ネットワークは国家から相当の自律性を持ち、国家はネットワークを不完全かつ間接的にしか舵取りできない

ローズは、「政府なき統治（governing without government）」という語を多用するので、政府の存在・役割を無視しているかの印象を与えやすいが、公私アクター間の相互作用、および問題解決のための多様な取り決め、ないし枠組み（arrangements）の促進というサイバネティク・システムにおける政府の役割は認めている。[25]また、彼のいう舵取りは、規範（norms）の設定過程であり、その過程の結果＝規範とは区別されるものと捉えられている。[26]

自らの利益、目標を達成しようとする自律的アクターがネットワークを形成する要因や動機は、不確実性の強い環境下で目標の共有により相互の関係と環境の安定化を図ることによって将来の期待可能性を高めるためである。ローズが言うように、ネットワークが、信頼・互恵性（reciprocity）・相互調節を特徴とし、自ら政策を形成し、環境を作り上げていく自律的存在であるとすると、取り決め、ないし枠組や規範は、ネットワーク内のアクター間の関係（ネットワーク構造）を規定し、アクターの行為様式や相互作用、問題解決の仕方を導き、一定の秩序を生み出すルールであると考えられよう。[27]逆にいえば、ネットワークにおいて、アクターは、交渉・同意により形成されたルールに基づいて相互作用するゆえに、環境の不確実性の縮減、信頼の創出・コミュニケーションを可能にし、安定的に問題を解決（処理）することで秩序を保てるのである。このルールこそが、ローズの言う舵取りではなく、本来の意味での舵取り（＝共同の利益や共通目的のために自律的な個人や

組織を調整したり、方向付けること）の基礎をなすのである。

　ネットワークにおいて、アクターの行為様式、相互作用を導くルールの設定過程である舵取りの主体は、国家も含めたネットワークの参加者であり、その様式は交渉にほかならない。したがって、ルールの内容に影響を及ぼすことが国家の舵取りであり、それこそがネットワークの管理と考えられる。というのは、国家も一アクターとしてネットワークにおいて、ルールに従って相互作用、協働するゆえに、自らの行為様式が規定されるルールの内容が重要だからである。

　国家の舵取り様式＝管理技法としては、制度的権限を背景にしての交渉＝協議・説得を基本とするが、財政的資源を活用しつつ、ネットワーク内の資源配分の変化を生み出すのが最も効果的である。ネットワーク内に新しいアクターを参入させたり、既存アクターを退出させることで、ネットワークの構造を変化させることができ、ルールの変更、アクターの役割の変化を促せるからである。⁽²⁸⁾

(2)　民主的政治的アカウンタビリティ確保の方法

　それでは、何のために、国家は舵取り（＝ルールの内容に影響を与えること）を行うのであろうか。

　ネットワーク・ガバナンスにおいては、アカウンタビリティは、官僚制などの公式の制度によっては確保されず、実体的（substantive）政策に付随するというように、アカウンタビリティ概念の転換が促され、効果的アカウンタビリティは政策領域の民主化に存在すると、ローズはいう。⁽²⁹⁾

　これは、相互作用によって政策を生み出し、自治的秩序を維持するネットワーク運営の民主化に依存するということであり、舵取りは、ネットワーク運営を規定するルールの民主化を志向するべきであると考えられよう。なぜなら、ルールの構築を国家の関与なく社会に委ねてしまった場合、合意の名の下で、資源・能力の格差を反映したルールが形成され、その結果、格差の固定化、ネットワークの閉鎖的共同体化がもたらされるからである。したがって、交渉過程における参加手続―情報公開やパブリック・コメント、パブリック・ヒアリングなど―の構築や過程の監視、上記の技法による民主的ルールの実質化に向けての影響力の行使は国家の正統な役割と考えられるの

である。

4 英国における連携政府の試み

　ピーターズは、論文「政府中枢への回帰？国家の再構築（Back to the Centre? Rebuilding the State）」において、市場化、エージェンシー化、自律化、規制緩和等の一連の改革によって「国家の分権化（decentred state）」＝サービス供給体制の断片化、**政府中枢（The Centre）**の舵取り能力の低下がもたらされたが、世紀転換期に政府中枢が政策の調整および一貫性を確保するべく舵取り能力の強化＝「再集権化（recentring state）」を図りつつあるという。(30)
　国家の分権化への対応は、かつてのヒエラルキー型国家への回帰を意味するのではない。マネジャリズムの浸透により、かつてとは統治の考え方は異なっており、統治の環境も異なるのであるから、現在の国家はNPM改革を通じて生み出された諸機関（エージェンシー、準独立非政府機関等）の自律性とのバランスをとりつつ、政策の統合・調整、一貫性を生み出すメカニズムを創造しなければならなくなっているのである。
　ケトル（Donald F. Kettl）は、すべての重要な政策問題は政府の既存の境界（boundaries）を超えているから、問題を有効に解決するには新しい境界拡張戦略が必要であるとし、21世紀の国家の舵取り機能として「**ネットワーク管理**」を挙げている。(31)具体的には、市民のニーズに合致した形で調整されたサービスを提供するために関連プログラムを結びつける戦略を形成し、アウトカムの達成に責任を共有するネットワークの参加者を特定するとともにパートナーに責任を適切に配分し、連携されたアウトプット（＝サービス）が望ましい社会的アウトカムを生み出しているのか否かを評価することであるとされている。
　ケトルの指摘を課題として実際に改革に取り組んでいるのが、英国ブレア（Tony Blair）政権である。それは、1999年3月に発表されたブレア政権の包括的な改革プログラム「政府の改革（Modernising Government）白書」における次の認識から伺われる。「全レベルの政府で利用可能なよりよいサービスのよりよい供給が、政府の改革アプローチの中心である。…我々は、サービ

ス供給方法を改善するために政府の全部門が協働することを求める。我々は**連携政府**（Joined-up Government）を必要とするのである」(32)と。

本節では、連携政府の概念や枠組みを明らかにし、連携政府に向けた取り組みを整理するとともに、最後に、ブレア政権のガバナンス・アプローチを巡る若干の考察を行う。

4-1 連携政府の概念と枠組み

(1) 連携政府の概念

連携政府は「政府の改革」の中心的課題であるが、その明確な定義は下されてはおらず、「連携政府」という言葉は相当に幅広く異なる活動を表すために使用されている。たとえば、ハイデン（Carol Hyden）とベニントン（John Benington）は、連携政府は伝統的に単一の省庁を通じて供給されてきたサービス間の水平的統合の必要性の観点から解釈される概念であるという。(33)

ポリット（Christopher Pollitt）は、連携政府を巡る議論においては、連携型政策形成（高齢者対策の諸政策間の調整など）と連携型政策実施（ワンストップ・ショップを通じた多様なサービス提供）の区別に加え、水平的連携（若者対策の一貫した政策形成のための複数省庁の協働）と垂直的連携（EU—省庁—自治体間の活動の調整）の区別が可能であるとしつつ、連携政府は多くの場合水平的連携の必要性を示しているという。(34)とはいえ、ポリット自身は、あくまでも暫定的と断りつつ、連携政府を「水平的、垂直的に調整された政策や活動を達成する野心を表す言葉」と定義し、その目的を四つにまとめている。(35)

① 政策間の矛盾と緊張を減らして、政策の有効性を高める
② プログラム間の重複や矛盾の削減を通じた資源の有効利用
③ 政策セクター内の多様なステークホルダー間の協働の改善とシナジー効果の創出
④ サービス・ユーザーの観点から構成された、統合された継ぎ目のない（seamless）サービスの創出

以上から、連携政府の内容と次元は多様であり、明確な定義を行うのは難しいが、その特質をあげるとすれば、連携政府とは政策目的に向けて、公式

には別個に実施される活動を連携させようとする試みであり、それは組織の境界自体を取り除くのではなく、境界を横断する活動を調整することを狙っているといえる。したがって、リング（Tony Ling）が述べるように、「連携政府は、サービスが断片化されており、この断片化が政策の重要な目標の達成を妨げているという認識に対する上記のような一連の応答」なのである。

(2) 連携政府の枠組み

連携（joining-up）と呼ばれる活動にはさまざまなタイプがあり、業績革新室（Performance Innovation Unit : PIU）—2002年に戦略室（Strategic Unit）に改組—報告では連携の強度（intensity）の順に以下が列挙されている。①新組織の設立、②構造や予算の合併、③協働チーム、④共通予算（shared budget）、⑤顧客の共通化枠組み、⑥共同管理枠組み、⑦目標・業績指標の共有、⑧コンサルテーション、⑨情報の共有

各タイプの活動は、潜在的には政策の形成とサービスの供給に妥当するが、状況によってはこれらの連携アプローチと伝統的な垂直的アプローチのさまざまな組み合わせが必要となる場合もある。政策レベル―実施レベル、連携アプローチ―垂直的アプローチの二つの軸によるマトリクスを念頭におけば、次の三つのパターンが導出されることになる。

　パターン１：政策形成への連携アプローチ（コンサルテーション、共通管理枠組み）とサービス供給への別々の垂直的枠組みの適用

　パターン２：サービス供給への連携アプローチ（顧客の共通化）と政策形成への別々の垂直的枠組みの適用

　パターン３：政策の共同形成とサービス供給の共同枠組み

協働の実施、すなわち上記の活動は第一義的に省庁やエージェンシーによって行われるべきであって、政府中枢＝首相官邸（Prime Minister's Office）・内閣府（Cabinet Office）や財務省による特定の介入を通常は必要とするべきでない。したがって、政府中枢の重要な役割は、中枢の直接的介入を不要とする、適切な連携活動が自発的・自動的に行われるような環境を創造することである。この環境整備には、明確な全体的な政策枠組みの構築・確保、連携活動を促進するための予算やルールの柔軟化、文化的障壁の除去、適切な

図2　英国の政府中枢

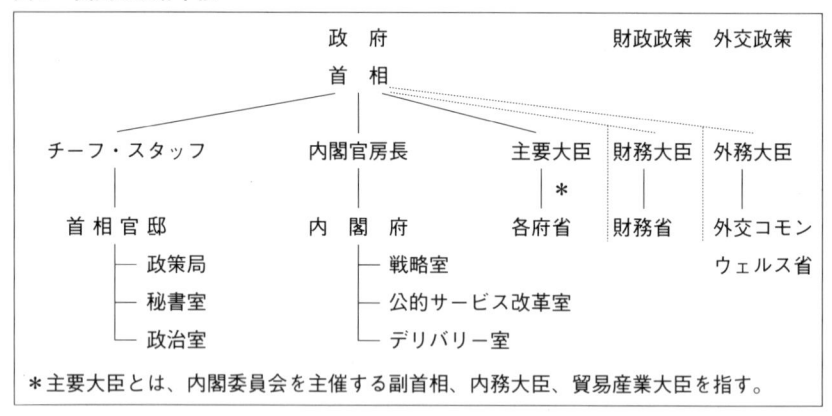

```
                         政　府              財政政策　外交政策
                         首　相
    ┌──────────────┬───────────────┼──────┬─────┐
チーフ・スタッフ    内閣官房長      主要大臣  財務大臣  外務大臣
    │              │               │*        │        │
  首相官邸        内閣府          各府省    財務省    外交コモン
    │              │                                  ウェルス省
    ├ 政策局       ├ 戦略室
    ├ 秘書室       ├ 公的サービス改革室
    └ 政治室       └ デリバリー室

＊主要大臣とは、内閣委員会を主催する副首相、内務大臣、貿易産業大臣を指す。
```

出典：Ian Holiday and Tomohito Shinoda, 'Governing from the Centre : Core Executive Capacity in Britain and Japan', *Japanese Journal of Political Science*, Vol.3, No.1, 2002, p.95.Figure.1に筆者が修正・加筆し作成。

インセンティブの提供といった活動が相当するが、政府中枢の役割は必ずしも環境整備に限定されるわけではない。プライオリティの高い問題であり、かつ省庁間の目標に深刻なトレード・オフが存在し、相互の調整が困難である場合には、政府中枢からの指令（direction）と中枢主導の調整が必要となるのである。[40]

4-2　連携政府に向けた政府中枢の役割と課題

(1)　政府中枢の役割

ホワイトホールの省庁別の垂直的管理構造は、省庁間のプライオリティの対立・矛盾を解決するメカニズムが弱いため、サービス供給者が現場レベルで実情に即して対処する権限を与えられていないにもかかわらず、未調整の中央からのイニシアティブ・政策の調整に取り組まざるをえないという負荷を課している。すなわち、中央省庁レベルでの政策調整の欠如が現場レベルでの混乱をもたらし、サービスの効果的効率的供給を妨げているのである。調整の問題は、関連機関間で自発的に解決されるのが望ましいが、現在の垂直的管理構造が省庁自身の目標の達成、配分された予算維持への固執をもたらすために、逆に問題解決を阻んでいる。そこで、適切な連携活動が自発的・自動的に行われるような環境を整備する政府中枢の役割が求められるこ

とになるのであり、具体的活動には、以下のようなものがある。

まず、ブレア政権は、政権担当直後から各省大臣に「各省の目的・政策・歳出計画のゼロベースでの包括的審査」を実施するように求めた。包括的歳出審査（Comprehensive Spending Review：CSR）と呼ばれる取り組みの結果として、1998年7月にCSR白書がまとめられ、教育・保健医療、雇用、治安といった行政分野に重点的に資金を配分することが明らかにされ、よりよい公共サービスを提供するための戦略として、調整、効率的かつ効果的であること、応答性の三つが特定された。

連携アプローチとの関連では「調整」が重要であり、政策目的と業績との連関が強くなければならず、異なる省庁・機関間での連携を強化する必要があるとして、省庁横断的予算（cross-cutting budget）の設定、CSR白書においてレビューされた三つの省庁横断的プログラムの実体化についても記されている。さらに、各省ごとの目的・目標を前提として、各省庁と財務省の間でアウトカム志向の公共サービス協定（Public Service Agreements：PSAs）を結び、具体的な業績目標を設定することにより業績評価を実施することとされた。

連携活動を推進していくうえでは、業績管理システムの構築や目標の共有もさることながら、協働に向けて各機関の行動の変容を促すインセンティブが不可欠である。一般に、連携活動を阻む最大の障壁が資金の配分、資金の活用の仕方であるから、財務省は効率性・有効性の向上のために、まず歳出管理の枠組みを改革し、3年間分の予算を配分して省庁が節約分を留保できるようにした。加えて、連携活動を阻む障壁を除去する方法として次の三つが実施された。

一つ目は、関係機関がパートナーシップや協働に参加する際に必要となる「共同出資予算（pooled budget）」であり、一定の資金拠出を可能にするために予算の柔軟な使用を法的に認めることである。[41] この共同出資予算が当事者間の自発的な資金提供を期待するのに対して、二つ目の方法は、関係機関が資金を拠出しようとしない場合に政府中枢がプログラムの一部の予算を負担することで協働を促すという「境界横断的予算」である。この方式は、省庁横断的レビューの対象となった政策に対して実施されることが多い。政府中

枢からの資金拠出は一時的であり、イニシアティブが軌道に乗れば関係機関が支出を引き継いで運営することになるとされている。(42)その意味では、この方式は協働の触媒作用を狙っているといえる。第三の方法は、内閣府と財務省が共同で設立した基金を活用した競争型の資金配分方式である。この方式は、省庁・エージェンシー間の協働や革新的プロジェクトを促進するために、よりよいパートナーシップによるプロジェクトにのみ選別的に資金を提供するというもので、政策が必ず実施されなければならない省庁横断的予算とは趣を異にする。1999-2002年の3年間で、二つ以上の省庁間の革新的プロジェクトに対して4億ポンドが「予算削減のための投資（Invest to Save Budget）」基金に計上された。2001年8月31日現在で、250のプロジェクトが実施され、2億6千万ポンドが投資されたと報告されている。(43)

　つぎに、内閣府はプライオリティの高い医療・福祉・教育といった分野の改革推進に責任をおっており、財務省と共に連携政府の営為の中心である。連携アプローチは犯罪や社会的排除のような扱いづらい問題（wicked issue）を対象とするため、ブレア政権は、境界横断的問題を巡る活動の編成方法を学習するために特別の対策室を設置することで、このような問題に対処している。典型的事例としては、社会から差別的に排除されて貧困な状況におかれている人々をなくすための諸プログラムを各省庁・地方機関・民間団体などが統合的・協働的に展開するために設置された社会排除室（Social Exclusion Unit）が挙げられる。また、省庁横断的課題に対応するための特別な組織として、現行の構造・システム・インセンティブ・スキルの調査を通じて公共サービスの改革を首相に提言する「公的サービス改革室」、優良事例の調査・普及によって境界横断的問題に関する学習を促進する「デリバリー室」、戦略室が設置されており、特に公的サービス改革室は、サービスの提供において、各実施機関が質の高いサービスを提供しているか、顧客志向のサービスか、設定された政策・業務のプライオリティに従って職務が実行されているか、また、目標を達成しているかを、財務省と共同でPSAsの遂行状況を監視・チェックし、各機関の政策実施能力を向上させることを責務としている。

(2)　ブレア政権のガバナンス・アプローチを巡る若干の考察

連携政府は、断片化に伴う調整問題の発生と政府の戦略形成能力の低下というNPM改革の帰結への応答であった。戦略形成能力の低下に対してはPIU（2002年以降は戦略室）、公的サービス改革室などの設置による新しいガバナンス手段の開発が、調整問題に対しては新しい調整機関（特別の対策室）の設置が具体的対策であり、これらは政府中枢主導の「断片化した国家の舵取り」を志向している。したがって、ブレア政権のガバナンス・アプローチは、「国家による環境変化への適応と集合的利益の確保に向けた国家能力強化のための制度編成」を志向し、国家の舵取り能力に焦点を当てる国家中心アプローチであるといえる。

PIU報告では、政府の役割を環境整備と必要最小限の介入と規定し、条件整備型国家（enabling state）が想定されていたが、それはあくまでも言説にすぎない。一般的には、ブレア政権では戦略形成・調整能力の強化に向けた政府中枢への集権化傾向が顕著であると評されている。[44]

確かに、首相官邸の人的・財政的資源は増加傾向にあり、ブレア政権は、首相官邸の全体管理を担うチーフ・スタッフおよび各部署に信頼を置く政治的アドバイザーや秘書（private secretary）を置き、一定の権限を付与して、首相の意図の全政府機構への浸透を図っている。また、内閣府の特別室＝調整機関は首相に直接報告することとされており、内閣府が首相中枢の一部として機能している。首相によって、首相のために再編成された政府中枢は、首相に特別なアドバイスを与え、首相の省庁に対する要望を作成して省庁の主張に対する対抗を可能にし、業務の実施に対する監視を行うという形で、首相の改革イニシアティブが実効あるものとなるようにサポートしている。このような政府中枢の中核の一体化、資源の増強＝規模の拡大が、首相主導の政策決定・運営を強調する"Blair Presidency"とか「首相統治（prime ministerial government）」という評価を生むのである。[45]

しかし、ローズは、首相官邸や内閣府の強化、資源の増強という形での"首相"への集権はみられるが、その一方で、省庁割拠構造（departmentalism）＝垂直的管理構造や大臣のパワーも根強く存在するゆえ、首相が政策を調整し、紛争を解決し、主要資源をコントロールするという意味での「首相統治」は妥当しないという。[46] むしろ、政府中枢の規模の拡大・強化という

改革は、省庁割拠構造への応答であり、その強さ、裏返しとしての政府中枢の過去の弱さを反映したものであり、現在の政府中枢の強さを証明するものではないといいうる。[47]

　断片化した国家の舵取りを行いうる立場にあるのは、制度的に考えて政府中枢しかないという意味では、連携政府の営為が政府中枢主導となるのは当然であり、中枢強化の営為は首相の資源の増強ともいえるが、資源がパワーを自動的に生み出すわけではないし、資源の量と使い方（能力）、政治スキルによって、パワーの強度は変化する。仮に、アジェンダを設定し、戦略の形成を政府中枢が主導したとしても、その実施は既存のメカニズム（＝断片化・ネットワーク化が進行した政策実施構造）に依存せざるをえないゆえに、政府中枢が意図した結果を生み出せる確証はない。「政府中枢の強度」を意図した結果の確保と捉えるならば、そして、政府中枢における政策の調整と意図され、調整されたサービスおよび結果（outcome）の現場レベルでの創出を分けて考えれば、「集権化は断片化および相互依存と共存している」[48]というローズの分析にも一理あるのである。

　また、政府中枢に調整機関を設置し、タスク・フォースを使って戦略形成を行うという集権的アプローチを採択した結果、ブレア政権はガバナンスにまつわる新たな問題を生み出している。[49] 政府中枢での調整の改善を試みるために多くの競合するパワー・センターを設立したため、中枢におけるパワーの拡散、コントロールと調整の欠如が生じてきているのである。

　連携政府の意図せざる帰結としての「政府中枢の断片化」は、各省庁が目標達成のためにどの機関、アクターのいかなる指令に従えばよいのかを不明確にし、指令の混乱はアカウンタビリティの複雑化、調整コストの増大、行政活動の柔軟性の減退をもたらしかねない。[50] したがって、連携政府の試みは、サービス供給者が現場レベルで実情に即して対処する権限を与えられていないにもかかわらず、未調整の中央からのイニシアティブ・政策の調整に取り組まざるをえないという「垂直的管理構造」の負荷を解消するどころか、それを加速しかねないのであり、政府中枢における断片化の克服＝調整の改善が課題といえるのである。

注

(1) Bob Jessop, 'The Future of the National State : Limits to the De-Statization of Politics and to the Govermentalization of Civil Society',1996. (篠田武司他訳「国民国家の将来：政治の脱国家化および市民社会の統治化に対する諸限界」『立命館産業論集』第32巻4号（1997）4－5頁)。

(2) Jon Pierre and B.Guy Peters, *Governing Complex Societies : Trajectories and Scenarios* (Palgrave Macmillan, 2005), Chapter 2.

(3) Jessop・前掲邦訳17－18頁。

(4) B.Guy Peters, 'Globalization, Institutions, and Governance',in B.Guy Peters and Donald J.Savoie (eds.), *Governance in the Twenty-First Century : Revitalizing the Pubic Service* (McGill-Queen's University Press, 2000), p.30.

(5) *Ibid*., p.31.

(6) Jon Pierre, 'Understanding Governance', in Jon Pierre (ed.), *Debating Governance* (Oxford University Press, 2000), p.3.

(7) R.A.W.Rhodes,'Governance and Public Administration', in Pierre (ed.), *Ibid*., p.54.

(8) 大住荘四郎「ニュー・パブリック・マネジメント論再考」『新潟大学経済論集』第69巻1号（2000）2頁。

(9) Paul Q.Hirst, 'Democracy and Governance', in Pierre (ed.), *op.cit*., p.26.

(10) 毎熊浩一「NPMのパラドックス？ー「規制国家」現象と「触媒政府」の本質ー」日本行政学会（編）『年報行政学36日本の行政学ー過去、現在、未来ー』（ぎょうせい、2001）184頁。

(11) 同論文189頁。

(12) Jon Pierre,'The Marketization of the State : Citizens, Consumers, and the Emergence of the Public Market', in B.Guy Peters and Donald J.Savoie (eds.), *Governance in a Changing Environment* (McGill-Queen's University Press, 1995), p.67.

(13) Jon Pierre and B.Guy Peters, *Governance, Politics, and the State* (Macmillian, 2000), p.23.

(14) Jon Pierre, 'Governance beyond State Strength', in Pierre (ed.), *op.cit*., p.242.

(15) Pierre and Peters, *Governance, Politics, and the State*, pp.201-207.

(16) *Ibid.*, p.200.

(17) B.Guy Peters, 'Governance and Comparative Politics', in Pierre (ed.), *op.cit.*, p.50.

(18) Ned Crosby et al., 'Citizens Panels : A New Approach to Citizen Participation', *Public Administration Review*, Vol.46, No.2 (1986), pp.170-173.

(19) R.A.W.Rhodes, *Understanding Governance : Policy Network, Governance, Reflexivity, and Accountability* (Open University Press, 1997), p.54.
(20) *Ibid.*, pp.54-55.
(21) *Ibid.*, p.52.
(22) Walter J.M.Kickert, 'Complexity, Governance and Dynamics : Conceptual Explorations of Public Network Management', in Jan Kooiman (ed.), *Modern Governance : Government-Society Interaction* (Sage, 1993), pp.203-204.
(23) Walter J.M.Kickert, 'Anglo-Saxon Public Management and European Governance : the Case of Dutch Administrative Reforms', in Jan-Erik Lane (ed.), *Public Sector Reform : Rationale, Trends and Problems* (Sage, 1997), p.175.
(24) Rhodes, *Understanding Governance*, p.53.
(25) Jan Kooiman, 'Societal Governance', in Pierre (ed.), *op.cit.*, p.139 ; Walter J.M.Kickert et al., *Managing Complex Networks : Strategies for the Public Sector* (Sage, 1997), pp.49-51.
(26) Rhodes, *Understanding Governance*, p.56.
(27) *Ibid.*, p.52.
(28) Kickert et al. *Managing Complex Networks*, pp.51-53.
(29) Rhodes, *Understanding Governance*, p.199.
(30) B.Guy Peters, 'Back to the Centre? Rebuilding the State', in Andrew Gamble and Tony Wrigh (eds.), *Restating the State* (Blackwell Publishing, 2004), pp.134-138.
(31) Donald F.Kettl, 'Central Government in 2010 : A Global Perspective', paper presented at Strategic Thinkers Seminar Performance and Innovation Unit, (Cabinet Office,2001), p.9.
(32) Cabinet Office, *Modernising Government* (CM4310), (The Stationary Office, 1999), p.5.
(33) Carol Hayden and John Benington, 'Multi-Level Networked Governance-Reflections from the Better Government for Older People Program', *Public Money&Management*, (April-June, 2000), p.27.
(34) Christopher Pollitt, 'Joined-up Government : a Survey', *Political Studies Review*, Vol.1, (2003), p.37
(35) *Ibid.*, p.35.
(36) Tony Ling, 'Delivering Joined-up Government in the UK : Dimensins, Issues and Problems', *Public Administration*, Vol.80, No.4 (2002), p.616.
(37) Performance Innovation Unit, *Wiring it up.Whitehall's management of cross cutting policies and services* (PIU, 2000), p.16. Box4.2.
(38) *Ibid.*, para4.4.

(39) *Ibid.*, para4.8.
(40) *Ibid.*, para4.9.
(41) *Ibid.*, para9.7.
(42) *Ibid.*, p.50.Box9.2.
(43) NAO, *Joinig uo to Improve Public Services*, Report by the Comptroller and Audit General (HC383), 2001, p.23, Figure.11.
(44) メディア戦略も含めたブレア政権の集権的政治スタイル、および集権的政治スタイルと「民主主義の民主化」に向けた分権的取り組みの緊張関係を論じた文献として、安章浩「ブレアリズムとイギリス国家改革―ブレア首相の統治スタイルと政治課題」『獨協法学』第62号（2004）を参照。
(45) Richard Heffernan, 'Prime Ministerial Predominance? Core executive politics in the UK', *British Journal of Politics and International Relations*, Vol.5, No.3 (2003), pp.360-362.
(46) R.A.W.Rhodes et al., *Decentralizing the Civil Service : From Unitary State to Differentiated Polity in the United Kingdom* (Open University Press, 2003), p.29.
(47) *Ibid.*, p.29.
(48) *Ibid.*, p.32.
(49) David Richards and Martin J.Smith, *Governance and Public Policy in the UK* (Oxford University Press, 2002), pp.246-250.
(50) Matthew Flinders, 'Governance in Whitehall', *Public Administration*, Vol.80, No.1, (2002), p.67.

推薦図書
・岩崎正洋編『ガバナンスの課題』（東海大学出版会、2005）。
・岩崎正洋・佐川泰弘・田中信弘編『政策とガバナンス』（東海大学出版会、2003）。
・岩崎正洋・田中信弘編『公私領域のガバナンス』（東海大学出版会、2006）。
・上条末夫編『ガバナンス』（北樹出版、2005）。
・中邨章『自治体主権のシナリオ―ガバナンス・NPM・市民社会』（芦書房、2003）。
・日本行政学会編『年報行政研究39　ガバナンス論と行政学』（ぎょうせい、2004）。
・福田耕治「現代行政のグローバル化と国際行政」福田耕治・真渕勝・縣公一郎編『行政の新展開』（法律文化社、2002）。
・宮川公男・山本清編『パブリック・ガバナンス』（日本経済評論社、2002）。

第 2 章

NPM から公共経営へ

久保木 匡介

キーワード

顧客志向／政策と執行の分離／民間活力の導入／
官製市場の開放／地域総合行政主体

1 行政から公共経営へ

1-1 公共経営モデルの登場

　1980年代、先進資本主義国の行財政システムには大きな転換が訪れた。20世紀を通じて形成され、特に戦後福祉国家を支えてきた伝統的な「公行政モデル」が否定され、いわゆる新自由主義・新保守主義の改革が各国を席巻する中で、あるべき行財政システムについてあらたなモデルが示されるようになった。それが「**公共経営モデル（public management model）**」である。

　この「公共経営モデル」は、各国あるいは各国際機関によって、さまざまな形で表現され、実践された。OECD が1997年に加盟国に対して行った調査 *In Search of Results* は、その最大公約数的特徴を、一つには職業公務員の役割を「行政官」から「経営者」へ転換すること、二つには公共サービスの供給システムを官僚制から市場メカニズムへ転換すること、と指摘している。

　これを敷衍すれば、一般に理解されている公共経営モデルとは、おおよそ次のようなものであるといえよう。すなわち、行政機関を核として構成され

る公共サービス供給システムにおいて、①社会経済環境と市民ニーズの変化を捉え、組織を戦略的に経営すること、②組織のパフォーマンスを、可視化された目標と評価指標にもとづく外部評価・事後評価によって管理すること、③競争によるコストダウンや契約による責任の明確化など市場原理にもとづく組織マネジメントを行うこと、などである。

しかし、本稿の考える公共経営の射程はさらに広い。おもに4で述べるように、NPM（後述）が提起するがごとき民間経営の手法と市場原理にのみ基づく公共経営モデルは、公共サービスの様々な部面でしばしば「歪み」を生じさせる。その歪みとは、端的に言えば市場競争や効率性の追求によるサービスの質の劣化や、サービスに対する民主的な制御の後退などである。したがって本稿では、市場原理に基づく行政改革の歪みを修正すること、特に公共サービスを担う多様な主体間でサービスの公共性を発展させるためのルールづくりと相互制御の仕組みを確立することが、今日における公共経営の課題であり、公共経営そのものであると考える。

1-2 「公共経営モデル」登場の社会経済的背景

このような転換を用意したのは、主に1970年代に先進資本主義諸国が体験した急激な経済的・社会的環境変化であった。変化の第一は、経済不況と財政危機による戦後システムの揺らぎである。二度の石油危機をきっかけに各国は深刻な経済不況と財政危機に見舞われた。特に失業の増大と物価上昇が同時に進行するスタグフレーションは、戦後の福祉国家システムを支えたケインズ政策の有効性に対して強い不信感を生み、マネタリズムなどの台頭による福祉国家の見直し論議へと発展する。

第二の変化は、経済のグローバリゼーションの進行によって国家の役割に変化が要請されたことである。従来の福祉国家は、国内産業の成長を前提に、そこで働く労働者やその家族に対するさまざまな社会保障、社会サービスを設計してきた。そこでは政府と企業の拠出により、全国一律のサービスを高い水準で提供することが、国民経済を下支えし、政治的にも経済的にも安定したシステムを生み出すものとされていた。しかし1970年代から80年代に急速に進行した多国籍企業化は、経済成長や雇用創出に資する国際的な投

資をめぐり、国家間の競争を激化させた。各国はその役割を、国民経済の保護・育成から、国際競争力（地域競争力）を強化するべく国家資源を戦略的、重点的に投資することへ切り替えた。

このような背景から、特にイギリス、アメリカなどのアングロサクソン諸国や日本では、次のような改革が共通して行われることとなった。

第一に、福祉国家の「大きな政府」を否定し、「小さな政府」を作るべく、国営企業の民営化をはじめとする行政の減量経営を推進することである。第二に、行政資源の選択と集中を行うためのさまざまなシステムづくりである。これは後述するNPMに代表されるように、行政運営に民間企業の経営システムを導入する施策として実現していった。第三に、公共サービスのパフォーマンスを客観化された指標によって測定、評価するための諸機関が設立されたことである。

公共経営の概念は、このような改革が進められる中で、登場したものである。

1-3 伝統的な公行政モデルの否定

公共経営は、まず伝統的な「**公行政**（Public Administration）**モデル**」を批判することから始まる。公行政モデルは理論的にも実践的にも20世紀初頭に成立したものである。[1] 19世紀から20世紀にかけて、各国で資格任用制が採用され、近代的公務員制度が導入された。この過程で、行政組織に深く浸透していた政党政治から行政を切り離し、職能国家あるいは行政国家という時代の要請にこたえる合理的な官僚制を構築することが求められた。これにこたえて成立したのが公行政モデルである。

この公行政モデルは、ウェーバー（Max Weber）の提唱した近代官僚制のモデルや、テイラー（Frederick Taylor）の提唱した科学的管理法などをはじめとする諸理論を基礎に構築された。公行政モデルは、政党政治から厳格に区別されるヒエラルキー型の官僚制組織を基礎に、政治からの公式の制度的統制に服すること、スタッフは終身・中立・匿名の職業公務員から形成されることなどを特徴としていた。

しかし、この公行政モデルは、先述したような背景により、さまざまな側

面から批判されるようになる。

　まず、ヒエラルキー型の官僚制が公共サービス提供を独占していることについて、サービスが画一的・硬直的になることが批判の対象となった。これは公共経営モデルにおいて、サービス提供組織の多様化をめぐる議論に発展する。

　第二に、官僚制組織では、権力が一元化されたヒエラルキー構造を前提に上位組織から下位組織へ直接に指揮命令が下され、日常的なコントロールが行われる。この直接的コントロールが、市民へのサービス提供において組織から柔軟性・機動性を奪い、非効率を生み出すとして批判の対象となった。

　第三に、官僚制組織で重視されるのは、法令の遵守、規格化された手続、特に組織の上位者に対する説明責任であるが、これが批判の対象となった。公共サービスの提供において重視されるべきは、顧客である市民の満足度であり、それは税金という支出（対価）に見合う価値（後述するバリュー・フォー・マネー）を創出することである、とされた。

1-4　NPMによる公共経営の普及

　以上のような文脈の中で、公行政モデルを大胆に否定し、公共経営概念を世界的に普及する役割を担ったのが、**ニュー・パブリック・マネジメント**（**New Public Management：NPM**）である。NPMとは、ごく大雑把に言えば、行政組織の制度やその運営に民間企業の経営手法を採り入れること、あるいは民間企業が活動する市場のメカニズムを行政組織の制度環境として採り入れる考え方であり運動であるといえる。

　NPMという言葉は、1991年、英国の行政学者フッド（Christopher Hood）が、英国の行政改革に見られる特徴を世界的な傾向として捉え、その改革の総称として用いたのが始まりである。またOECDのような国際機関も、NPMの普及に大きな役割を果たしたといわれる。現実のイギリス政治では、NPMはサッチャー（Margaret Thatcher）、メージャー（John Major）の保守党政権の行政改革をさすものとして用いられており、1997年以降のブレア（Tony Blair）労働党政権では、NPMという言葉は用いられてはいない。

　一方、アメリカでは1993年からのクリントン（Bill Clinton）政権（1993-

2001)において、小さな政府、業績志向改革、規制緩和などの行政改革が行われた。その中で、ナショナル・パフォーマンス・レビューといわれる業績指向型改革の基本方針として採用されたのが、ゲブラーとオズボーン(Ted Gaebler & David Osbourne)の二人によって著された『行政革命(英語名 Reinventing Government)』における「企業家型行政の10か条」であった。ここでもNPMという言葉は使われていないが、この10か条はNPM型行政の「原則」として日本を含む各国でも広く認識されるところとなった。

このように、今日NPMは特定の国の政策という限定をはるかに飛び越え、各国に共通する改革の一大潮流として広く認識されるにいたっている。ここで各国に共通するNPMの特徴を概観してみよう。

第一に、行政組織、あるいは公共サービス供給システムが追求すべき価値を、明確にしたことである。その価値とは、ア)行政サービスの受け手である市民を顧客と見立て、その満足度を最大化する**顧客志向**、イ)市民＝顧客の支払い(税金)に見合った価値を最小のコストで創出するための**効率志向**、ウ)効率性と説明責任の実現を保障するために組織活動の成果を客観的な業績指標によって測定する**業績志向**、エ)達成すべき業績を組織内、あるいは組織と市民との関係で擬似「契約」化することや、組織活動の効率化のために市場競争の原理を導入するなどの、**市場志向**である。

第二に、行政システムの改革である。NPMは、以上のような価値を実現するために、従来のヒエラルキー型行政組織を次のように改革することを提起する。

まず、行政組織を政策の企画・立案部門と政策の執行・実施部門とに分離する。これは「**舵取りと漕ぎ手の分離**」と比喩されるように、行政組織の中で組織の使命や目的を考案・設定する戦略部門と、それをサービスとして提供する実施部門とを明確に分離するものである。次に、個々の政策実施やサービス提供に関する管理・運営の権限は後者の実施部門にゆだねられ、実施部門は与えられた権限と予算の範囲内で「**管理の自由**」を与えられる。さらに、戦略部門と実施部門の関係は、明確に数値化された業績指標やそれを内容とする「**契約**」によって結ばれる。つまり、個々のサービス提供の実施プロセスに戦略部門が直接介入することはなく、実施部門の活動はあらかじ

め設定された数値目標に照らして事後的に、しばしば活動単位組織の外部から評価、統制される仕組みが確立される。

第三に、公共サービスへの民間活力の導入である。おもに実施部門と認識された個々のサービス供給システムには、さまざまな形態で民間企業がその仕事を担う仕組みが導入される。その形態は、完全な民営化から民間委託、PFI、あるいは日本における指定管理者制度や独立行政法人制度など、実に多様である。また NPM では、単に民間活力を導入するだけでなく、強制競争入札（後述）に見られるように公共サービスの中に市場競争の環境を作り出す試みも盛んに行われている。

NPM は、このような行政改革の総称として、あるいはそのような改革を実現する運動やイデオロギーとして、1990年代以降、先進国の行政改革を席巻した。重要なのは、その過程で、従来の行政システムを担ってきた行政組織やその作動様式、および追及されるべき価値が、転換を迫られたことであった。

2　イギリスにおける NPM 型行政改革

次に、世界の NPM 型行政改革において一つの典型とされるイギリスの行政改革の特徴を概観する。[(4)]

2–1　ホワイトホール文化からマネジメント文化への改革

イギリスでは、サッチャー政権（1979–1990）によって、戦後のイギリス福祉国家とそれを支えた行財政システムに、根本的なメスが入れられた。スタグフレーションと財政危機、労使紛争による経済の停滞といった事態を前に、サッチャーは官僚制を労働組合と並んで打倒すべき「主敵」に据えた。

サッチャーの行政改革には二つの側面があった。一つは、公務員の削減や国営企業あるいは公営住宅など公共サービスの民営化などに代表される、「小さな政府」政策である。もう一つは、「ホワイトホール文化の改革」と称されるように、従来の行財政システムの構造や作動様式に「マネジメント」の視点を取り入れ、根本的に改革しようとするものであった。「小さな政府」政策とも連動しながら行われたこの「文化改革」こそが、イギリスにお

いて行政から公共経営への転換を直接にもたらしたのである。

　サッチャーはまず、首相官邸内に効率室（Efficiency Unit）を設置し、民間の小売流通業のトップであるレイナー（Sir Derek Rayner）を効率室の首相特別顧問に任命した。レイナーは、従来の官僚制組織に「マネジメントの文化」を注入すべく、各省庁を対象とした行政監察を行い、徹底したコスト削減と効率性の向上を実現した。この行政監察で強調されたのが「**バリュー・フォー・マネー**（Value for Money＝市民の支出に見合う価値を実現すること）」という原理である。バリュー・フォー・マネーの原理は、これ以後のNPM型行政改革のスローガンとして広範に普及することとなった。

　次に、環境大臣であるヘーゼルタイン（Michael Heseltine）の指導の下、新たな情報システムである「大臣のための管理情報システム（Management Information System for Ministers）」と、これを全省庁に拡大した「財務管理イニシアチブ（Financial Management Initiative）」が導入された。これらのシステムは、複雑な省庁の組織の中で、「誰がどの事業に責任を負っているのか」「その事業のコストはいくらか」を明らかにすべく、組織の中下級管理者に一定の権限委譲を行い、明確な責任と予算の下でマネージャーたる公務員が事業の管理運営を行い、その事業の成果や有効性についての情報を大臣まで集中するものであった。これによって、官僚制のヒエラルキー組織は「無責任の体系」から、「財政的責任を遂行する管理（accountable management）」を行う各ユニットから構成される組織として再認識され、他方では大臣への情報集中によって全体の統制と整合性が保たれるものと考えられるようになった。

　このような改革により、サッチャー政権第二期までに、中央省庁には「マネジメント文化」が精力的に導入された。それは次に見る、エージェンシー制度による中央省庁組織の改革によって完成を見る。

2-2　政策と執行の分離―エージェンシー制度の導入―

　行政内部における徹底したコスト削減運動として始まった「ホワイトホール文化の改革」は、中央省庁の行政組織の執行部門を民間企業型の組織に改編する組織改革へと展開した。これが日本の独立行政法人制度のモデルとなった**エージェンシー制度**である。

エージェンシー制度とは、中央省庁の組織の中で政策の執行・実施に当たる部分を切り離し、エージェンシー（Executive agency）として組織的に独立させ、政策の執行とともにその管理・運営をより効率的に行おうとするものである。その主な特徴を列挙すれば次のようになる。

　①　政策の企画立案組織と執行組織の分離。もとの省庁には政策決定機能だけが残り、その下に複数のエージェンシーが執行機関として置かれる。これは政府内部の組織における管理の改善、特に執行部門における効率化を企図したものである。

　②　「契約」と「業績」によるコントロール。「親」省庁とエージェンシーの間には擬似的な「契約」が結ばれる。これにはエージェンシーの設立時に作成される「枠組み文書（Framework Document）」や、毎年発行される「ビジネス・プラン（business plan）」などがある。前者の中には、本省とエージェンシーの役割分担、エージェンシーの達成すべき課題（業績）、移譲される財政責任、および議会・大臣等に対する責任が明記され、後者の中にはエージェンシーが決まった資源の範囲内で達成すべき目標や業績指標などが明記され、これらがいずれも本省との間で「契約」として結ばれる。

　③　エージェンシーの長官（Chief Executive）は民間人を含めた公募によって選ばれる。この長官には、「枠組み文書」に定められた範囲内でエージェンシーの運営・管理から職員の処遇まで幅広い裁量が与えられる。長官は、本省と「契約」した内容を効率的により低コストで実現するために裁量を行使する。さらに、長官には業績の達成度合いに応じて基本給に上乗せする形でボーナスが与えられる。これは業績給としての性格を持つものである。

　④　公務員の処遇の変容。エージェンシーに移管される公務員の身分は、基本的に国家公務員として維持される。しかし、従来統一的な賃金交渉システムによりその交渉力を維持してきた国家公務員労組がエージェンシーごとに分割されたこと、長官だけでなくエージェンシー内の公務員にも業績給が浸透し始めたことなど、公務員をめぐる環境は大きく変化した。[5]

　このエージェンシー化は80年代に終わりから着手されたが、ほぼ10年を経た90年代末葉には、130機関以上、国家公務員の約4分の3を占める38万数千人がエージェンシーで働くことになった。

2–3 市場競争と民間活力導入による公共サービス改革─市民憲章と市場化テスト─

　さらに、サッチャーのあとを継いだメージャー政権(1990－1997)では、この組織改革に市場競争の原理を導入するとともに、「市民憲章」を公表することによって、行政が追求すべき目標を、「顧客としての市民」の利益を最大化することに据えた。

　1991年、メージャー首相は就任後に白書「市民憲章 Citizen's Charter」を発表し、国民を行政サービスの顧客（消費者）と位置づけ、行政サービスの質、効率性向上のための四つの「テーマ」、九つの「メカニズム」、公共サービスの七つの「原則」を示した。

　この「市民憲章」のもとで、エージェンシーを含む各行政機関は、提供されるべきサービスの標準的な質を定義して公表し、実際のサービス提供に関する業績を測定し、結果を公表することを求められるようになった。また、各サービスに対する市民の苦情処理手続を定めることも求められた。

　その上で、サービス改善の具体的な手法を提起した九つの「メカニズム」では、民営化の拡充、競争原理の導入と拡充、民間委託の拡充、費用と施策の関係強化など、いわゆるNPM型の改革手法が列挙された。このNPMエッセンスを凝縮した市民憲章のもとで、中央政府におけるエージェンシー化の推進、市場化テストの導入とそれにともなう民営化が行われたのである。

　そして同じく91年、メージャー政権は市民憲章で明確化された「競争原理の導入」をエージェンシーの運営に適用するため、『質の向上のための競争』白書を発表し、中央省庁への市場化テスト（Market Testing）の導入を行った。これは80年代に地方自治体に対して導入された官民の**強制競争入札**(Compulsory Competitive Tendering：CCT) を中央省庁に適用したものである。そのプロセスは、事前選択（prior option）と市場化テストの二つからなる。

　① 事前選択：まず、行政事務全般にわたってその業務が必要かどうかを判断する。存続が必要と判断された場合、次のことが検討される。1）民営化できないかどうか、2）外部委託できないかどうか、3）エージェンシー化できないかどうか。

　② 市場化テスト：さらに、民営化になじみにくい業務（庁舎管理、コン

ピューター維持管理など）についても、従来業務を担当してきた部局と民間会社とを入札で競わせて、効率的＝低コストで業務を行えることを示した方に業務を請け負わせることとした。この市場化テストでは、公務員が勝った時のみその業務を引き続き行えるが、民間企業が勝った場合は公務員がそのまま民間企業に移る場合もある。

　各省庁は、市場化テストにかける業務＝入札リストの提出を求められ、92年から94年までの間に20億ポンドに相当する業務がテストにかけられ、11億ポンド分の業務が民間に請け負わされた。その過程で、26900人の公務員ポストが削減され、10600人は落札した民間企業に就職した。さらに、95年以降の市場化テスト第2ラウンドでは、8億3千万ポンド分の入札が行われた。

　この一連の改革により、イギリスの行政組織は「手続重視のヒエラルキー型官僚制」から、「市民の満足度」を最大化する柔軟で機動的な「民間企業型組織」へ向けて、大きく舵を切ることとなったのである。

2-4　監査と事後評価の重視

　これまで述べてきた一連のNPM改革と密接に関連し、それらを促進してきたとも言えるのが、行財政システム全般にわたる監査および事後評価による制御の重視である。

　すでに1980年代前半から、イギリスでは会計検査院（National Audit Office）や自治体監査委員会（Accounting Committee）の設立が相次ぎ、バリュー・フォー・マネーや3E（Economy、Efficiency、Effectiveness）にもとづく監査が開始されていた。80年代末から90年代にかけての「ホワイトホールの文化改革」やNPM型の行政組織改革は、このような監査の興隆を背景に行われたのである。事後評価による行政統制は、中央省庁のエージェンシーに対する「契約」による統制、「市民憲章」の示す業績指標による組織パフォーマンスの統制によって加速した。

　NPMの特徴は、監査や行政評価などといった事後評価・外部評価が「形式的・中立的」規制技術と認識され、それにもとづく政策部門による執行部門の統制、および執行部門など下位組織の「自己統制」が奨励されることで

ある。

イギリスの会計学者パワー（Michael Power）は、監査（Audit）を中心とした事後評価が公共サービス統制の主流となったことを「監査の爆発（Audit Explosion）」と捉えている。パワーによれば、従来の行政活動に対する統制は、定性的で多様な尺度を持ち、地域や現場における信頼関係を基礎に、自律性を重んじて行われていた。しかし、「監査の爆発」以降の統制スタイルは、定量的で単一の尺度にもとづき、外部のエージェンシーによる遠隔操作的手法を多用し、薄い信頼関係の下でさまざまな教義を重んじるものに変容していったという。[6]

さらに1997年の労働党政権発足後、保守党時代のような市場志向は影をひそめたが、地方自治体に対する中央政府の総合的な行政見直しであるベスト・バリュー（Best Value）や、自治体の行政評価をスコア化して「格づけ」する包括的業績評価（Comprehensive Performance Assessment）など、事後評価・外部評価による行政統制は、より精緻化されつつ定着してきている。

2-5 教育におけるNPM改革

ここで、イギリスのNPM型行政改革が、個別の行政分野でも具体化された事例として、1980年代後半以降の教育改革について紹介しよう。サッチャー政権の第三期以降、エージェンシー制度の導入などNPM改革が「本格化」したこの時期に、イギリスでは教育分野でも次のような改革が行われた。

第一に、中央政府による教育内容の管理・統制である。具体的には、中央政府がナショナル・カリキュラムを作成し、義務教育段階において定期的に全国学力テスト（ナショナル・テスト）をおこなう。

第二に、小中の公立学校に学校選択制を導入することによる親の選択権の拡大である。親は各学区内で子供を通わせたい学校を選択することができる。この学校選択制の導入は、生徒の獲得をめぐる学校間の競争を呼ぶことになった。

第三に、各学校への予算や人事権の「分権化」である。これまで各自治体の地方教育当局が保持してきた各学校の人事や予算の権限を、各学校の学校

評議会および校長に移譲した。学校には生徒数に応じた予算が配分されるため、各学校は多くの生徒を獲得するための「学校経営」を強化することとなった。

　第四に、中央政府による学校査察制度の導入である。これはメージャー政権期に導入されたもので、中央の準政府機関である教育水準局が、各学校の成績や教育内容、生徒の規律、不登校の実態などについて査察を行い、改善を勧告する。改善が見られない学校は、廃校とされることもある。

　以上のような改革は、競争原理の導入、執行部門への管理権限の移譲と執行部門の「経営体化」、事後評価の導入などの点から見て、NPM型の行政改革であることは明らかだろう。この改革路線は、1997年以降のブレア労働党政権においても引き継がれ、地方教育局業務の民間委託や「シティ・アカデミー」と呼ばれる公設民営学校の設立、自治体評価（格づけ）と学校評価の連動など、いくつかの点では強化されている。(7)

3　日本における NPM 型行政改革

　次に、1990年代後半から本格化したと考えられる、わが国における NPM 改革の特徴を概観してみよう。

3-1　「遅れてきた」NPM 改革ブーム

　イギリスをはじめ世界各国で NPM 型行政改革が取り組まれていた1980年代から1990年代中葉まで、わが国は、NPM 型行政改革はもとより、行政に経営原理を導入することそのものに対して非常に冷淡な国であると認識されていた。(8) 確かに、1980年代には中曽根康弘政権と第二次臨時行政調査会によって三公社の民営化や行政における減量経営の推進など一連の「小さな政府」型行政改革が行われた。しかし、イギリスなど NPM の先進国を基準としてみた場合、日本には伝統的な公行政のシステムが依然として強力に存在しており、行政の「経営化」「マネジメント化」は進んでいないというのが大方の理解であった。

　しかし、次に述べるように、1990年代後半から中央省庁などの改革が本格

化するとともに、強固な官僚制を中心におく伝統的行政システムのあり方に対する見直しも検討されるようになった。この見直しをNPM型行政システムの導入によって一気に加速させたのが、2001 (平成13) 年からの小泉純一郎政権 (2001-2006年) である。小泉政権の発足以降、2006 (平成18) 年現在にいたるまで、中央省庁のみならず、地方自治体の組織や公共サービスにいたるまで、わが国の行政システムのさまざまな部面においてNPM型を基本とする行財政改革が進行している。

3-2 日本におけるNPM導入の動き―橋本行革から小泉構造改革へ―

1997 (平成9) 年、橋本龍太郎首相自らが議長をつとめた行政改革会議は最終報告をまとめた。ここでは2001年以降の新中央省庁体制が提起されるとともに、「『公共性の空間』は官の独占物ではない」との認識の下、わが国の行政システムを「中央から地方へ」「官から民へ」シフトすることが強調された。[9]

その上で、最終報告の「第4章 アウトソーシング、効率化等」において、「企画立案と実施の分離」による独立行政法人制度の導入が提起された。これはイギリスのエージェンシー制度をモデルとしたものであり、行政の執行部門に経営原理を導入するものであった。また、政策評価制度を中央省庁に導入することによって行政システムにマネジメント・サイクルを確立することも、あわせて提起された。

このように、橋本行革はNPMという言葉こそ明示的に用いなかったものの、わが国におけるNPM型行政改革の源流を形作ったということができる。ただし、ここでの議論は、肥大化した官僚システム、特に中央省庁をいかにスリム化していくのかに集中しており、たとえば「企画立案と実施の分離」といったNPM的な理念は、中央省庁の大括り化とセットで提出された「垂直的減量」の手段として提起されたものであった。

2001 (平成13) 年に発足した小泉政権は、「構造改革」のスローガンのもと、NPM型の行財政改革を本格化させた。まず、2001年の経済財政諮問会議「基本方針」において、NPMがはじめて中央政府の文書に登場し、事実上行政改革の方針として位置づけられた。

ここで提起された NPM の特徴は、財政構造改革とそれを行うための意思決定の集権化を直接の動機としているということであった。つまり、「第5章　経済財政の中期見通しと政策プロセスの改革」においては、国債発行を抑制し社会保障費や公共事業費を削減するために、トップダウンによる政策の見直しと予算の重点配分を行うことと、実施事業に対する行政評価を行って次年度の予算編成に反映させること、の二つを実現する手段として NPM が位置づけられたのである。

特に「政策プロセスの改革」では、「国民は、納税者として公共サービスの費用を負担しており、公共サービスを提供する行政にとって国民はいわば顧客である。国民は納税の対価として最も価値のある公共サービスを受ける権利を有し、行政は顧客である国民の満足度の最大化を追求する必要がある。」として、顧客志向の行政の重要性が説かれている。そして、これを実現するために、同方針では「競争原理の導入」、「業績／成果による評価」、「企画立案と実施の分離」という理念のもと、さまざまな形で公共サービスに企業経営方式、あるいは民間企業そのものを導入することを推奨した。こうして NPM は、官庁スリム化の手段から始まり、政府機関という巨大組織の意志決定あるいは政策プロセスの改革のモデルにまで高められたのである。

3-3　財界のイニシアチブによる NPM 改革

2001年の「基本方針」を機に、小泉政権は NPM 型行政改革の導入をさまざまな形で推進した。小泉政権における NPM 改革の特徴は、第一に、財界が求める「官製市場の開放」路線を具体化する中で、次々と新しい改革手法を導入したこと、第二に、中央政府のみならず地方自治体が改革の対象とされ、地方自治体の NPM 改革が「地方分権」改革と密接に連関しながら進行したこと、である。

まず、小泉政権の NPM 改革を牽引した機関として、先に指摘した経済財政諮問会議に加え、総合規制改革会議、およびその後を継いだ規制改革・民間開放推進会議があげられる。総合規制改革会議は、2001（平成13）年に官邸直属の政策会議として、首相のリーダーシップを補佐するべく設置され

た。同会議はオリックスの宮内義彦 CEO を議長とし、民間企業経営者や民間シンクタンク代表を主要メンバーとする構成からもうかがえるように、財界の意向を直接に行政改革に反映させる役割を担った。同会議は2004（平成16）年初頭から規制改革・民間開放推進会議と名称を新たにし、内閣の規制改革・民間開放推進本部および規制改革担当大臣とともに、より強力な改革推進体制を形成した。（規制改革・民間開放推進会議は2006年末に「最終答申」を提出してその役割を終えた。2007年にはその後継組織である規制改革会議が発足し、安倍晋三政権の下での NPM 型改革を進めている。）

　この総合規制改革会議および規制改革・民間開放推進会議によって、後述する指定管理者制度、市場化テストなどの一連の NPM 型改革が次々と提起された。これらはいずれも、同会議における財界主導の提案をベースに、首相が議長をつとめる経済財政諮問会議が各省庁の抵抗を排するかたちで方針化したものである。そのねらいは、規制改革・民間開放推進会議の言葉を使えば、「官製市場の開放による『民主導の経済社会の実現』」[10]であり、従来行政機関が担ってきたサービスを大胆に市場開放することによって、一方では財政の効率化および「選択と集中」を行い、他方では民間企業にビジネスチャンスを拡大することにあるといえよう。

　このように小泉政権下における NPM 改革は、橋本行革における、肥大化した「官のシステム」をスリム化する手段という位置づけから、「官から民へ」の流れを加速させ、広大な官製市場を民間に開放するという財界側の意向を直接に遂行する手段としての性格を強めたといえるのである。

3-4　地方自治体への NPM 導入の動き

　小泉政権の NPM 改革は、中央省庁のサービスや機構だけでなく、地方自治体の組織やサービスをも、その大きな対象として捉えていた。地方自治体における NPM 改革の大きな特徴は、それが「地方分権」改革を媒介にして進行したことである。「地方分権」改革のステージが、機関委任事務の廃止等を中心とした「第一次分権改革」から、市町村合併や地方税財政改革をおもなテーマとする「第二次分権改革」に移行するにともなって、地方自治体における NPM 型行政改革が急速に進行したのである。[11]

2002（平成14）年12月に成立した**構造改革特区制度**は、自治体や民間事業者からの提案をもとに、特定地域を対象に既存の規制を「試行的に」緩和することで、地域間の競争を促しながら規制緩和を促進するものである。この制度の特徴は、自治体や民間事業者から自発的な提案を受け、中央政府が個別の特区を決定するという仕組みである。これによって組織された、規制緩和を梃子とした都市間競争は、その後、各自治体がNPM型改革を競い合って行う端緒を切り開くものとなった。

次に、小泉政権の自治体NPM改革でもっとも大規模に行われたものとして、自治体が保有・管理する公の施設の管理運営を民間事業者に幅広く開放する**指定管理者制度**の導入が挙げられる。2003（平成15）年、地方自治法の244条「公の施設の管理」の改正により、従来の「管理委託制度」から新たな指定管理者制度の下で民間の事業者に広く開放することが可能となった。特に重要なのは、従来の管理委託制度では、利用許可などの管理権限は地方公共団体に留保されていたが、指定管理者制度では「管理の代行」という形で指定管理者自身が管理権限を保有することとなり、指定管理者となった民間事業者は、ほぼ丸ごと施設の管理運営を「代行」できるようになったことである。指定管理者制度の導入は、自治体の担う公共サービスの管理を、民間事業者による「経営」に置換する点、公共サービスが一種の市場として民間事業者に開放される点において、NPM的であるといえよう。

指定管理者制度とほぼ同時に導入されたのが、**地方独立行政法人制度**である。これは国において「企画・立案と執行の分離」という理念のもと、すでに導入された独立行政法人制度を自治体サービスに導入するものである。その特徴は、従来自治体が担ってきた諸事業を地方独立行政法人として切り離し、当該事業の予算や人事をこれまでの地方議会を含む自治体の関与からはずし、そこに企業会計原則に代表されるビジネスライクな管理運営手法を導入するものである。地方自治体の管理する公立大学や病院などに対し、この地方独立行政法人制度が導入されている。

3–5　市場化テストによるNPM改革の分野横断的実行

最後に、以上のような個々の「官製市場の開放」政策の限界を突破するも

のとして提起されたのが**市場化テスト**である。市場化テストとは、従来行政機関の仕事とされてきた業務に民間との入札を導入し、競争原理の中でより効率的なサービスを提供できるようにする仕組みである。そして従来の規制緩和・民間開放の手法に比して重要なのは、この市場化テストが「すべての官業を対象として」「横断的に」行われるものとして提起されていることである。

指定管理者制度を含む一連の公共サービスの市場開放政策は、総合規制改革会議および規制改革・民間開放推進会議の求める「市場開放」の規模とスピードからすれば、物足りないものであった。たとえば指定管理者制度の場合、個別の「公物管理法」との法的整理が行われていないため、すべての地方公共団体の施設について管理・運営を行うことができるわけではない。また構造改革特区制度の場合、特定の地域における特例制度に止まっており、認定申請は地方公共団体のみで、民間が直接行うことができない。このような個々の市場開放政策の抱える限界を突破し、より横断的な「官業の市場開放」政策として提起されたのが市場化テストであった。

市場化テストは、2003(平成15)年の総合規制改革会議による「規制改革に関する第3次答申」およびそれを受けて閣議決定された「規制改革推進3か年計画」によって、その導入が本格的に検討・準備されることとなった。2004(平成16)年に発足した規制改革・民間開放推進会議は、教育・福祉・医療の各分野における「官製市場」の民間開放推進に精力を傾けると同時に、市場化テストについても各省庁に対して対象事業の洗い出しを強力に迫った。これにより市場化テストは2005(平成17)年度からいくつかのパイロット事業においてその導入が開始され、2006(平成18)年5月の通常国会において「公共サービス効率化法(正式名称「競争の導入による公共サービスの改革に関する法律」)」としてついに法制化されたのである。

同時に、この市場化テストでは、地方自治体までが伝統的な「官」のシステムの一部として認識され[12]、その業務の市場開放が求められた。

すなわち、「公共サービス効率化法」は、地方自治体について以下のような内容を含んでいた。第一に、特定公共サービスと呼ばれる各事務事業(職業紹介事業、国民年金保険料徴収業務、戸籍等の登録証明事務の各事務事業)に

ついて、自治体が市場化テスト＝官民競争入札の実施を判断すること（32–34条）。ひとたび国が「特定公共サービス」に選定すれば、自治体は競争入札の導入をはじめ、「民間事業者の創意と工夫を反映」することが求められる（第5条）。第二に、この市場化テスト導入の判断と共に、各自治体は「公共サービス全般の不断の見直し」（3条1）をせまられ、「必要ないものは廃止」（同2）することも検討するとされていること、である。

3–6 地方分権改革から地方構造改革への展開とNPMの普遍化

　小泉政権下では、以上の改革と並行して、すべての地方自治体の性格を転換し、NPM原理を基本とした地域「経営」を行う機関とする動きが加速した。その集大成といえるのが、総務省が2005（平成17）年3月29日に発表した「地方公共団体における行政改革推進のための新たな指針」、いわゆる**「新地方行革指針」**である。

　この「新地方行革指針」の原型となったのは、2004（平成16）年5月に発表された地方分権改革推進会議の最終答申「地方公共団体の行財政改革の推進等行政体制の整備についての意見」である。第一次分権改革を担った地方分権推進委員会の後を継いで内閣府におかれた同会議は、おもに三位一体改革と呼ばれる地方税財政改革との関連で注目されたが、この最終答申において、「新しい行政手法」としてNPMを今後の自治体運営の機軸にすえることを提起した。これは市町村合併と三位一体改革によって国から自立した**「地域総合行政主体」**となることを求められた自治体が、市場競争原理や受益者負担原理を取り入れながら構造改革を行い、公共サービスのビジネスライクな「経営」主体となることを求めるものであった。[13]

　最終答申では「新しい行政手法」＝NPMの内容を、顧客主義、住民志向／業績主義、成果志向／市場メカニズムの活用（政策立案と執行の分離）／公会計改革／行政組織のフラット化、分権化に整理して、各自治体の行財政運営改革を促すと同時に、行政目標設定─行政評価によるマネジメント・サイクルの推進や民間との連携による公共サービスの効率化を強調している。

　これをふまえ、2004（平成16）年12月には「今後の行政改革の方針」が閣議決定され、この「方針」をうけて総務省は「新地方行革指針」を策定し

た。「新地方行革指針」が自治体に求めるのは、次のようなものである。

　一つは、計画的な行政改革プラス説明責任の向上を推進すべく、各自治体にマネジメント・サイクルにもとづく行政改革大綱の見なおしを行わせることである。各自治体は、事務事業の廃止、民間委託推進、定員管理適正化（明確な数値目標）などを内容とする5年間の集中改革プランを2005（平成17）年度中に公表することを求められた。もう一つは、「行革の主要事項」としてこれまで整備されてきたNPM型行政改革の諸手法を、積極的に活用することを求めていることである。「新地方行革指針」では、「行政の担うべき役割の重点化」として、民間委託の推進、指定管理者制度の活用、PFIの活用、地方独立行政法人の活用、地方公営企業の経営健全化、地域協働の推進などが、掲げられている。

　この「新地方行革指針」により、NPM型行政改革は、「地域総合行政主体」として自立を求められるすべての自治体が採用すべき、改革「マニュアル」となった。各自治体は、地域の民主主義の担い手という性格や、普遍的な住民サービス提供に責任を負う行政機関という性格から、限られた行財政資源をマネジメント・サイクルと民間活力の導入によって効率的にコントロールしながら、地域の発展を戦略的にマネジメントし、地域間競争を勝ち抜く「経営体」としての性格を強めることになったのである。

4　NPMの陥穽と公共経営の課題

　以上で見てきたように、民間活力によってコスト削減を行いながら行政組織を「経営」する、あるいは行政組織を「経営組織」に変える改革は、NPMの理念および手法によって推進されてきた。

　では、NPMと公共経営とはまったく同じ概念として考えればよいのだろうか？本稿ではむしろ、以下に述べるようなNPMのかかえる問題点や限界をふまえながら、行政を中心とする公共サービスをマネジメントすることが公共経営の役割であり、その課題でもあると考えている。つまり、NPMの陥穽に自覚的であることによって、公共経営はNPMよりも幅広い概念として独自に存在する意味を有すると考える。

第一に、戦略経営の重視や顧客志向による行政の「経営改革」は、厳しい財政状況下での行財政運営や行政組織の応答性向上などに資する一方で、次のような問題点もはらむことになる。一つは、組織の戦略経営部門だけが独走し、市民不在のトップダウン型の行政運営が行われる可能性があることである。他方では、市民が行政サービスの顧客として位置づけられることにより、主権者としてサービスのあり方を行政とともに考え決定していく契機が後退する可能性もある。したがって、市民を行政の「お客様」にとどめず、真の主権者として位置づける工夫が公共経営の課題となる。

　第二に、目標や業績指標にもとづく組織の管理や行政評価は、組織活動の透明性や説明責任の向上に資する一方で、次のような問題をはらむ。

　まず、目標と指標の設定において市民の意向が反映する仕組みが欠如しがちなことである。NPM論者がしばしば模範とするアメリカの自治体における目標管理型システムや行政評価は、強力な市民参加のもとで行われている。自治体計画の作成過程に市民が参加し、そこで設定される目標や指標は「市民に公約された政策目標」としての性質を持つ。これに対し、日本の自治体における行政評価、特に事務事業評価は、目標設定そのものが、戦略経営部門によってきわめてトップダウン的に行われている。事務事業評価の指標設定にも市民参加の仕組みを設けようとする志向は乏しい。

　さらに、外部評価、事後評価に重点を置いた行政運営がもたらす組織活動の硬直化が指摘できる。一度指標が設定されれば、職員の活動はそれらに縛られることとなり、可視的な目標への固執、指標に当てはまらない他のニーズや新たなニーズの切捨てが生じやすくなる。また、戦略目標を個別の指標に具体化する際には、行政機関に有利な数値が出やすい指標が設定されるという問題も生じうる。

　したがって、第一の点とも関連するが、行政評価システムの設計に際しては、目標・指標設定の段階から活動実績の効果の測定やその評価などにいたるまで、一連の行政評価プロセスに住民参加が重層的に組み込まれた制度設計が求められる。担当部局や戦略経営部門の専断ではない、多様な住民要求を評価プロセスに反映させ、客観的かつ民主的な評価を行うことが公共経営の課題となる。[14]

第三に、市場志向や効率志向から生じる問題がある。効率性の追求やコスト削減のみを念頭に置いた民間活力の導入は、**公共サービスの公共性**を後退させることがある。ここで言う公共サービスの公共性とは、たとえば保育・福祉・医療といった各分野における専門的な知見と熟練からなる**専門性**と、その専門性にもとづくサービスの質が利用者である市民や地域社会に了解され、また自治体の民主的手続を経た正統性を獲得しているという意味での**民主性**からなると考えられる。[15]

特に問題となるのは、民間事業者にサービスの提供をゆだねるとき、そこで提供されるべきサービスの質について、行政が基準を設定せずに民間事業者に「丸投げ」してしまう場合である。この場合、本来当該サービスで確保されるべきサービスの公共性が損なわれたり、サービスの質が劣化したりするという問題が生じやすくなる。

たとえば2006年7月には、埼玉県ふじみ野市が運営を民間委託しているプールにおいて、明確な安全性の基準が委託事業者との間で共有されておらず、利用者に対して必要な安全性確保の方法がとられていなかったことから、プールの吸水口に吸い込まれた小学生児童が死亡するという重大事故が生じている。また、現在日本全国で進行している保育所の民営化問題では、保育サービスの担い手が民間事業者に移行することにつき、子どもへの過大な負担の発生やサービスの質の劣化に対する不安が、親や地域社会との合意形成の障害となっている。横浜市や大阪府大東市などで進められた市立保育園の民営化は、それに反対する保護者との間で裁判にまで発展した。2006年5月、横浜地裁は、保護者との合意形成が行われていない点、特定の保育所で保育の実施を受ける利益が尊重されていない点をもって、横浜市の民営化政策が違法であるとの判決を下している。

したがって、公共サービスに民間活力の導入を行うときにこそ、行政機関が主導して、「自らが担当する行政サービスの一つ一つについて、その公共性を点検し、吟味することが求められる」[16]のである。さらに、公共サービス供給システムの中で公共性を守るためには、多様なセクター間での公共性の分担ルールや組織間におけるコミュニケーションを構築する必要がある。[17]また、保育所や福祉施設など、利用者や地域社会との関係が密接なサービスほ

ど、直接の利害関係を有する住民や地域社会との合意形成が不可欠であろう。

　要するに、単に財政効率の観点からのみ民間活力の導入を図るのではなく、公共サービスの供給主体の多様性をふまえながら、その公共性を構成する専門性や民主性を多様なセクター間で共有するための条件整備を行うことが、公共経営の課題として鋭く問われているのである。

コラム2　教育改革におけるイギリスと日本

　近年わが国で進行している教育改革の動向を見ると、本文中で紹介したイギリスの教育改革と驚くほど似ていることが分かる。公立小中学校における学校選択制は、全国規模で拡大している。また、2007年度からは、全国統一学力テストがほぼすべての自治体で行われることになっている。さらに2006年度末に成立した改正教育基本法では、国が教育振興基本計画を定め、地方公共団体がその実施を図る体制が定められ、教育内容および教育現場に対する国の関与がつよめられた。

　安倍晋三首相は、その著書「美しい国へ」の中で、学校査察制度や教育バウチャー制度など、イギリスの教育改革の中で登場した手法を次々と採り入れようとしている。さながら、イギリスのNPM型教育改革を15～20年遅れで追いかけているかのようである。

　ところが最近、当のイギリスではサッチャー政権の改革から生まれた教育政策の評判がすこぶる悪い。特に教育現場からの批判が強いのは、ナショナル・テストと教育水準局による査察である。イギリスではナショナル・テストの結果がマスコミを通じて公表されるため、各学校の成績は親の学校選択の重要な基準になる。また、教育水準局による学校査察の結果も、親にとって学校を選ぶ際の重要な関心事となる。

　このような状況は教育現場にとって多大なストレスとなっているようだ。イギリスでは現在、公立学校の校長の退職が相次ぎ、深刻な「校長不足」が生じている。新しい学期の始まる9月初頭には、新聞に校長を求める求人広告が何ページにもわたって載る。全国の公立学校の校長で構成される全英校長協会は、2005年にナショナル・テストの成績公表制度廃止を求める決議をあげるにいたっている。

　さらに、イギリス中西部にあるウエールズでは、1999年に分権改革によっ

てウエールズ議会が設立されると、中央政府とは異なる教育改革を開始した。改革の中心は、ナショナル・テストであり、2001年から7歳児のテストの廃止、テスト結果の公表取り止めなどが着手され、2004年にはすべてのナショナル・テストを廃止することが決定された。その最大の理由は、テストが学校間競争を過度に煽ること、教育内容がテストに重点を置いた知識偏重型になっていることなどであった。

サッチャーの教育改革から20年近くがたったいま生じているこのような新たな動きを、日本の教育改革はどのよう受けとめるのだろうか。

注

（1）参照、Owen E. Hughes, *Public Management and Administration* (*third edition*) (Palgrave, 2003), chapter 2.

（2）Christopher Hood, 'A public management for all seasons?', *Public Administration*, Vol.69, No.1, (1991). ここでフッドは、NPMの特徴を、次の7点に要約している。①公共セクターで専門家が実践的なマネジメントを行うこと、②パフォーマンスについての明示的な基準と指標、③結果にもとづく統制の一層の重視、④公共セクター組織の単位ごとの分解、⑤公共セクターにおける競争導入へのより一層のシフト、⑥民間セクターの経営実践のスタイルの強調、⑦資源の利用における規律と節約のより一層の重視。

（3）Ted Gaebler and David Osbourne, *Reinventing Government* (1992). (野村隆・高地高司訳『行政革命』(日本能率協会マネジメントセンター、1995))。この10か条の内容は以下のとおりである。①触媒としての行政：舟を漕ぐより舵取りを、②地域社会が所有する行政：サービスよりもエンパワーメント、③競争する行政、④使命重視の行政：規則重視の組織から転換する、⑤成果重視の行政：成果志向の予算システム、⑥顧客重視の行政：官僚よりも顧客のニーズを満たす、⑦企業化する行政、⑧先を見通す行政、⑨分権化する行政、⑩市場志向の行政。

（4）以下、2－3までの内容について、詳しくは安章浩「二章 イギリスにおける行政改革とその批判的考察」片岡寛光編『国別行政改革事情』（早稲田大学出版部、1998）および稲継裕昭『人事・給与と地方自治』（東洋経済新報社、2000）第8章を参照されたい。

（5）稲継・同書271－273頁。

（6）Michael Power, *The Audit Explosion* (DEMOS, 1994). また、毎熊浩一「NPMのパラ

ドックス？─「規制国家」現象と「触媒政府」の本質」日本行政学会編『年報行政研究36　日本の行政学─過去、現在、未来─』（ぎょうせい、2001）189頁を参照。
(7)　イギリスのNPM型教育改革について、詳しくは以下の拙稿を参照されたい。久保木匡介「イギリスにおける教育改革の転換過程─NPMと責任構造の変容─」『早稲田政治公法研究』第80号（2005）。
(8)　このような認識を示す調査報告として、OECD, *In Search of Results* (1997)およびFrieder Naschold, *New Frontiers in Public Sector Management : trends and issues in state and local government in Europe* (Walter de Gruyter, 1996)がある。
(9)　行政改革会議「最終報告」行政改革会議事務局OB会編『21世紀の日本の行政』（行政管理研究センター、1998）。
(10)　規制改革・民間開放推進会議「規制改革・民間開放の推進に関する第一次答申」（平成16年12月24日）のサブタイトルである。
(11)　参照、進藤兵「第一部　ニュー・パブリック・マネジメントと『地方分権改革』」進藤兵・久保木匡介『地方自治構造改革とニュー・パブリック・マネジメント』（東京自治問題研究所、2004）。
(12)　この認識に批判的に言及するものとして次を参照。今村都南雄「公共サービスと自治体の役割」『月刊ガバナンス』No.67（2006年11月）。
(13)　進藤・前掲論文、27-30頁。
(14)　参加型評価の課題については、西尾勝「第1章　行政の評価方式の拡張をめざして」、および山谷清志「第3章　評価の多様性と市民─参加型評価の可能性─」（財）行政管理研究センター編『行政の評価方式に関する調査研究─参加型の評価方式を中心として─』（行政管理研究センター、2000）を参照されたい。
(15)　二宮厚美『構造改革と保育のゆくえ　民営化・営利化・市場化に抗して』（青木書店、2003）、特に「第四章　保育の公共性と専門性」を参照のこと。
(16)　今村・前掲論文、22頁。
(17)　R.A.W.Rhodes, *Understanding Governance : Policy Networks Governance, Reflexivity, and Accountability* (1997, Open University Press) pp.50-51. ローズによれば、NPMは管理者の焦点を組織内の目標や結果だけに制限し、公共サービスを担うネットワークの組織間関係をマネジメントする視点に欠けるとされる。

推薦図書

・大住荘四郎『NPMによる行政革命　経営改革モデルの構築と実践』（日本評論社、2003）。
・岡田章宏・自治体問題研究所『NPMの検証─日本とヨーロッパ』（自治体研究社、

2005)。
- 君村昌『現代の行政改革とエージェンシー』(行政管理研究センター、2000)。
- 原田久『NPM時代の組織と人事』(信山社、2005)。
- 三橋良士明、榊原秀訓編著『行政民間化の公共性分析』(自治体研究社、2006)。
- Christopher Pollitt and Geert Bouckaert, *Public Management Reform A Comparative Analysis* (Oxford University Press, second edition, 2003).
- Michael Power, *The Audit Society : Rituals of Verification* (Oxford University Press,1997).

第3章

NPOと行政

廣川嘉裕

キーワード

イノベーション／アドボカシー／ボランタリーの失敗／
パートナーシップ／協働のルール

1 「NPO待望論」の落とし穴

　高齢社会の到来や財政難などによって非営利組織（NPO）の役割が注目されるようになっている。しかし、行政が担ってきた役割、あるいは行政が果たすべき責任を肩代わりさせるためにNPOの活動を奨励しようとしているのであればそれは問題であるといえよう。

　近年行政サービスの民営化・民間委託などが盛んに議論されているが、NPOの活動範囲が広がったからといってその分行政の役割や関与が減少する、あるいは減少させてもよいと考えるのは適当ではない。むしろ行政は、さまざまなところでこれまで以上に大きく関わってくる可能性もある。[1]

　社会福祉の領域で近年盛んになっている福祉多元主義の議論は、もはや社会福祉は国家のみによって担われるべきでなくそこに多様な供給主体の存在が認められるべきであるということを示したが、単純に国家の役割を否定するのではなく国家は他の部門との関係の中で多様な役割を果たしうることを示唆しているように、さまざまな主体を含めて総体としてどのようにニーズ

を満たすかという視点から捉えることが共通認識となりつつある[(2)]。

　現在、多くの自治体がNPOを公共サービス供給の重要な担い手と位置づけ、NPOとの連携・協力によって住民ニーズを満たしていこうとしている。しかし、行政とNPOの公共サービスに対する関わり方や両者の関係のあり方によっては、十分な公共サービスを提供できなくなる可能性やNPOの長所を活かせなってしまう可能性があるため、行政にとってもNPOにとっても注意が必要となる。

　そこで本章では、まず理論学説を概観したうえでNPOと行政はどちらかが大きくなればどちらかが縮小するわけではなく、また互いに代替しえない独自の役割をもつため両者は一方が他方に取って代わるのではなく協力して活動する必要があることを指摘したうえで、NPOの長所を活用し、社会全体のサービスを充実させるとともに社会をより活力あるものにするために両者はどのように協働していく必要があるか、行政とNPOはどのようなことを心がける必要があるかということについて検討したい。

2　政府―NPO関係論の系譜とNPOの機能―

2-1　競合パラダイムと制度選択論

　従来の政府―NPO関係に関する議論においては、「競合パラダイム」とよばれる見方が主流であった。競合パラダイムは、政府とNPOの関係をゼロサムゲームのようにみなし、一方の拡大が他方の縮小をもたらすと考える。こうした考え方は右派・左派の両方に見られる。

　まず保守主義者は、国家（政府）の拡大はボランタリー組織を含む媒介組織を弱体化させ、現代社会においてアノミーをもたらしたと主張する。彼らの研究は、国家の役割の拡大につれてNPOの役割は低下してきたということを前提としている。そのため、サービスの供給主体としては問題の大きくなった国家に代わる社会福祉の供給者として期待されるNPOの活動にとって国家は阻害要因であると見なされた。また、逆にNPOの活動が活発になれば国家の役割は縮小すると考えられた。

　他方において左派の中で福祉国家を支持する人々は、実効性のないボラン

ティアに対する信仰がすべての人にとって権利として利用できる真に効果的な公共サービス供給体制の阻害要因になると主張した。つまり、リベラル派は政府によるサービスの供給を正当化するためにボランタリー組織に対する不信を示さなければならなかったのである。

　また、左派の中にはミドルクラスの専門家に支配された現代福祉国家は真に困っている人のニーズから乖離したり、また草の根の組織による活動や互助的な活動がもたらすエンパワーメントを阻害するという議論もある。[3]

　いずれにせよ、こうした議論の中では国家活動とNPOの活動の間に対立関係が想定され、両者の協働関係、相乗関係は想定されていなかったといってよい。

　主に経済学者は、「制度選択論」から政府とNPOの関係を説明している。これは、なぜ企業や政府ではなくNPOという制度が人々によって必要なものとして選択されるのかを分析するアプローチである。[4] 制度選択論は、市場によっては担えない集合財の供給主体としてまず政府を想定し、それでは満足しない人々のニーズを満たす主体として非営利セクターを登場させている。[5]

　その代表的論者であるワイズブロッド（Burton A. Weisbrod）によれば、政府が提供するサービスの質と量は投票によって選ばれた議員が決めることになるので、それは結果的に議員を選ぶ投票者（住民・国民）の中でも多数を占める平均的な態度を持った「中位投票者」のニーズに応じて決まることになり、それとは異なるニーズをもつ人にとっては不満なものとなる。そこで、その穴を埋める存在としてNPOが現れると想定されるのである。したがって、ワイズブロッドらによれば行政サービスに対するニーズが画一的である場合にはNPOがサービスを提供する必要性や余地は少なく、人々のニーズに多様性のある社会ではNPOによるサービス供給が活発になるということになる。[6]

2-2　アメリカにおける政府―NPO関係とNPOの独自的機能―

　以上のように、政府とNPOは互いに対立するもの、あるいはNPOは不十分なサービス供給主体である政府のオルタナティブとしてサービスを供給す

る主体であるとされてきた。

　しかしながら、経験的な観察によって政府とNPOの間には幅広く、長い歴史をもつ協力関係・相互支持関係が見られることが明らかになった。その結果、競合パラダイムは現実を正確に描いていないことが指摘されるようになってきたのである。[7]

　アメリカにおける政府とNPOの関係を歴史的背景の中で見てみると、政府とNPOは社会的なニーズの処理において競合関係というよりも協力関係にあり、また政府・行政がNPOの活動を促進するように関わってきたという事実に行き当たることになる。

　アメリカにおいては、建国当初、さらには植民地時代から政府とNPOとの間にパートナーシップが存在した。独立戦争以前には、植民地政府によって私立学校の支援が行われた。また19世紀後半に都市化と産業化に伴って発生した社会問題の解決において、政府は必要なサービスの提供をNPOに頼ったことがあった。世紀の転換期には、社会サービスにおける州や地方政府の関与の拡大につれてより広範なサービスを供給するためにNPOへの公的資金の流れが増大した。その後も政府による福祉プログラムは拡大したが、このとき政府支出の増大は民間非営利セクターを〈肩代わりする〉というよりはむしろ〈助長する〉形で行われたのである。[8]

　1995年には、非営利セクターの収入における公的補助の割合は約3割を占め、民間の寄付よりはるかに大きな財源となっている。[9]アメリカにおいては政府財源の増大とともにボランタリー組織も成長したのであり、こう見ると政府とNPOのどちらかが大きくなればどちらが小さくなるとはいえない。

　また、NPOの機能は、単に行政の隙間を埋めるだけではない。

　もちろんNPOには、行政サービスに満足しない人々のニーズを満たすという側面はある。例えば、NPOは行政に比べて迅速かつ柔軟にサービスを提供しうる。なぜなら、通常行政サービスを受けるには厳格なルール上の要件や制約が存在し、[10]問題に応じて柔軟な対応をすることが困難であるうえ行動にわずらわしさ、対応の遅さなどがつきものとされるが、NPOはこのような制約からは比較的自由であるからである。[11]また、教育サービスなどにおいては、均質的な行政サービスを受けることに満足しない人々はNPO

（私立学校）の提供するサービスが自らの選好と合致すれば行政サービスよりもNPOの提供するサービスを選択することもある。

しかし、NPOの機能はそれだけではない。NPOには、採算ベースに乗らなかったり行政が行うと税金の無駄遣いになると非難される可能性のあるようなリスクを含むプロジェクトに対してもあえて挑戦し、特定分野のパイオニアとして新しいアイデアや事業の開発ができる、つまりサービスの革新ができるという「イノベーション機能」もある。[12]

さらには、NPOは問題を抱え対応が必要な人の存在に政府・行政が注意を向けるよう促したり、現行の政策の不備を指摘するなど「アドボカシー」をすることもできる。アドボカシーには、自ら政府・行政に対して発言することが難しい人の主張を代弁し、その人たちに関心を向けさせるという側面と自分たちが良いと思う政策を提案するという側面がある。

たとえば、ある特定の政策領域に含まれる問題を綿密に調査し、そこでのニーズおよび諸問題についての政府の見解に対し異議を唱えるグループもある。市民グループなどが政府によって提案された政策に対してコメントや代替案を出したり、新しい立法をたえず監視することもある。[13]また、アドボカシーにはサービスを提供しているグループが活動をしていく中で気づいたことについて政策的な働きかけ（提言）を行う場合もあるだろう。

NPOのアドボカシーは、政府にとって貴重な情報源になりうる。確かに一般市民は専門家のようには必要な知識を持っていないために、自分で直接判断を下すことはできないかもしれない。しかし、自分たちで別の専門家を見つけて雇い、既存の専門家の判断に異議を唱え、別のテストや評価基準を提案することは可能である。今や市民は専門家や職業政治家と向き合えるだけの情報を手に入れるようになってきている[14]ため、政府と異なる独自のアイデアをもった市民の参加を促すことでより効果的な政策を生むこともできるのである。現に、アメリカにおいては数億ドルもの費用の節約になるような経済的に有益な提案も行われたとされている。[15]

3　協働の必要性と行政・NPO双方の課題

3–1　NPOの問題点と行政の役割

　前節で指摘したように、NPOは多様な機能を果たしているが、NPOには問題点もあり過度に期待することはできない。

　サラモン（Lester M. Salamon）はNPOの短所・欠点、すなわち「ボランタリーの失敗」として四つの問題点を指摘した。まず第一に、NPOの不十分性という問題である。NPOは強制的に税金を徴収できる行政機関と異なってサービスを生み出すための資金や労働力を強制的に集めることができない。そのため、当然のことながら寄付やボランティアに頼る部分も大きいNPOだけでは現代においてすべての人のニーズを満たすには不十分である。また、寄付などはその時の経済状況に左右される可能性があるとともに、ボランティアが活発な地域は本来ボランティア活動が起こらなくても済むような豊かな地域であり、問題を抱え、寄付やボランティアをも動員した解決が望まれる地域には寄付やボランティアをする余裕のある人が少ない可能性が高いという問題点もある。

　第二に、NPOには偏重性という問題点がつきまとう。NPOは共通の関心事と目的を達成するために人々が自発的に結成する組織であって、その組織がどのような行動をとるか、誰に対してサービスを供給するかということは参加者（寄付をする人や実際にそこで活動する人たち）の共通の価値観、つまりこの人たちが何を重要な問題であると考えるかということによって規定される場合が多くなる。そのため、NPOは宗教や、地域、関心などが同じ人やそのグループが注目した人たちにしかサービスを提供しないかもしれない。これでは、ある特定のニーズや対象者に対処する同じようなグループが多くできて重複と無駄が生じる一方で、その対極にあるニーズは注目されず、対応がなされない可能性がある。

　三番目の問題が、温情主義、いわゆるパターナリズムといわれるものである。仮に社会サービスが提供されるとしてもその援助が権利ではなく慈善にもとづくものになるとすれば、サービスを利用する人たちの依存性を強めて

自立の機会を奪うことにもなりかねない。

　最後に、NPO はアマチュアが中心を占めている場合が多いという点もある。NPO は、資金的な問題から専門的な職員を集めるのが困難である。そこで NPO ではアマチュアのボランティアが大きな役割を果たすことになるが、現代の社会問題はアマチュア中心で取り組むには複雑なものになっている。[16]

　こうした NPO の問題は、政府の強みによってカバーすることができる。まず、資源が不十分な NPO に対して行政機関は税というかたちで強制力をもった安定的で大規模な資金調達能力をもっている。また、行政がサービスを提供する際の大きな基準は公平性であるため、特定のグループに供給されるサービスが集中する可能性がある NPO と比較すると対象から漏れる人は少なくなる。行政のこうした特性によって、NPO がサービスを提供する際の不十分さや偏重性がカバーされる。

　さらに、行政サービスは〈慈善〉ではなく認められた〈権利〉にもとづいて受けることができるうえ、行政には継続的に社会問題の解決に携わってきた専門家によるサービスの提供が可能である。これらは NPO のパターナリズム、アマチュアリズムを補完しうる行政の強みであるといえよう。

　また、政府・行政は上記のような特徴を備えたサービスを提供するだけでなく、先に述べたように NPO が活動するための財源を調達する機能を持っている。

　こうした特徴をもった NPO と行政が協働すれば、一方において NPO の活動によって社会の多様なニーズに対応することが可能になる。また、問題解決における時間的なコストが削減され、迅速な対応ができるようになる。さらには、サービスの革新もなされる。サービスを必要としているのにまだ認知されていない人々の掘り起こしも可能になる。[17] NPO による政策調査・研究・提言活動によって、政策の質が向上する可能性もある。他方で、行政によって基礎的なサービスが提供されるとともに NPO の活動基盤が整備される。

　このように、NPO と行政は互いに代替することは困難な独自の機能を備えているのであって、両方が重要であるといえる。そのような両者は、互い

にとってかわるのではなく当然協力して活動するのが有効であるということになる。

3-2　行政側の課題

　以上のように、現代においてはそれぞれに異なる特性をもったNPOと行政がパートナーとして協力して社会全体のサービスの向上に関わっていく必要があるといえる。

　それでは、その際に行政とNPOが認識すべき課題はどのようなものであろうか。ここからは行政とNPOのこれからの関係において注意すべき点を論じたい。まず行政の側が心がける必要があるのは、補助金などの支援策を使ってNPOに対するコントロールをしようとしたり、NPOに対してあまりにも細かく特定の組織形態を押し付けるべきではないという点である。既に述べたように、NPOの長所は柔軟性・迅速性・先駆性や多様なサービスを提供できることである。その可能性をつんでしまうということは、結局NPOを単なる安上がりの行政の手段にしてしまうことになる。

　そのためには、行政の側にいる人々が態度や行動様式を変えることが重要になってくるであろう。行政職員の態度や行動様式の変革に対しては、職員の教育研修ということもあるが、行政過程の中でNPOの活動に触れ、視野を広めるといった経験も有効であるといえる。

　次に行政の側が注意すべきなのは、行政に対して異議申立を行うようなNPOのアドボカシー的機能（代弁・政策提案など）を否定すべきではないという点である。なぜなら、こうしたNPOのアドボカシーこそが行政に対して困難な問題（解決すべき社会問題）を直視させ、取り組みを促してくれるからである。NPOのアドボカシーは、行政にとって貴重な情報源であるといえる。

　この観点からすれば、NPOを支援する際も「NPOの独立的な活動を保障することが最も重要であり、政府に批判的なNPOにも適用される形での活動基盤の整備がなされることが望ましい。とくに、与党が野党に近いと見られるNPOをも含めて支援するような政策を認めるかどうかは、民主主義の成熟度を示すもの」であるということになろう。

行政と方向性が一致する NPO のみを協働相手や支援先とすれば、市民オンブズマンのような団体よりも公益に資する度合いが劣っていても行政と同じ方向を向いた団体に限られた資源が振り向けられ、豊かで活力ある社会につながらない可能性がある。[22] その意味で、NPO 本来の社会的役割を発揮させ、公共利益をよりよく増進するためには、「行政に都合のいい NPO だけを選んで支援するというわけにはいかない」[23]といえよう。

　また、行政は自らの責任を放棄すべきでないということも指摘する必要がある。既に示したとおり、NPO には、ボランタリーの失敗(不十分性、偏重性、温情主義、アマチュア中心性) があるため、それだけでは十分な公共サービスの供給はできない。また、アメリカにおける事例で見たように、政府が NPO の活動を支援してその発展に貢献してきたという事実もある。ところが、近年アメリカでは行政からの資金の減少でサービス提供活動を行う組織は組織存続のために財政基盤の強化をめざして無料で提供していたサービスを有料化したり、クライエントの自己負担の比率を増加させるとともに、そのようなサービスの有料化に対応しうる中流以上の市民に対象者をシフトし、低所得層に対する援助を減少させているとされる。こうした有料サービスの領域には営利組織も参入しており、NPO でも顧客獲得のために営利組織で成功したマネージャー等による経営やトレーニングを施した有給職員による統制のとれたサービス提供が好まれ、不確定要素の多いボランティアの参加できる余地が減少しているともいわれているのである。[24] これは、行政が自らの役割を十分果たさなければ NPO が〈営利企業化〉し、その独自性や社会的意義が損なわれてしまうことを示す事例であるといえよう。

　このような NPO の特性や NPO－行政関係のあり方を考慮せず、市民活動の領域が拡大して NPO が活躍すればそれに比例して単純に行政の責任が減るという見方は「幻想」であり、市民活動・市民参加に過度に期待するあまり行政責任を自主的に抑制するということは避けなければならない。[25]

3–3　NPO 側の課題

　行政にとっての注意点をあげた以上、もう一方のアクターである NPO の課題もあげておかなければならない。まずいえるのは、行政に取り込まれる

ことによって自らの強みである先駆性・柔軟性といった特性やアドボカシーなどの役割を失うべきではないということである。

　行政事務のNPOへの委託を受けることは、NPOの下請け化につながる可能性がある。日本の特定非営利活動法人に関する調査によれば、「今後行政等からの事業委託を受けるとした場合の予想されるマイナス面」として、「自主事業の展開がおろそかになること」(41.0%)、「財政運営が受託事業収入に依存的になること」(35.8%)、「物理的に組織内部のリソースが過度に疲弊・消耗すること」(25.0%)、「組織内部の合意形成や意思決定において効率性が優先されること」(20.8%)、「行政等に対して緊張関係を作りにくくなること」(18.7%)、「ミッションの観点では優先度の低い活動を展開すること」(15.6%)などが懸念されている。

　そのため、NPO自身も「事業委託の際に考えられるマイナス面を抑える方策として重要なこと」として主に次のようなことを考えている。「資金調達元を増やし自主財源(自主事業収入、会費収入、寄付収入等)を豊かにすること」(45.9%)、「自主事業を意識的に展開すること」(38.7%)、「行政等に対するアドボカシー(政策提言等)を意識的に展開すること」(35.2%)、「組織として事務処理能力を強化したりそのための体制を整備すること」(33.6%)、「組織として行政に対する対応の仕方や考え方の原則を決めること」(23.5%)、「NPOセクター全体として連携を強め行政等と対峙していくこと」(17.8%)。[26]

　このように、NPOは自主財源の確保を大きな課題と位置づけている。とはいえ、自主財源の調達にとらわれるあまり本来の目的を見失わない必要がある。

　非政府資金の主要な調達方法には、会費、寄付、イベントの開催や料金収入、投資利益、施設や設備の賃貸収入などの営業収入があげられる。このような非政府資金の調達はNPOの自由な活動を可能にし、政府との間での交渉力を強める可能性はあるが、本来サービス提供に使うべき時間やスタッフをイベントに使ってもよいのかという問題がある。また、サービス料金の比重増加やミッションと無関係なビジネスなどによって、NPOが営利企業に接近するという議論もある。[27]

このような形であってもそれぞれのNPOがミッションを維持している可能性もあるが、「自立」に拘泥しすぎて目的の転移が生じ、結局自分たちのミッションすら忘れ去ってしまう可能性もある。

NPOが他の組織に全く依存することなく「自立」するということは不可能であるといってよい。したがって、NPOにとっては行政等からの資金を受けながらも、自らの意思に従って自らを律しながら行動することが重要となる。[28]

NPOが活動の自律性を保つためには、積極的にアカウンタビリティを果たすことが有効でありうる。これによってある程度行政からの過剰な介入・統制を避けうるし、市民から信頼されて本来の事業に対する支援を受けられる可能性もある。ごく一部の団体には、財務資料をはじめとする各種組織情報の公開に消極的なものもあるが、公益に資する活動をしているNPOとしては、それが適正な経理や組織運営によって行われていることを積極的に情報開示するのが本来の考え方であろう。それは、資金を提供してくれる人々や機関の信頼に応えるための行為であり、さらに支援を広げるための手段である。また、アカウンタビリティを果たすことで資金が一部の人々によって不適切な使われ方をされているのではないかという憶測や偏見を予防できる。[29]

次に、アドボカシーの努力をするといっても何の資源も持たずにアドボカシーを行っても効果がない可能性があるため、NPOも行政に対して影響力を行使しうるための資源を持つことが必要となる。

影響力の大きさは、その組織が相手の組織が必要でありながら持っていない資源をどの程度持っているかによって決まる。[30] したがって、相手が自分にとって必要な資源を持っていて自分が相手にとって必要な資源を持っていなければ、一方的に相手の言い分を聞かなければならなくなるが、相手に資源を依存していてもこちらも相手を自らに依存させることができれば単に相手の言いなりになるだけの関係にはならない。

サイデル（Judith R. Saidel）のニューヨーク州の政府機関とNPOについての調査によれば、政府・行政が活動に必要な資源（サービス提供能力、情報、政治的支持など）をNPOに依存する割合は61％、NPOが活動に必要な資源

(収入、情報など)を政府・行政に依存する割合は62%という結果であった。[31]
アメリカにおいて、NPOのアドボカシーが比較的活発なのは、こうしたことも関係しているといえよう。

仮にNPOにとって財源などの経営資源が乏しく、それを協働相手に依存するとしても、それに見合う何らかの能力をもっていれば協働相手の影響力をある程度打ち消すことができる。[32]そのためにも、「現場情報や行動体験等の蓄積、活用」、「現場での問題解決手法の蓄積」[33]など行政以上にNPOが強みを発揮しうる部分で行政を自らに依存させるような関係になることが重要である。

また、NPOの力量形成には、NPOを支援するNPOの活発な活動が必要である。アメリカにおいては、資金提供・助成、運営技術・マネジメント支援、情報支援、人材育成、組織化支援、アドボカシー支援、政策ウォッチ、NPOの活動評価、NPOの倫理監視などさまざまな機能をもつ「インフラストラクチャー・オーガニゼーション」(基盤的組織)が多層に存在し、こうした基盤の上にNPOの効果的な活動が保障されている。[34]日本においても、このような組織の発展は非営利セクターにとって重要な意味を持つだろう。NPO同士のネットワーク化を促進するような組織の発展も大きな課題である。

4　日本における協働のルール構築の試みと協働における課題

日本でも、NPOと行政の協働についてのルールづくりをする動きが出てきている。例えば、横浜市では市民活動と行政が協働する際に以下の六つの原則を尊重するとしている。[35]

①　対等の原則：市民活動団体、行政双方による関係の対等性の認識。

②　自立性尊重の原則：市民活動のもつ長所の十分な活用と市民活動の自主性の尊重。

③　自立化の原則：市民活動団体と行政が依存や癒着関係に陥ることなく、常に双方が自立した存在として協働を進めること。

④　相互理解の原則：長所、短所や立場を含めた協働相手の本質に対する十分な認識、理解、尊重。
⑤　目的共有の原則：協働で行う事業に関しては市民活動団体、行政双方が共通の理解をもつこと。
⑥　公開の原則：協働に関する基本的な情報の公開と、協働関係への参入機会の保障。

　また、愛知県においてはNPOと行政が協働の際に遵守すべきルールに関して双方が協議、合意した事項をまとめた『あいち協働ルールブック2004～NPOと行政の協働促進に向けて～』が作成されている。[36]そこでは協働の原則やNPOと行政の間でのさまざまな協働事業における行政、NPO双方の基本姿勢があげられているので、本章と特に関わりのあるものについて紹介しておく。
　「協働の原則」の中の「行政の姿勢」には、多様な組織形態をとるNPOの存在を認識して団体ごとの特徴を考慮した協働のあり方を模索することや、行政との協働事業に関わらないNPOの存在についても配慮することが規定されている。「NPOの姿勢」としても、公金を使用することへの自覚とともに、県民へのアカウンタビリティを果たすことが求められている。
　「NPOと行政の協働についての基本姿勢」としては、施策や事業の企画立案においてはできるだけ早期からのプロセスの共有を両者の基本姿勢とし、行政には幅広い部局における継続的なNPOとの情報交換・意見交換、NPOに対する積極的な情報公開、行政を批判するNPOを含めた多様なNPOの発言・提案に対する丁寧な対応、NPOからの意見で可能なものは事業へ反映させることなどを求め、NPOには行政への一方的な批判や要求にとどまらない課題解決に向けた建設的な意見交換や提言、中間支援機能を持ったNPOによる現場の情報収集・各分野のNPOの意見表明の支援、行政に提案する際の多様な関係者からの意見聴取、提案力の向上などを求めている。
　事業委託を行う際には、行政とNPOの双方の長所を活かすための事前・実施過程における十分な協議と調整を両者にとっての基本姿勢として、行政にはNPOを下請けとして扱うのではなく対等のパートナーとして位置づけ

ることや委託先の選定方法を工夫してできる限り多くのNPOに機会を与えること、行政が作成した契約書案を一方的に押し付けないこと、委託事業の実施過程におけるチェックや指示を必要最小限にすること、NPOにおける有給職員の人件費の必要性を十分認識した適切な委託費の積算をすることなどを求め、NPOには委託事業の完了時における事業実施結果報告書の提出や、契約の履行に係る事業完了の確認・検査の必要性を理解すること、そして公の資金を使うことに伴う責任の自覚と透明性・効率性・有効性の向上への努力を求めている。

　補助を行う際には、補助金の財源が公の資金であることを認識することを両者にとっての基本姿勢として、行政には県民へのアカウンタビリティを意識した交付先の公正な選択、補助制度の周知を通じたより多くのNPOへの機会の提供、補助を受ける団体の固定化や行政の過剰な関与などでNPOの自立性や自主性を損なわないことなどを求め、NPOには公の資金を使うことに伴う責任の自覚と透明性・効率性・有効性の向上や補助金の適切な使用、補助事業の完了時の実績報告書の提出などを求めている。

　事業実施後には、事業の実施結果の評価・公表の習慣の確立、協働の内容に応じた評価の視点や方法等の工夫、外部の者の意見の聴取、評価結果の次回の協働へのフィードバックが行政とNPO双方に求められている。[37]

　しかしながら、日本におけるNPOと行政の協働においてはまだ問題があるといわれている。たとえば、①事業をコーディネートする人材の不足、②事業における責任の所在の不明確さや行政が資金を出した際の運営方法への細かな指示、③意見交換・交流の場の少なさや協働のルール・指針の不在による信頼関係・対等な関係の構築の難しさ、④行政情報の発信不足による市民と行政の情報共有不足、⑤パートナーシップがスローガンにとどまっており客観的に評価しようとする姿勢が不十分な点などである。[38]

　こうした問題に対しては、①意見や利害の対立をまとめて協働を円滑に進めたりさまざまな人や団体に声をかけて新しいつながりを見つけていくための専門的な知識やノウハウをもった個人、あるいは中間支援組織などのコーディネーターの充実、②運営の方向性や活動が偏らないようにするためのパートナーシップ活動のルールづくりや可能な限り明文化した契約書・協定

書による契約、③相互理解と信頼構築のための市民・NPOと行政のインターフェイスの確保、④NPO・行政双方による積極的情報提供を通じた情報の共有、⑤行政組織・職員のパートナーシップに対する認識の深化、NPOの政策提案能力やマネジメント力などの実力向上の追求といった自己改革が必要となる[39]。

　先進的な自治体にとどまらず、以上のような協働のルールづくりや協働の問題点を改善する施策を進める必要があるといえる。実際の現場において個々のNPOと行政が全く同等な力を持っているということは考えにくい。だからこそ、両者が意識して対等に付き合おうとする努力が必要となる。また、日本における協働の体制はまだ不十分である。これに対して協働を円滑なものにするための人材や組織の育成、NPOと行政の相互理解・情報共有などを進めるにあたっては、NPOにも行政にも果たすべき役割がある。日本においてNPOの強みを発揮して豊かで活力ある社会を実現するためには、本章で述べてきた行政・NPO双方の意識改革と努力が不可欠であるといえよう。

コラム3　NPOのスタッフマネジメント

　組織論においては、組織のために費やすコストと少なくとも等しいかそれ以上のメリットがあると感じたときにのみ人はその組織に貢献するとされる。これは、NPOにとっても同様である。献身的に組織のために働いても、何の報いもないと感じればそのうちそこで活動することに対する動機づけは薄れてしまうだろう。

　だからこそ、NPOにとってもそこで活動してくれる人たちに報いるための組織管理は重要となる。常勤職員には、やはり適切な報酬が必要となるであろう。また、やりがいのある仕事をして自分を成長させるために活動に参加する人たちや自分の将来に役立つような仕事をしてキャリアを磨くために参加するという人たちに対しては、極力そうした希望をかなえられるように適材適所で働いてもらうマネジメントをすることも重要になってくる。

　たしかに、NPOはメンバーに多くの金銭的報酬を提供することはできないだろう。しかし、時間や労力を提供して組織に貢献する代わりに自分にとってそこでしか得られないものを得ることができれば、メンバーはさらに貢

献したいと意欲的に考えることになるのである。

[参考文献]
・田尾雅夫『実践NPOマネジメント』（ミネルヴァ書房、2004）第4章。

コラム4 イギリスにおけるコンパクト

　イギリスでは、サッチャー（Margaret Thatcher）、メージャー（John Major）の保守党政権期に政府によるサービスの直接供給から民間委託への移行が進み、NPOも積極的に活用されるようになった。この結果、NPOのサービスの水準が向上したともいわれているが、①政府に代わるサービス提供主体が一定水準のサービスを提供するように政府から統制がかかりNPOの運営上の負担が増大する、②政府が契約によってNPOに支払う額が不十分であったためNPOの運営が資金的に不安定になる、③政府が望むサービスを提供しなければならなくなり、NPOが本来の活動と外れた活動をしなければならなくなる、④仕事を発注してくれる政府に対してアドボカシーがしにくくなるなどの問題が生じた[※]。

　これに対して、ブレア（Tony Blair）労働党政権成立後に政府とNPOの代表の間で交わされた「コンパクト」（盟約）では、政府はNPOの独立性とアドボカシーの権利を認めることやNPOへの資金に配慮することなどを約束し、NPOはアカウンタビリティを果たすことや運営方法・提供するサービスを改善することなどを約束している。これは、法的拘束力があるものではないが、政府とNPOの新しい関係を示すものとして注目されている。本章で紹介した『あいち協働ルールブック2004』は、これにならったものである。

※永井伸美「イギリスにおける政府とボランタリーセクターの協働―ナショナル・コンパクトの挑戦―」『同志社法学』第308号（2005）151－152頁。

注

(1)　田尾雅夫『ボランティアを支える思想　超高齢社会とボランタリズム』（アルヒーフ、2001）163頁。

（ 2 ） 渡辺博明「ニュー・ポリティクスとポスト福祉国家の社会福祉」賀来健輔・丸山仁編『ニュー・ポリティクスの政治学』（ミネルヴァ書房、2000）172頁。
（ 3 ） Benjamin Gidron, Ralph M.Kramer and Lester M.Salamon,'Government and the Third Sector in Comparative Perspective : Allies or Adversaries?', in Benjamin Gidron, Ralph M. Kramer and Lester M.Salamon (eds.),*Government and the Third Sector : Emerging Relationships in Welfare States* (Jossey-Bass,1992), p.5, 藤田由紀子「NPO」森田朗編『行政学の基礎』（岩波書店、1998）240-241頁、および田中建二「行政-NPO関係論の展開（一）―パートナーシップ・パラダイムの成立と展開―」『名古屋大学法政論集』178号（1999）161-162頁。
（ 4 ） 藤井敦史「「市民事業組織」の社会的機能とその条件―市民的専門性―」角瀬保雄・川口清史編『非営利・協同組織の経営』（ミネルヴァ書房、1999）184頁。
（ 5 ） 北島健一「福祉国家と非営利組織―ファイナンス／供給分離モデルの再考」宮本太郎編『福祉国家再編の政治』（ミネルヴァ書房、2002）252-254頁。
（ 6 ） Burton A. Weisbrod, *The Voluntary Nonprofit Sector : An Economic Analysis* (Lexinton Books,1977), pp.51-77, 川口清史『非営利セクターと協同組合』（日本経済評論社、1994）24-28頁。
（ 7 ） 藤田・前掲論文241頁。
（ 8 ） 田中・前掲論文171-172頁。
（ 9 ） レスター M.サラモン（山内直人訳）『NPO最前線 岐路に立つアメリカ市民社会』（岩波書店、1999）資料編52頁。
（10） James Douglas, 'Political Theories of Nonprofit Organizations', in Walter W.Powell (ed.), *The Nonprofit Sector : A Research Handbook* (Yale University Press,1987), pp.49-50.
（11） レスター M.サラモン（入山映訳）『米国の「非営利セクター」入門』（ダイヤモンド社、1994）26-27頁。
（12） 浅野令子「影響力分析（インパクト・アナリシス）―五つの機能と五つの欠点」NPO研究フォーラム『NPOが開く新世紀―米ジョンズ・ホプキンス大学の「影響力分析」と日本のNPO』（清文社、1999）38頁。
（13） ノーマン・ジョンソン（青山郁夫・山本隆監訳）『グローバリゼーションと福祉国家の変容―国際比較の視点』（法律文化社、2002）205-206、208頁。
（14） イアン・バッジ（杉田敦・上田道明・大西弘子・松田哲訳）『直接民主政への挑戦―電子ネットワークが政治を変える』（新曜社、2000）106-111頁。
（15） 岡部一明『サンフランシスコ発：社会変革NPO』（御茶の水書房、2000）159-160頁。
（16） Lester M.Salamon,'Partners in Public Service : The Scope and Theory of Government-

Nonprofit Relations', in Powell (ed.), *op.cit*., pp.111-113, 田中弥生『「NPO」幻想と現実―それは本当に人々を幸福にしているのだろうか?』(同文館、1999) 44−49頁。
(17) 田尾雅夫『ボランタリー組織の経営管理』(有斐閣、1999) 196−197頁。
(18) 伊藤修一郎「NPOの戦略と行政の関わり―米国マサチューセッツ州政府とエイズ・アドボカシーNPOの経験に学ぶ―」『都市問題』第88巻第6号 (1997) 117−118頁。
(19) 古川俊一「NPOと行政:公共経営とガバナンス」塚本一郎・古川俊一・雨宮孝子編『NPOと新しい社会デザイン』(同文館、2004) 167頁。
(20) 伊藤・前掲論文115−117頁。
(21) 後房雄「自治体のNPO政策を考える―自治体の変化要因としてのNPO」『都市問題』第92巻第9号 (2001) 34−36頁。
(22) 毎熊浩一「協働幻想論―NPO政策の批判的実践的規準」『島大法学』第49巻第2号 (2005) 148−149頁。
(23) 世古一穂「参加協働型社会へのパラダイムシフト―パートナーシップを支える協働のルールづくり―」『NIRA政策研究』第18巻第2号 (2005) 16頁。
(24) 須田木綿子「社会福祉領域における民間非営利組織の日米比較―アカウンタビリティジレンマの視点から」『季刊 家計経済研究』No.61 (2004) 22−23頁。こうしたNPOの傾向は、収益をその組織本来の使命にかかわる事業や慈善的な事業に使用することを困難にし、NPOの独自性を損なう可能性もある。
(25) 毎熊・前掲論文144−145頁。
(26) 特定非営利活動法人 市民フォーラム21・NPOセンター『事業委託におけるNPO―行政関係の実態と成熟への課題―全国のNPO法人への委託実態調査に基づいて―』(2003) 55−56頁参照。
(27) 後房雄「事業委託におけるNPO―行政関係の戦略論的考察―NPOは事業委託をどのようにマネージすべきか」特定非営利活動法人 市民フォーラム21・NPOセンター・同書25頁。
(28) 後房雄「自立と協働の両立は可能か―日本のNPOセクターが直面する課題―」『市政研究』第143号 (2004) 30頁、毎熊・前掲論文126頁。
(29) 傘木宏夫「公共部門における環境NGO・NPOの役割を考える」横倉節夫・自治体問題研究所編『公民の協働とその政策課題』(自治体研究社、2005) 184−185頁。
(30) 桑田耕太郎・田尾雅夫『組織論』(有斐閣、1998) 250頁。
(31) Judith R.Saidel, 'Resource Interdependence : The Relationship between State Agencies and Nonprofit Organizations', *Public Administration Review*, Vol.51, No.6 (1991), pp.543-553.

(32) 川野祐二「協働、パートナーシップ、ネットワーク」田尾雅夫・川野祐二編『ボランティア・NPOの組織論―非営利の経営を考える―』(学陽書房、2004) 187頁。
(33) 田中充「自治体環境政策における市民と行政の協働」岡本義行編『政策づくりの基本と実践』(法政大学出版局、2003) 156頁。
(34) 久住剛「市民活動・NPOと自治体―社会システムと行政改革を視野に」自治体学会編『自立する市民と自治体』(年報自治体学　第10号)（良書普及会、1997) 28頁。
(35) 横浜市「横浜市における市民活動との協働に関する基本方針」（横浜コード）(1999)。〈http : // www.city.yokohama.jp/me/shimin/tishin/npo/code.html〉
(36) 後房雄・松井真理子編『事業委託のディレンマとNPOの戦略―協働の理念から実践へ』(特定非営利活動法人　市民フォーラム21・NPOセンター、2004) 117頁。
(37) 愛知県『あいち協働ルールブック2004～NPOと行政の協働促進に向けて～』(2004)。〈http://aichi.npo.gr.jp/wakugumi/Aichi_RuleBook_2004.pdf〉
(38) 新川達郎「市民・NPO・行政の新たなガバナンス」山本啓・雨宮孝子・新川達郎編『NPOと法・行政』(ミネルヴァ書房、2002) 130−131頁。
(39) 同論文131−133頁。

推薦図書

・川口清史・田尾雅夫・新川達郎編『よくわかる　NPO・ボランティア』(ミネルヴァ書房、2005)。
・『月刊自治研』Vol.46、No.535 (2004)：特集　NPO支援の功罪。
・市町村アカデミー監修『自治体と地域住民の協働』(ぎょうせい、2005)。
・仙台NPO研究会編『公務員のためのNPO読本』(ぎょうせい、1999)。
・田中弥生『NPOが自立する日　行政の下請け化に未来はない』(日本評論社、2006)。
・『都市問題』第88巻第4号 (1997)：特集　NPO―市民セクターの可能性、第91巻第1号 (2000)：特集　NPOと自治体の連携、第92巻第9号 (2001)：特集　市民とまちづくり。
・『都市問題研究』第47巻第8号 (1995)：特集　都市行政とボランティア、第50巻第12号 (1998)：特集　都市とボランティア・NPO、第55巻第10号 (2003)：特集　NPOと行政の協働。
・新川達郎監修・「NPOと行政の協働の手引き」編集委員会編『NPOと行政の協働の手引き』(社会福祉法人大阪ボランティア協会出版部、2003)。
・武藤博己編『分権社会と協働』(ぎょうせい、2001)。
・山岡義典編『NPO基礎講座 [新版]』(ぎょうせい、2005)。

第4章

テクノロジーと行政
―情報通信技術とイノベーション―

上田 啓史

キーワード

ICT／行政改革／イノベーション／インターネット／携帯電話

1 「ICT革命」と行政活動のイノベーション

　2006年9月に発足した安倍晋三内閣は、施政方針の冒頭にイノベーションによる経済成長を打ち出している。また同年6月に就任した御手洗冨士夫社団法人日本経済団体連合会会長は、「INNOVATE　日本」をキャッチフレーズに掲げている。イノベーションという概念自体、新しい概念ではないのだが、政治、経済の両面において、時代状況を表す言葉となっている。

　イノベーションというと、単なる「技術革新」と解されることも多いが、イノベーションとは幅広く「革新」と捉えるべきである。イノベーションを生み出すドライバー(駆動力)には、(1)新しい製品の導入による技術の革新、(2)新しい生産手段の導入による生産方式の革新、(3)新しいマーケットの発見による市場の革新、(4)新しい原料や半製品の導入による生産要素の革新、(5)新しい組織の導入による組織の革新の5種類があるとイノベーションの提唱者、経済学者のシュンペーター(Joseph Alois Schumpeter)は定義している。本章では、国の行政機関を中心に、「情報通信技術(ICT：Information and

Communication Technology）と行政組織のイノベーションによる行政活動のイノベーション」という視点から、テクノロジーの発展による行政活動の変化を説明する。

本節では、ICT のイノベーションとして、パソコンとインターネットの普及と携帯電話の普及と高性能化を取り上げ、ICT のイノベーションに対応する政府の動きとして、「e-Japan」と「u-Japan」の二つの戦略を説明する。

1-1　パソコンとインターネットの普及のインパクト

1995年11月に発売されたマイクロソフト社の Windows 95は、オフィスでの事務作業に使われるパソコンを普及させ、企業や行政機関に LAN（Local Area Network）が整備される契機となった。Windows 95はマウスを使いファイル操作などが直感的に行える GUI（Graphic User Interface）を本格的に採用し、パソコンの利用者層を大幅に拡大した。また Windows 95は、インターネットの標準的な通信プロトコルである TCP/IP に標準で対応したため、専任のネットワーク管理者がいない組織においても、パソコンをケーブルで接続し、簡単な設定をするだけでネットワークを構成できるようになった。Windows 95は、コンピュータやネットワークの専門家や愛好家だけが活用してきたパソコンやネッワークを、一般事務を行うオフィス・ワーカーにも活用できるようにしたと言えるだろう。

Windows 95とともに、オフィスでの業務スタイルを変えたのは、マイクロソフト社の Microsoft Office である。Microsoft Office は、ワードプロセッサの Word、表計算ソフトの Excel、プレゼンテーションソフトの PowerPoint、データベースの Access、スケジュールや電子メールを扱う Outlook などのソフトから構成されるアプリケーションソフトである。以前はワープロ専用機で行っていた文書作成が、パソコンにインストールされた Word で行い、ネットワークに接続された共有のプリンタで印刷するようになった。同様に、以前は紙ベースで行っていた簡単なデータベースや統計などは、Excel で処理されるようになり、講演や説明会、商談の場などでは、PowerPoint で作成したプレゼンテーション画面がプロジェクターによって映写されることも増えた。また、オフィスに LAN が整備されたことや、LAN がインターネ

ットに接続したことにより、電話やファクシミリで行っていた業務連絡が、ネットワークを介した電子メールで行われるようになった。2005年で97.6%の企業、85.7%の事業所がインターネットを導入済みである。

　行政におけるパソコンとインターネットの普及は、どのような状況になっているのだろうか。国の行政機関においては、内部部局（いわゆる霞ヶ関にある省庁等）でのパソコン1台当りの職員数は、1995年度には2.8人に1台であったが、1999年度には、パソコンの台数と職員数が同数となり、以降はパソコンの台数が職員数を上回っている。[1] 1995年度には、LAN に接続して使用されているパソコンは全体の26.2%に過ぎなかったが、2002年度に78.3%に達した。

　1995年には、省庁のネットワークを相互接続する「霞ヶ関 WAN (Wide Area Network)」の整備が開始され、1997年には電子メールシステム、文書交換システム、国会事務支援システムなどが「霞ヶ関 WAN」に接続され、運用が始まった。都道府県を主に地方公共団体を相互に接続する行政専用のネットワークである総合行政ネットワーク「LGWAN」も整備され、2002年に「霞ヶ関 WAN」と「LGWAN」は相互接続された。「霞ヶ関 WAN」と「LGWAN」が整備された意義は、国と地方自治体のネットワークが、商用インターネット回線を介さずに「閉じたネットワーク」として成立したことであり、それによってネットワークの安全性が高まることが期待される。

　国民生活においても、パソコンとインターネットは急速に普及している。『情報通信白書』によると、2005年のパソコンの世帯普及率が68.3%、インターネットの世帯利用人口普及率は66.8%に達している。インターネット回線のブロードバンド化も進んでおり、2005年度末の ADSL や光ファイバーなどのブロードバンド回線の契約数は、約2,330万件になっている。

　以上のように、パソコンとインターネットは、行政機関のオフィスだけでなく、企業のオフィス、家庭生活も含めて広く国民生活全般を変化させた。特に、パソコンとインターネットの普及によって行政内部での執務スタイルが変化し、行政内部の情報がパソコンで作成され、LAN を通じて流れるようになった。また、行政情報が、国の省庁間、国と地方自治体間、地方自治体相互間において、WAN を通じて流通するようになった。さらに企業や家

庭にパソコンとインターネットが普及したことにより、国民・住民と行政機関とのチャネルが増えたのである。

1–2 携帯電話の普及と高性能化

　パソコンとインターネットの普及とともに、ICTによるイノベーションを牽引しているのが、携帯電話の普及と、その高性能化である。携帯電話の普及は、それまでレンタルしか認められていなかった携帯電話端末が、1994年に販売が自由化され、価格が下がったことが契機となった。2005年度末の携帯電話の世帯普及率は85.3％だが、一世帯あたりの携帯電話保有台数は1.9台に達していて、携帯電話を使用している世帯では複数所有が進んでおり、携帯電話の一人一台時代が到来している。

　携帯電話の普及とともに、携帯電話の高性能化も、携帯電話によるイノベーションに重要である。携帯電話は音声通信に利用されるだけでなく、電子メールやインターネット接続にも利用されている。1999年にサービスが開始されたNTTドコモのiモードや、auのEZwebによる携帯電話向けサイトの閲覧や、パソコン宛の電子メールである。2005年末の携帯電話によるインターネット利用率は、携帯電話利用者の57.0％となっている。

　携帯電話によるインターネット利用の行政活動上の意味は、インターネット利用者の裾野を広げたことにある。携帯電話は、パソコンよりも比較的操作が容易で、利用者がインターネット接続の設定をする必要がない。キー入力に必要なボタンの数も少なく、高齢者や年少者など、パソコン利用によるインターネット接続に抵抗感がある人にとって、携帯電話でのインターネット利用は、敷居が低いと言えよう。携帯電話のインターネット利用に関しては、通信料が高額になる問題があったが、第三世代携帯電話（NTTドコモのFOMAやソフトバンク３Gなど）の導入とともに携帯電話各社がパケット通信料の定額制を導入したため、料金面でも敷居が低くなった。また、パソコン端末と比べて携帯電話の店頭販売価格が安いことも携帯電話の利点として挙げられる。多くのインターネット利用者は、パソコンと携帯電話を併用しているが、インターネットをパソコンだけで利用する人を、携帯電話だけで利用する人が上回っている。

国民への携帯電話の普及とともに、行政職員個人も携帯電話を所持するようになったが、携帯電話が行政活動に活用される場面は限られている。行政内部での携帯電話の利用の一例は、災害対策や原子力安全などの防災部局では、幹部職員や非常時に緊急呼集する必要がある職員に対して緊急呼び出しや連絡用に、公用の携帯電話が貸与されている。当初は防災部局の職員の呼び出し用に、ポケットベルが用いられていたが、ポケットベルだと発信元の電話からポケットベルへの一方向の連絡しかできなかったが、携帯電話であれば双方向のコミュニケーションが可能であることと、ポケットベルの大口顧客であった行政機関が携帯電話に移行したこともあり、ポケットベルのサービス自体が2007年に停止されることで、緊急連絡手段のポケットベルから携帯電話への移行が進んだ。国や地方自治体の災害対策担当者が持つ緊急連絡用の携帯電話は、通話が輻輳し、通話がしにくくなる災害時にも優先的に通話ができるよう、災害時優先電話とされている。地震など災害発生時に、自動的に災害担当者の携帯電話にメールを発信するシステムも導入されている。さらに、地上の携帯電話設備が利用できなくなる可能性がある災害時に、通信衛星を経由して通信ができる衛星携帯電話を国や地方自治体の災害対策部門は利用している。[2]

　また、事件現場や火災現場、救急現場で観察すると、警察官や消防士が警察無線や消防無線を使わず、携帯電話でやり取りをしている光景を見掛けるようになった。これは、無線は一方向の通話しかできず、コミュニケーションがとりにくいことや、携帯電話は、他の携帯電話や一般加入電話と直接通話ができ、利便性が高いからであろう。救急車から病院に救急患者の心電図を伝送し、救急救命士が医師の指示を仰ぐために、携帯電話網や衛星携帯電話網が使われるようになっている。

　携帯電話の普及は、パソコンでのインターネット利用を補完して、国民や住民と行政とのチャネルを増やした。また、パソコンとLAN、インターネットの導入は内部部局や本庁で事務作業をする行政職員の執務スタイルを変えたが、携帯電話の普及は、警察官や消防士、災害現場など現場レベルで活動する行政職員に通信手段を与え、その利用できる情報を増やし、現場から伝えられる情報量を増大させたと言えるだろう。

1-3　e-Japan から u-Japan へ

　パソコンとインターネット接続の普及、携帯電話でのインターネット利用の普及を対応して、政府は、どのような戦略をとっているのだろうか。電子政府・電子自治体の推進に焦点を当て、政府の ICT 基本戦略である「e-Japan」と「u-Japan」と概説し、インターネットのブロードバンド化とモバイル化を軸に、二つの戦略の違いを説明する。

　パソコンの普及とインターネット接続率の高まり、そして携帯電話の爆発的な普及は、「2000年問題」の生起とともに、21世紀の到来を前に、一種の「社会的な熱狂」の様相を帯びてきた。21世紀を目の前にした2000年11月29日、「高度情報通信ネットワーク社会形成基本法」、通称 IT 基本法が成立、21世紀を迎えた直後の2001年1月6日に施行された。

　IT 基本法は、「情報通信技術の活用により世界的規模で生じている急激かつ大幅な社会経済構造の変化に適確に対応することの緊要性にかんがみ、高度情報通信ネットワーク社会の形成に関する施策を迅速かつ重点的に推進すること」を目的にしている。電子商取引の推進や新規事業の創出による「経済構造改革の推進」、安価で多様な選択肢の高度情報通信ネットワークによる「ゆとりと豊かさを実感できる国民生活の実現」を目指し、ハードウエアの充実としては世界最高水準の高度情報通信ネットワークの形成、ソフトウエアとしてはコンテンツの充実、ハードウエアとソフトウエアを使いこなすための国民の情報活用能力（リテラシー）の向上と専門的人材の育成、ハードウエアとソフトウエアの発展を支える社会的な制度改革として情報通信ネットワーク市場における公正な競争の促進や規制改革が基本方針とされ、行政内部としても、電子政府・電子自治体の推進と公共分野の情報化が挙げられた。

　2001年1月には「e-Japan 戦略」が、IT 基本法を根拠として首相を本部長とし、閣僚と民間有識者がメンバーとなり内閣に設置された「高度情報通信ネットワーク社会推進戦略本部（IT 戦略本部）」で決定された。e-Japan 戦略は、⑴光ファイバーなどの超高速のインターネット・アクセス回線の整備と普及、⑵電子商取引推進のための法制度の整備、⑶電子政府の実現、⑷人材育成の強化を柱にしている。電子政府の実現に関しては、文書の電子化、

ペーパーレス化、情報ネットワークを通じた情報共有や活用をすることで、2003年度末までに、電子情報を紙媒体と同等に扱う行政を目指すとした。また電子印鑑の機能を持つ「行政ICカード」を早急に導入し、官民接点のオンライン化を図るとした。さらに、情報システムの調達では、ソフトウエアの特質を踏まえた評価指標の策定、導入をするとしていた。それとともに、公共事業や資材の調達のために、電子調達方式を導入することにした。

　2003年には、「e-Japan戦略II」に改訂され、先導的な取り組みを行う7分野の一つに、行政サービスが選定された。目標として「24時間365日ノンストップ・ワンストップ」の行政サービスの提供と、行政部門の業務効率向上をするとした。

　e-Japan戦略に関しては、光ファイバーによる超高速インターネット・アクセス回線が利用可能な世帯数の目標は達成している。しかしe-Japan戦略が目標とした「24時間365日ノンストップ・ワンストップ」の行政サービスの提供という意味での電子政府の実現は、未だ端緒についたばかりであると言える。

　「u-Japan戦略」は、e-Japan戦略の成果と課題を受けての、新しいICT政策である。e-Japan戦略は、内閣に設置された政府全体の戦略であるが、u-Japan戦略は、ICT政策を所管する総務省の政策戦略となっているのが特徴である。u-Japan戦略では、e-Japan戦略の成果として、ブロードバンドの利用可能率が目標を上回り、ブロードバンドの安さと速さについては世界一、加入数も1,700万世帯に達していることを挙げ、「世界最先端のレベルに達しつつある」としている。それに対して、ブロードバンドの利活用の面では充分であるとは言えない状況にあるとしている。

　インターネット回線のブロードバンド化は、回線速度が速くなっただけでなく、常時接続になった点に大きな意味がある。ダイアルアップによるインターネット接続は時間課金のため、使わない時には回線を切る必要があった。電子メールを例にとれば、ダイアルアップ環境であれば、一日数回インターネットに接続する時だけメールチェックをする非同期のコミュニケーションだが、常時接続環境であれば、数分ごとにサーバーにメールの着信を問い合わせることができ、ほぼリアルタイムのコミュニケーション手段とな

る。携帯電話の普及と、高機能化による電子メールの利用も同じ効果がある。携帯電話の電子メールは、着信をする度に携帯電話まで電子メールが届く。携帯電話の電子メールの課金は、時間課金ではなく、電子メールの容量によるパケット課金であるため、料金面で常時接続と同様の効果がある。同期のコミュニケーション手段になれば、それだけ交換される情報量が多くなり、濃密なコミュニケーションが実現される。

　インターネット回線のブロードバンド化とモバイル化は、「いつでも、どこでも」インターネットに繋がるという意味で、ユビキタス・ネットワーク社会の実現の一段階である。ユビキタス（ubiquitous）とは、あまねく、遍在するという意味で、u-Japan戦略のuは、ubiquitousのuである。「いつでも、どこでも、何でも、誰も」がネットワークに繋がるユビキタス・ネットワーク社会の到来は、コミュニケーションの濃密化という現象をもたらし、それが社会全般にわたるイノベーションへと展開する可能性がある。

　e-Japan戦略にも含まれているが、ICTによる行政活動のイノベーションの中で、官民の接点となる重要な制度的、技術的インフラストラクチャーが、電子印鑑と電子認証である。従来、国民から行政機関への届出や行政機関から国民への通知等には、届出書に個人の実印などを押印したり、署名をしたりすることで、行政機関では行政文書に記名押印することで、その真偽を確かめてきた。これに対し、パソコンやインターネットで届出や申請、通知などを行う電子申請では、その電子文書を作成した者が、本人なのか、作成された電子文書が改ざんされていないかを電子的に証明する必要がある。そのための技術が暗号鍵を用いた電子認証や電子署名、電子印鑑である。電子印鑑は、住民基本台帳ネットワークシステムの一つのサービスである「住民基本台帳カード」で実現された。住民基本台帳ネットワークシステムは、2002年から各市町村の住民基本台帳をネットワーク化し、氏名、生年月日、性別、住所の4情報をネットワーク上で共有し、国や都道府県の行政機関への申請や届出の際に住民票の写しの提出を不要にした。例えば、パスポートの申請の際に必要であった住民票の写しの提出が不要になった。2003年からは、全国どこの市区町村においても、住民票の写しが交付できるようになり、希望者には、ICカードの住民基本台帳カードが交付されるようになっ

た。住民基本台帳カードをICカードのリーダー・ライターに読み込ませ、パスワードを入力することで、電子的に、印鑑と同等の効力を持つ個人認証が行えるようになった。これによって、証明書類の自動交付機を設置することが可能になり、利用が進めば窓口の人員を削減できる可能性が生まれ、自宅のパソコンから、各種の届出や申請が行えるシステムを構築する基盤となった。

　株式会社などの法人や、行政機関が、電子的に認証を受けるための制度とシステムも整備された。電子申請を行うには、当事者である行政機関と企業などの民間の双方が、電子認証を受ける必要がある。民間側は、商業登記制度を基盤にし、法務局が株式会社などを認証する電子認証登記所や、民間企業による電子認証の仕組みが整備された。政府側は、各府省認証局を相互認証する政府認証基盤（GPKI：Government Public Key Infrastructure）が整備された。

　また、個人情報などを電子化したり、ネットワーク化するにあたり、ネットワークからの情報の漏洩や端末を扱う個人からの情報の漏洩が懸念される。情報漏洩を防ぐために、個人情報保護制度や不正アクセスの禁止などの法制度が整備された。

コラム5　パスポート1冊、1,300万円!?

　2004年に始まったパスポート電子申請サービスが、2006年10月末で終了した。12県でサービスが始まっていたが、財務省による予算執行調査報告書において、電子申請件数が少ないことから、システムの停止を含めて検討するよう求められたため、外務省がサービスの停止を決定した。システムの開発費に約20億円、運用費にも約20億円を費やしたが、利用件数は303件に過ぎなかった。パスポート1冊あたりの費用は約1,300万円。電子申請の際に必要となる住民基本台帳カードが全国でも91万枚、人口普及率0.7%しか発行されておらず、他にもICカード読み取り機が必要なため、電子申請のハードルが高いことが利用率低迷の原因とされる。

　高速道路等のETC（自動料金収受システム）も当初は利用が低迷し、2年後でも利用率5%前後に留まったが、大口利用割引をETCに限定したり、プリペイドカードを廃止したりして、導入から5年が経過した現在では、料金所を通過する車両の約6割がETCを利用し、料金所渋滞も解消し

> ているという。パスポート電子申請も、もう少し時間があれば普及したのだろうか。

2 研究の系譜と経緯

急速なICTの発達と、それによる行政活動の変化を、先行研究はどのように認識し、分析してきたのだろうか。本節では行政活動の情報化についての、約10年間の先行研究をまとめる。主に行政活動の変化を分析している行政学や経営学からの接近と、ICTの発達を中心に実務からの接近に分けて、どのような問題を捉え、どのように分析してきたのかを、章立てとその要旨をまとめる。

2-1 行政学・経営学からの接近

行政学・経営学では、管理やマネジメントという視点から、ICTの持つ特有の問題点と行政上の課題を指摘し、情報化の進展により期待される成果を、情報の標準化、電子化、共有化による、行政活動の効率化、透明化、高度化だと指摘する。

廣瀬克哉「情報技術と行政事務」西尾勝・村松岐夫編『講座行政学－第5巻 業務の執行』(有斐閣、1994) 215-254頁
　データ処理を行う基幹業務システムなどの大型コンピュータが主流だった時代から、OA時代が到来し小型分散化されたシステムが主流になったこと、大型コンピュータの時代には情報システム部門の役割が大きかったが、ワープロやパソコンの導入が、情報システム部門に対してユーザーの立場であったラインや現場から、ボトムアップ的な普及したことを示している。そしてネットワークやデータベースの接続性の改善により、基幹業務システムとOAの融合が始まっていると指摘する。
　情報化の進展により、(a)行政事務の合理化、(b)正確かつ迅速な処理や従来不可能だったサービスの提供による行政サービスの向上、(c)必要な情報を瞬

時に活用することによる施策の決定の質の向上が期待されているとしている。

情報技術特有の問題点として、ITの専門知識と行政事務についての知識と分析能力を併せ持つ情報システム部門職員のキャリア開発、プライバシー保護やセキュリティの確保、システム部門で働く職員の長時間労働や機器の操作に伴う身体への負荷増大など労働条件への影響を指摘する。

多賀谷一照『行政情報化の理論』(財団法人行政管理研究センター、2000)

本書では、行政の情報化が行政に与える意味、行政組織にとっての情報化、行政と市民の関係の情報化、行政手段がモノから情報に変わる意味が総論として述べられ、個別問題として、住民記録ネットワークシステム、印鑑と情報化、ITS (Intelligent Transport Systems)、港湾の情報化、教育システムの情報化が論じられている。

縣公一郎「行政の情報化と行政情報」福田耕治・真渕勝・縣公一郎編『行政の新展開』(法律文化社、2002) 59-86頁

行政情報のフェイズとして、政策の提示、政策実施に伴う告示、行政広報、情報公開といった「情報提供 (G to C：Government to Citizen)」、統計調査やヒアリング、各種の届け出を集計したものや苦情、要請などの「情報摂取 (C to G)」、行政組織内部での情報処理である情報変換 (G to G) がある。行政の情報化で重要なものは、情報の標準化、電子化、共有化である。特に、情報の標準化や共有化は従来でも行われてきたが、電子化により、標準化と共有化が促進されることを指摘する。

行政内部の情報化の進展を、PCの配備やネットワークへの接続、ホームページの開設、行政手続きの電子化と、それに伴う電子認証や住民基本台帳ネットワークの整備を概観した上で、それらの施策を支える情報公開制度、文書閲覧窓口制度、個人情報保護制度を詳説している。

宮川公男『経営情報システム』(中央経済社、第3版、2004)

初版は1994年、第2版が1999年に刊行された本書は、2004年に第3版が出

版された。行政組織ではなく企業組織を主眼として扱ったものであるが、企業経営と情報システム、個人と組織の意思決定、組織の管理と戦略と行った経営と情報システムの関係全般を論じている。さらにハードウェア、ソフトウェア、データベースといった総論から、意思決定支援システム、戦略的情報システム、オフィス情報システムといった個別システムの内容まで、コンピュータと情報システムの技術的な側面を扱っている。

古川俊一／NTTデータ　システム科学研究所編『公共経営と情報通信技術』（NTT出版、2006）

　公共経営と評価に情報通信技術を活用するという視点から、公共経営における評価の位置と役割、機能を理論編として概観した後、実践編として情報通信技術と行政評価システム、情報通信システムを利用した行政評価の実際が述べられている。

　2000年までは、第一世代の行政情報化とし、伝統的な公共組織の営みの中で、内部事務の機械化によって事務処理の電算化による効率化、省力化を行った。2000年以降は、第二世代とし、電子自治体構想を中心とした公共組織の営みとして、行政サービスの電子化、行政文書および行政手続きの電子化による時間的・地理的制約のない行政サービスの提供を行った。今後は第三世代として、公共経営に基づいた公共組織の営みの中で、住民対話ルートの電子化による地域協同態勢の実現や施策・事業の評価処理の電子化による意思決定支援が行われるとしている。

2-2　実務からの接近

　電子政府や電子自治体を題名とした書籍は数多く出版されており、書店でもコーナーができているほどである。その多くはICTメーカー系列やICTコンサルタントが執筆している。ここではシンクタンク・コンサルタント企業が出した3冊を取り上げる。

アクセンチュア　池上孝一＋官公庁本部『スマート・ガバメント』（東洋経済新報社、2002）

行政の担うべき役割、中央省庁改革、特殊法人等改革、公務員制度改革と並んで、「IT の底力を活用する」として IT とマネジメント改革に言及。職員のパフォーマンス向上をめざして、一人一台のパソコンの整備や十分な作業空間の確保、職場コミュニケーションを確保するためのミーティング・スペースや職場レイアウトの改善が、ある程度進展していることを指摘。人事関連（業務）システムとして、「職員情報管理システム」、「勤怠管理システム」、「給与管理システム」、「福利厚生管理システム」が導入されている。目標管理制度など新しい制度を導入する場合、新制度にあわせてシステムを改修し、紙ベースではなく、システム上で新制度を運用すべきで、その際に、システム間の連携を確保した「総合的なシステム構築」に留意すべきだと指摘。基本的には既存システムは有効活用すべきだが、Career Management System、Learning Management System、Knowledge Management System は、新規導入が必要だとしている。

日立総合計画研究所『電子政府最前線』（東洋経済新報社、2002）

世界的な電子政府の動き、日本の電子政府構築の歩みを振り返った後、利用者の視点に立った電子政府を実現するために、(1)政治のリーダーシップ、(2)民間経営管理手法の活用、(3)電子政府の国際化、(4)デジタル・デバイドの4つの視点から、行政手続きの電子化、競争力のある政府を実現するためなどの26の提言が行われている。

その中には、複数の自治体によって運営される、調達物品のカタログが電子化されたEモールの導入による物品調達の効率化や経理・人事など管理業務の広域連携、情報リテラシーの向上だけでなく、BPR（ビジネス・プロセス・リエンジニアリング）、ナレッジ・マネジメント、SCM（サプライ・チェーン・マネジメント）、CRM（カスタマー・リレーションシップ・マネジメント）など民間の経営管理手法を、講義形式ではなくワークショップ形式で学ぶ業務改善とサービス向上を実現する実践的教育プログラムなどが含まれている。

井熊均『「徹底検証」電子自治体』（日刊工業新聞社、2003）

住民基本台帳ネットワークの導入が混乱したことや電子申請が未完成であることなど電子自治体の問題点を指摘、その要因を、国民を巻き込んだ議論の不足、システム導入のメリットが不明確、システム導入の不徹底の3点を挙げた。また、その背景として「ITバブル」の存在を指摘する。

電子自治体を改革するために、(1)IT投資の目標の明示と投資効果の精査などの財政管理の仕組みの導入、(2)一般職員のIT素養の向上やIT技術の専門家の確保、外部の専門家の活用などの自治体職員の役割の明確化、(3)調達契約手法の多様化やメンテナンスやオペレーションを重視した投資管理などIT調達の改革、(4)IT調達の司令塔的な役割を担う部門の創設や、IT調達のノウハウを蓄積する組織や人材の確保、コンサルタントの有効活用などIT戦略の明確化を提言している。

この3冊に共通するのは、ICTハードウエアやソフトウエア、サービスの調達問題とICTを使いこなす人材の教育問題である。この2点を次節で論じる。

3 今後の展望と課題

本節では、ICTと組織のイノベーションによる行政活動と社会のイノベーションという大きな枠組みの中で、ICTによる行政改革の目的と目標を、2.1「行政学・経営学からの接近」でまとめた行政の情報化によってもたらされる行政情報の電子化、標準化、共有化の視点から、行政活動の効率化、透明化、高度化の3つの動きを説明する。次にイノベーションへの課題を、2.2「実務からの接近」で整理した先行研究の分析に加えてNPM (New Public Management) 改革に絡めて(1)ICT調達の改革と(2)人材に関する課題の2点を提示する。

3-1 ICTを用いた行政改革の目的と目標

前節の先行研究で見たように、ICTの導入は、それを契機とした行政活動の改革を目的としている。行政改革の目標は、先行研究を比較検討すると、

次の3点に集約される。行政活動の(1)効率化、(2)透明化、(3)高度化である。

効率化

　行政改革の目標として挙げられるのは、まずは行政活動の効率化である。ICTの導入による行政の情報化で実現されるのは、情報の電子化、標準化、共有化である。行政情報の電子化（デジタル化）によって、情報を大量に処理できるようになる。定型的な電算処理は、コンピュータの最も得意とする処理である。これはICTの導入による「省力化」である。ただし、多くの情報はアナログ情報として流通しているので、電子化をする作業が別途発生する。例えば、会議は音声を媒体として行われるが、音の検索技術は未発達なので、現状では会議の内容をテキスト化しなければならず、その手間が掛かる。同様に窓口での申請を紙で受け付ければ、それをテキスト化する必要がある。効率性を高めるには、アナログ情報の電子化は、できるだけ一度で済むように作業プロセスを設計する必要がある。そして一度、電子化されたデータは、最終行程まで電子データのまま処理することが効率化の要諦である。

　電子メールとメーリングリストの利用や電子決済システムの導入、スケジュール調整機能やプロジェクト管理機能を持つコラボレーション・ソフトの導入は、行政情報の電子化による効率化が実現されている事例である。電話やファクシミリを主な連絡手段として利用している場合よりも、ICTを導入した方が、大量の情報を正確に伝えられる。またメーリングリストやコラボレーション・ソフトを使えば、より多くの人に情報を伝えることができる。一人の管理職が、より多くの部下を管理することが可能になければ、組織の階層を少なくする、組織のフラット化ができ、組織や業務の管理に当たる管理職を減らし、現場や現業により、多くの人員を割けるようになる。

　行政情報の電子化により、情報の標準化と共有化が促進される。電子情報は、データベースに蓄積するのが一般的である。データベース・システムを構築するということは、情報の構造を明確化し、統一を取る必要がある。蓄積した情報が、後々に検索しやすくし、再利用をしやすいようにするためである。標準化が進めば、情報の共有化も進む。情報を集めたり、入力したり

する際の手間を省くことができるからである。また、情報システムを統一し、情報システム投資を削減できる可能性も生じる。さらに、最も効率性が高い組織に最適化された情報システムを導入することで、業務プロセスの「ベスト・プラクティス」を達成できることから、行政効率活動の効率化が図られる。

　以上のように、ICT 導入による行政活動の効率化は、(1)手作業で行っていた業務をコンピュータ処理に置き換えること、(2)個人の生産性を ICT の導入によって高めること、(3)行政情報の共有化と標準化によって、個人間のコラボレーションを高め、組織の生産性を向上させることで達成される。

透明化

　行政活動の効率化とともに、ICT の導入により行政活動の透明性の向上も期待される。行政の透明化は、情報公開制度が有力な手段となる。行政情報が紙文書で保存されている場合、紙文書の在処を探すことは時間が掛かる。情報公開の請求があった際に、情報の存在を確認する作業に、多くの職員と時間が必要になる。行政情報の電子化をすれば、情報の保存と検索が簡便になる。情報公開制度を効率的に運用するためには、行政情報をできるだけ電子化することが不可欠となる。また、できる限りの電子化を進めた上でも残る紙文書を管理するために、情報管理システムを導入することも必要となる。町民との「情報共有によるまちづくり」を掲げ、情報公開に先進的に取り組んだ北海道ニセコ町では、紙文書のファイリング・システムとともに、文書目録公開システムを独自開発、[3]紙文書の所在を素早く検索できるようにした。

　ICT の導入による行政活動の透明化の典型例は、ウェブページ（ホームページ）による情報提供と情報摂取である。国民・住民にとっては、インターネットを使って自宅や職場から、いつでも行政情報にアクセスできる。家庭や職場にもブロードバンドが普及したので、行政機関のウェブページにアクセスのための追加費用はほとんど必要ない。インターネットがなければ、行政の情報を得るために、行政機関に出向く手間が掛かり、時間も費用も必要であった。行政機関にとっても、ウェブページでの情報提供は低費用である。行政が持つ多くの情報を公開するためには、大容量の記憶装置

（ハードディスク）が必要になるとの懸念も過去にはあったが、年々進むハードディスクの大容量化と低価格化により、過去に公開した情報を削除せずに、新しい情報を公開できるようになった。多種少部数の行政文書を印刷する費用を考慮すれば、ウェブページでの情報提供は効率化にも繋がる可能性がある。窓口で応対する職員を配置する必要もない。費用が掛からなければ、より多くの情報を公開でき、行政活動の透明化になる。

　情報摂取においても、多くの行政機関は、ウェブページ上に閲覧者からの「ご意見受付」ページを設置している。また中央省庁では、郵送、ファクシミリとともに、電子メールでパブリック・コメントの受付をしている。しかし、国民、住民から行政機関に声を届ける際の費用と敷居が低くなったことにより、行政機関で不祥事などが発生した際に、大量の抗議メールが発信され、業務や情報システムによる処理が滞る事象が発生していることにも留意する必要がある。

　神奈川県藤沢市の「市民電子会議室」のように、ICTを利用して行政活動への市民参加を高めた事例もある。また、ウェブページ上で行政機関からの一次情報が公開されていることから、マスコミを経由せずに、国民や住民が行政情報に接することが可能になった。行政機関の発信する行政情報を情報源とした、インターネット上の言論活動や市民活動が可能になったことも、行政活動の透明化に繋がっている。

　ICTの導入は、行政組織内部の透明化にも繋がる。各部局や担当者個人が所持、管理している行政情報が、データベース構築やネットワーク化によって、標準化、共有化されるからである。複数の担当者が同じ情報を共有することで、それぞれの業務遂行が相互に明らかになり、上司も業務管理が容易になる。電子情報だけでなく紙文書も、個人の机の上や引き出しの中に収まっていた書類が、共用のキャビネットに収容されることで、情報の標準化や共有化が促進されることは、北海道ニセコ町の事例で明らかである。

高度化

　ICTの導入により、行政活動の効率化と透明化を図ることができるが、行政活動の高度化が最終的な目標となる。行政活動の高度化には、二つの側面がある。行政活動の「量」の拡大と、「質」の向上である。

ICTの導入により、行政活動の効率化が達成できれば、省力化によって生まれた余剰や管理のために使っていた間接費を、政策達成のための直接的な支出、政策投資や給付支出、政策実施のため人員の給与などに振り替えることが可能になる。ICTの導入により、効率性が高まり行政活動の「量」の拡大をもたらす。

同時にICTの導入によって、政策形成の際に利用しうる政策情報が拡大し、その結果として、政策の質の向上が期待される。政策形成過程をはじめとして行政活動においては、あくまで政策合理性の追求が行われる。合理的な政策判断をするための基礎となるのが政策情報である。しかし政策判断をする際に利用できる政策情報には制約がある。全ての情報を集め、分析し、それを判断材料にするには、費用も時間も、人員も必要となるからである。ICTの導入により、意思決定に利用できる政策情報の制約を小さくすることが可能になる。以前は利用できなかった統計情報や統計分析の結果、類似政策の先行事例の調査結果などを利用し、より幅広い政策情報を用いた、より合理的な意思決定が可能になる。

ICTによってもたらされる行政活動の量の拡大と質の向上、行政活動の高度化は、正しく行政活動のイノベーションである。行政活動の量の拡大においては、数パーセントや数割の変化ではなく、数倍、数十倍という単位での量の拡大がイノベーションと呼べる変化となるであろう。小幅な変化は、改良や改善であり、変革や改革と呼ばれるものではないからである。

ICTの導入を、どのようにして行政活動の量の大幅な拡大と質の向上、非連続的な変化、つまりイノベーションに結びつけるか。ICTのイノベーション、ICTに関わる新しい要素技術の意味を深く洞察し、その効果を分析し、組織のイノベーション、既存の業務プロセスや組織構造の変化に結びつけ、行政活動のイノベーションと社会のイノベーションを実現する。その視点が、今後のICTを用いた行政改革の目的と目標となる。

3–2 イノベーションへの課題

前述のように、ICTのイノベーションと組織のイノベーションを結びつけ、行政活動のイノベーションと社会のイノベーションを実現することが、

今後の課題となる。本項では、ICTのイノベーションと組織のイノベーションを結びつけるための課題として、先行研究を踏まえて、ICT調達の改革と、人材に関する側面の2点に絞って説明を行う。

ICT調達の改革

　NPMの詳細は第2章に譲るが、政府調達の改善がNPM改革の重要な一分野であることは間違いない。ICTと政府調達に関しては、二つの観点が錯綜しているので、その整理が最初に必要である。一つは、政府調達の改善のためにICTを導入するという動きがある。もう一つは、ICT導入のために政府調達の改善をしなければならないという課題である。

　まずは、政府調達の改善のためにICTを導入するという動きである。道路建設や土壌改良など土木工事、公共施設の建築や改築などの建設工事を初めとする公共事業の談合問題への対処の一つの方策として、電子入札の導入が進められている。2001年に神奈川県横須賀市が、全国に先駆けて工事の電子入札を開始した事例が知られている。指名競争入札では、入札参加者が限定されるので談合が行われやすい。そこで、資本金や技術力、実績などの形式要件を満たす業者であれば、入札参加を認める条件付き一般競争入札が導入された。一般競争入札の導入とともに、談合を防ぐために、入札に参加する業者が直接顔を合わせる場をなくすことも方策の一つである。そのために、郵送入札やファクシミリ入札、インターネット入札の導入が行われる。入札参加者を多くするために、インターネット上で入札の公告（調達する物資やサービス、入札条件の提示を行うこと）と入札を行えば、地域的に限定されることなく、入札者を広く集められるという利点がある。

　しかし、行政と業者が一対一で契約をする随意契約をなくし、多くの案件で入札を実施するようになったり、入札参加者が増加する一般競争入札を増やせば、入札業務に関わる事務の負担は増加してしまう。そこで入札業務の改善のために、電子入札システムの導入が行われる。横須賀市の事例では、電子入札システムの導入により、入札担当職員を2名減員している。[4]また山口県下関市、福井市、三重県松阪市、長崎市、長崎県佐世保市が、横須賀市が導入した電子入札システムを共同利用し、導入費用を削減している。この事例は、ICTの導入とともに、業務プロセスの改善（BPR：Business Process Re

-engineeringと呼ばれる）を行ったことによる「ベスト・プラクティス」の導入に他ならない。

　ICT導入のために政府調達の改善をしなければならないという課題もある。ICT　投資は金額が巨大になるとともに、従来型の公共事業などと比較して、新しい問題が生じているからである。新たな調達手法や、投資の際の評価手法が必要となっている。

　まずはICT投資評価の問題である。評価の問題も、NPMの主要な一分野である。ICT投資を評価する際の問題点として、二点指摘をする。一点目は投資費用の評価である。ICT投資の特性として、初期投資だけでなく、運用経費も巨額になるという問題がある。ICT投資は、ハードウエアの購入や設置費用の他、ソフトウエアの購入あるいはシステム開発経費を負担しなければならないのと同時に、システムを運用している期間は運用経費が必要となる。そのため、投資判断をする際に、初期投資の価格だけでなく運用経費を含めて、その費用を算出する必要がある。運用費用は、システムを使う人材の教育費や、システム・ダウンのリスク分析、廃棄に要する費用など、ICTシステムの導入から次回の更新時やシステムの廃棄時までの全期間に必要な総費用、TCO（Total Cost of Ownership）を算出する必要がある。行政機関の予算は単年度予算なので、複数年にわたる総費用を算出し、それを元に予算計上することが難しい。予算制度や補助金制度などを変える必要もある。

　二点目として、投資効果を評価するのが難しいという問題がある。土木構築物や建物と比較して、ICT投資の耐用年数は短いが、それだけに陳腐化と価格の低下が激しい。最新のハードウエアを購入しても、一年後に価格が数分の一になるということも日常茶飯事である。さらに最新のハードウエアでも、数年後には、性能が数倍にも数十倍にも向上する。複数年にわたる投資、特に数年先の投資効果を現在価値に換算することは、数年間のICTの技術発達やICTのトレンドを見通すという非常に困難を伴う作業となる。

　同時に、ICTの投資効果を測定するためには、それによって代替される現在の業務に対する評価が必要となる。例えば省力化を目的とするICT投資の場合、現在、当該業務に従事している職員数や、その勤務時間と給与、業務遂行に必要な教育訓練費用などを算出しなければならない。当該業務に従

事する職員が専任でなく他の業務と兼任している場合は、当該業務に費やしている時間をストップウォッチを使って計測するなど、地道な作業が必要となる。ICT 投資の効果を、当該業務によってもたらされるアウトプットで評価する場合や、アウトカム、つまり政策の効果までを含めて評価する場合は、その評価作業は、ICT 投資のみの評価に留まらず、行政活動の評価や、政策評価に直結するのである。

ICT 投資は、物品の購入とサービスの購入という二側面があり、それぞれを組み合わせていることもある。ハードウエアの調達では、ハードウエアを自己資金で購入する場合は物品の調達であるが、リースで導入する場合は、サービスの購入の側面が強くなる。ハードウエアは購入する場合でも、ソフトウエアの導入は、ソフトウエアの使用権である「ライセンス購入」という契約が一般的であり、一定期間経過後にはソフトウエアのバージョンをアップグレードする必要性があったり、年間使用ライセンスであったりするので、サービス購入の側面が強くなる。独自の業務プログラムやシステムを開発する場合では、開発したソフトウエアやシステムの著作権や所有権を買い取るのか、それともソフトウエア開発会社が権利を保持するのかでも、その契約の性格は変化する。前者であれば、ソフトウエア開発作業の委託契約であるし、後者であればソフトウエアのサービス購入契約である。契約によっては、単なる物品やサービスの購入ではなく、PFI やプロジェクト・ファイナンスの要素が強いこともある。そうすると、単なる購買活動ではなく、パブリック・ファイナンスの側面も強くなり、財政的な統制も必要となる。

ICT 投資の評価には、ICT 関連組織の問題も生じる。ICT の開発部門や運用部門を行政機関の内部組織として維持するのか。それとも、ICT 部門は民間委託し、ICT サービスを外部調達するのか、という問題である。全てを内部組織とする選択肢もあり、全てを外注することもある。一般的なのは、ICT 投資の立案や評価部門は内部化し、運用部門は内部組織と外部調達を組み合わせる選択だろう。ICT と組織のイノベーション、特に組織のイノベーションの可能性を考慮することは、内部組織と外部調達の選択の際の一つの視点となるだろう。

以上のように ICT 調達と投資評価の問題は、NPM の世界でもフロンティ

アに位置する問題である。横須賀市の電子調達システムの事例のように、ミクロなレベルでは、ICT 投資の評価が行われている。しかし行政活動全体や政策全体を見通すマクロな視点での ICT 投資に対する評価は、現在はさほど一般的ではない。特に、ICT による行政活動の透明化や高度化に関しては、評価手法も定まっていない。ICT 調達に即した調達制度をどのように構築し、それをどのように評価するのかという問題は、実務と学術の共通の課題である。

人材に関する課題

　NPM 改革の柱の一つに、より現場に近い位置にいる人材への権限の委譲と、それによる組織の簡素化がある。権限委譲と組織の簡素化の実施に必要なのは、公務員個人一人ひとりの人材能力と、協業のための組織としての組織能力の向上である。本項では、ICT に関わる専門職と、ICT のユーザー側である一般の職員の能力開発について、それぞれの課題を指摘する。

　ICT 専門家のマネジメントは、公務員制度の根源に及ぶ問題となっている。変化の激しい ICT 業界は、その労働市場も流動性が高い。しかし新卒者中心の採用と終身雇用、競争試験制度によって、行政機関は専門性が高い ICT 専門家を労働市場から採用するのが難しい。中途採用を増やさなければ、適切な時に、適切な人材を、適切なポストで処遇することは困難である。現在の行政機関のゼネラリスト中心の人事運営では、組織内で専門性が高い人材を養成するのは難しい。前項の ICT 調達の改革とも関連するが、ICT の専門家を内部で長期的に育成しなければ、発注者としての評価能力の保持、ICT と組織のイノベーションの先導役、ICT リテラシーの教育者としては、組織内で十二分にその能力を発揮できないだろう。

　イノベーションの担い手、イノベーションのリーダーとして期待されているのが、行政 CIO である。[5] 現在のところ、中央府省の行政 CIO は、ICT の専門家ではない官房長等が務め、外部の ICT コンサルティング会社やシステム会社から期限付き任用で招いた CIO 補佐官が、専門知識を使い CIO を補佐する体制である。CIO 補佐官は、期限付の任用のため一般の幹部職員のキャリア・パス上にないだけでなく、公式組織図上にも位置づけられていないポストとなっている。地方自治体においては、外部から招いた ICT 専門

家を副市長や三役クラスと組織図上も位置づけ、正式な行政CIO、あるいは自治体CIOとして権限を与えている事例もある。地方自治体においては、常勤幹部職員として政治任用で行政CIOを任用するのは、都道府県や政令指定都市級の規模の自治体でなければ、財政的に難しい。

　組織幹部としての経営能力と行政職員としての行政能力、そしてICT専門能力を兼ね備えた行政CIOを養成にするには、明確にキャリア・パスを位置づけることが必要である。ICT関連メーカーやソフトウエア企業、ICTコンサルティング会社などの民間企業、大学や研究所などの研究機関などでキャリア・パスを歩みつつICT専門能力を身につけ、行政機関でのポストを経験する。あるいは、行政機関のポストを中心にキャリア・パスを歩みつつ、ICT専門能力を民間企業で磨き上げる。そのような、個人のキャリア・プランに沿った形で能力開発をするキャリアの歩み方をしたひとが、ICTと組織のイノベーションを結びつけ、行政活動と社会のイノベーションの先導する行政CIOのモデルとなるだろう。

　ICTの行政機関への導入が、行政機関の一部や一部業務に留まらず、行政機関全体で、全ての業務で活用されるようになった現在、ICTを理解し、利用する能力、ICTリテラシーは全ての行政職員に必須の能力となった。高校での「情報科」履修が必修となった現在、採用試験で行政職員の基礎的な能力として、ICTリテラシーの有無を問うことも可能になり、その必要性も高まるであろう。

　採用時にICTリテラシーの有無を問われることがなかった現役行政職員に対するICTリテラシー教育は喫緊の課題となっている。それを表しているのが、頻発しているファイル共有ソフトの脆弱性に起因する行政情報の漏洩問題である。外部記憶装置の使用禁止による行政情報の持ち出し規制や、私物パソコンでの業務遂行の禁止などの情報システム部門が主体的に実施できる措置とともに、行政職員の情報セキュリティ意識の向上と、業務に利用するパソコンのOSやウイルス対策ソフトのバージョンアップの必要性などICT知識の教育、パソコンやネットワークの管理状況の監査と改善など、ユーザー側と情報システム部門が協力して行わなければならない措置も必要である。会計部門や人事部門による行政組織全体の統制とともに、情報システム

部門による統制の必要性も認識し、その体制を整備する必要があるだろう。

　ICTの利用が行政機関全体に浸透したのが、この10年間である。さらに、行政活動と社会のイノベーションを目指して、ICTのイノベーションを行政組織のイノベーションと結びつける発想が強まったのは、社会と行政機関にICTが普及した後の、この5年間である。

　変化の速度が速いICTであるが、社会の変化はICTの世界ほど速くはない。ICTの社会的なインパクトを量るには、5年、10年という比較的長い時間軸を持つ必要がある。そして、その時間軸を持つ者が、自分がフロンティアに位置している実感を持つことができるであろう。

注

（1）　データは1995（平成7）年度と2002年度の「行政情報化基本調査結果報告書」による。総務省ウェブページ〈http : //www.soumu.go.jp/gyoukan/kanri/a_01_f.htm〉。
（2）　NTTドコモウェブページ〈http : //www.nttdocomo.co.jp/binary/pdf/info/news_release/report/060821.pdf〉。
（3）　北海道ニセコ町ウェブページ〈http : //www.town.niseko.hokkaido.jp/filing/filing.htm〉。
（4）　横須賀市ウェブページ〈http : //www.city.yokosuka.kanagawa.jp/witsa/03.html〉。
（5）　上田啓史「行政CIOの研究―専門能力と機能、組織上の地位―」『早稲田政治公法研究』第77号（2004）、55-93頁。

推薦図書

　推薦図書としては、「研究の系譜と経緯」で取り上げた8冊を薦めたい。近年では中央省庁や地方自治体の職員が中心となって執筆する書籍にも、電子政府を扱う巻や章を設けるものが多くなった。その中から4点を紹介する。

・北里敏明編『情報化時代の自治体運営』（ぎょうせい、2002）。
・多賀谷一照編『電子政府・電子自治体』（第一法規出版、2002）。
・田部秀樹「電子政府の推進」田中一昭編著『行政改革《新版》』（ぎょうせい、2006）275-309頁。
・廣瀬克哉編著『情報改革』（ぎょうせい、2005）。

　当分野の定期刊行物としては、行政情報システム研究所が発行する月刊の『行政＆ADP』、日経BP社が発行する季刊の『日経BPガバメントテクノロジー』が挙げられる。

第5章

リスクと行政

神田 隆之

キーワード

新たなリスク／科学的知見と行政／リスクの大きさを算定する／
リスクコミュニケーション／リスクトレードオフ

1 リスクに出会う

1-1 なぜ行政がリスクに対処する必要があるのか？

人々が毎日の生活を送る上でのすべての場面において、リスクが存在する。車に轢かれるリスクもあれば、地震や火災に遭うリスクもある。また、個人にかかわるものだけでなく、社会全体に波及するリスクもある。SARS（Severe Acute Respiratory Syndrome：重症急性呼吸器症候群）やBSE（Bovine Spongiform Encephalopathy：牛海綿状脳症）など地球規模のリスクも存在する。そのようなリスクに対して個々人が単独で対処することは効率的ではない場合がある。行政とは「公共目的を追求する集合的営為」[1]との観点からも、そのようなリスクに対処し、国民の安全を確保することが行政の役割のひとつとして考えられてきた。

1-2 リスクとはどんなものか？

では、リスクとはどんなものなのか。リスクの定義には学問分野によりさ

図1 危機管理とリスクマネジメント

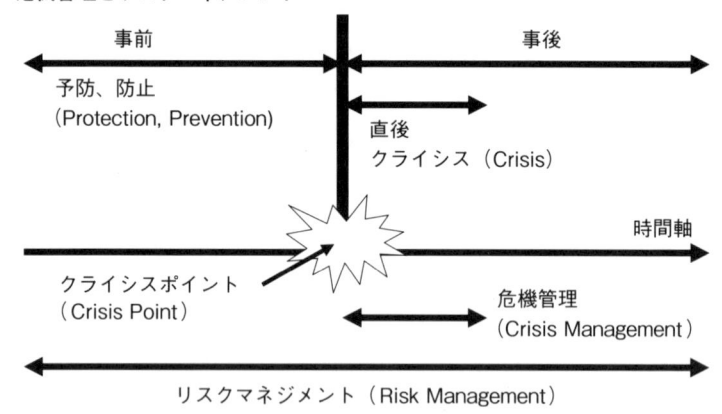

```
            事前          │          事後
◄───────────────────────┼──────────────────────►
   予防、防止             │
(Protection, Prevention) │   ◄────►
                         │    直後
                         │  クライシス（Crisis）
                         │
                         │              時間軸
─────────────────────────💥──────────────────────►
      クライシスポイント      ◄──────────►
       (Crisis Point)       危機管理
                         (Crisis Management)

◄────────────────────────────────────────────────►
         リスクマネジメント（Risk Management）
```

出典：JISTRZ0001（Q2001の原案）より抜粋・修正。

まざまなものがあるが、[(2)]リスク評価およびリスク管理に関するアメリカ大統領・議会諮問委員会報告書によれば、「リスクは、物質または状況が一定の条件の下で害を生じうる可能性として定義され、次の二つの要素の組み合わせである。1.良くない出来事が起こりうる可能性、2.その良くない出来事の重大さ」[(3)]とされる。

通常、リスクについて語られる場合、**ハザード・暴露・脆弱性**などの用語が用いられる。使用される分野によりある程度の違いはあるがここでは以下のように定義する。

　ハザード：さまざまな要因に影響されうる潜在的に有害な事象[(4)]。
　エンドポイント：起きて欲しくない出来事
　暴露：ハザードと接触する可能性
　脆弱性：人の生命、健康、活動、資産または環境が、ハザードの発生によって生じる潜在的損害の危険にどの程度さらされているかを表す尺度[(5)]

つまりリスクとは、**ハザード**への**暴露**がもたらす**エンドポイント**の生起確率のことであり、その組織ないし個人の**脆弱性**により変化し得るものである。「ハザード×暴露＝リスク」という式で考えると理解しやすい。したがって**ハザード**があったとしても**暴露**がなければ（＝暴露がゼロ、もしくは限りなく

図2 リスク6分類

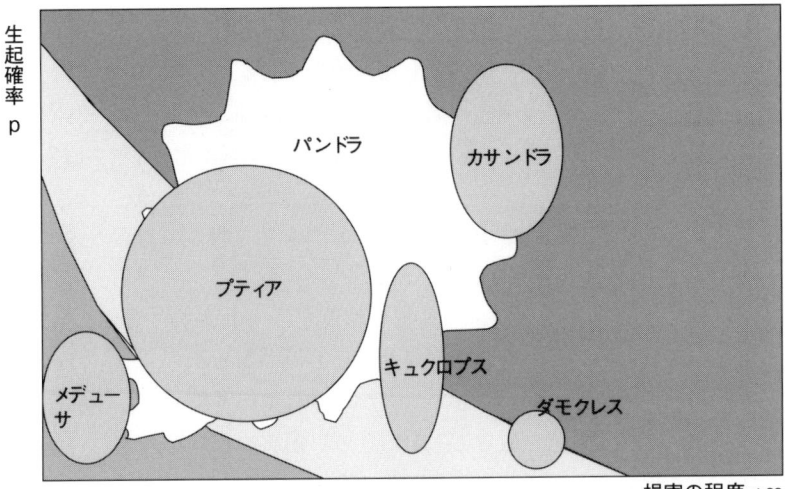

生起確率 p

パンドラ
カサンドラ
プティア
メデューサ
キュクロプス
ダモクレス

損害の程度→∞

通常エリア　中間エリア　禁止エリア　リスククラス　パンドラリスククラス：生起確率、損害の程度ともに仮定のみ可能

出典：German Advisory Council on Global Change p.9.

ゼロに近い）**エンドポイント**は生起せず、リスクがゼロになることもある。

また、リスクを語る際に「危機」という言葉も使用されることが多い。リスクマネジメントとはあらゆる場面におけるリスクの特定、評価、対応を含めた管理活動の総称である。一方、危機管理はリスクマネジメントの一部であるといえるが、特に危機発生時にリアルタイムで対応する緊急時対応に重点を置いている。図1は危機管理とリスクマネジメントの関係を示したものである。

では、リスクとは、具体的にはどのような事象があるのだろうか。WBGUは図2のようにリスクを六つのカテゴリーに分類している。[6]（　）内は具体例。

1　ダモクレスの剣：生起確率低、損害大（原子力、大規模科学施設、ダム）
2　キュクロプス：生起確率未知、損害大・既知（地震、火山噴火、非周期的洪水、エルニーニョ）

3 プティア：生起確率未知、損害未知（突然の非線形気候変化、地球温暖化、遺伝子組み換え食品、BSE）
4 パンドラ：生起確率、損害ともに仮説のみ可能（大気汚染）
5 カサンドラ：生起確率大、損害大、ともに既知、発生と損害の発見にはかなりの時間差がある。（人間活動がもたらす気候変化、生物学的多様性の減少）
6 メデューサ：生起確率小、損害小、専門家と一般人の認識差大（電磁波）

　図は縦軸に生起確率を、横軸に損害の程度をとったものである。WBGUが作成した時点での知見をもとに作成されたものであるから、現在の知見からすると若干正確でないポジショニングがなされている部分もあるが、リスクというものの感覚を感じ取ることができる。損害の程度も大きく、生起確率も高い「カサンドラ」はリスクが極めて大きいことがわかる。

1–3　リスクを制御しようとする歴史

　「リスク」という概念をもたなくとも、人類は太古からリスクに対処してきた。獣に襲われるというリスクを避けるために、火を利用することなどである。現在われわれが生活するうえでもリスクを意識せずともリスクに対処している。寒いと思えば、風邪をひくリスクを削減するために上着を羽織るなどは自然な行為である。
　では「リスク」という概念はどのように生まれてきたのだろうか。保険の歴史とともにリスク管理という概念が始まったとされている。保険は、地中海での海上貿易において商人・投資家の間で万が一船が沈没した時の損害を転嫁しあうことにより、発展してきた。船が沈み、荷や船そのものを失うリスクを考慮したのである。
　リスクマネジメントが実際に戦略的に有効なツールとして発達したのは第二次世界大戦がきっかけであったといわれている。[7] ロジスティクス（物流管理）、オペレーション（軍事行動）、応用統計学などがその役割を果たした。
　社会科学においても20世紀半ば以降リスクに着目した研究がなされるが、リスクに対する体系的な研究は、「災害」という目に見える危機すなわち地

震や火山の噴火、洪水などに対処するための知見を蓄積していた自然科学分野が中心的であった。

1970年代にはウィットマン（Rovert V. Whitman）[8]が、地震を素材に、損害は自然現象の深刻度によるものだけでなく、被災する側の**脆弱性**にもよるものであるという考え方を示した。

認知心理学や社会心理学の分野から、スロビック（Paul Slovic）[9]らはリスクの性質として「自発的に接するか」「制御可能か」「科学的にわかっているものか」「致死的な結果を招くものか」など9項目を取り上げ、それらを30種類の科学技術や物質、活動などの対象おのおのについてリスクの要素をまとめた。また、スロビック[10]は、そもそも、一般の人が科学技術や人為的な活動のリスクを認識する時に、確率や予想される結果の程度という要素に基づいて判断するのではなく、すべてのリスクは主観的であり、個人や集団の価値や社会的属性、文化的背景などから自由ではあり得ない、と結論付けている。

マクローリン（David Mcloughlin）[11]はアメリカの緊急事態管理の四つの柱として減災（mitigation）、事前準備（preparedness）、応答（response）、復旧（recovery）を挙げている。

また公共政策の領域において、テングス（Tammy O. Tengs）[12]らは生存年1年当たりの介入コストとしての費用対効果についてレビューし、異なるタイプのリスクへの対処にどれだけの費用を費やしているかを同一の尺度で表現することで、**全体としてのリスク削減**という方向性を示唆した。

社会学の領域においては、ベック（Ulrich Beck）[13]がリスク社会論を提起し、科学、技術、医学などの自然科学と政治学、社会学といった広い視点から、致命的な破壊をもたらす可能性のあるリスクとそれを生み出す社会を捉え、**リスク社会**を克服する道を示している。

また、ルーマン（Niklas Luhmann）[14]は、社会システム理論の立場から、環境問題をはじめ金融や科学技術など、複雑で不確かさに満ちた現代社会＝**リスク社会**を素材に、「開かれた対話」「信頼」による問題解決の方向性を示唆した。ルーマンの主張はその後の**リスクコミュニケーション**に繋がっていく。

経済学からは、セン（Amartya Sen）[15]やチェンバース（Robert Chambers）[16]が、リスクはある社会集団がある資源にアクセスする困難さの結果として生じるものであるとし、貧困との関係を示した。
　哲学の領域では、リスクに向き合う人々をどのような形でサポートするかが問われた[17]。リスクに対処するためにセイフティネットとしての社会保障のあり方を素材に国家や企業、コミュニティはどのような位置づけであるべきかを議論する。
　政治経済学の領域においては、**リスクトレードオフ**分析の先駆者として、レイブが挙げられる。レイブ（Lester B. Lave）[18]はリスク・リスクフレームワークの例として、あるプラントにおける設計変更を想定し①建設作業そのもののリスク、②設計変更後のプラントでの作業員の事故死のリスクという二つを比較し、この追加的建設はネットでのベネフィット減少をもたらしていると主張する。
　レイブのリスク・リスクフレームワークの上にグラハム（John D. Graham）ら[19]は、**リスクトレードオフ**分析の方法を構築しようとした。あるリスクを削減するとそれによってまた別のリスクを増加させてしまう現象が起こりうる。それを**リスクトレードオフ**という。グラハムらは個人的決定から地球環境問題にいたるまでの人生のすべての問題に対して意思決定をしようとするときに直面する**リスクトレードオフ**を解明する枠組みを示そうとした。
　リスクという不確実なものに対処するために、我々が持っている知識では不十分な事象がおこりうる。そのような未知のリスクに対処する一つの手段として、特に環境政策の分野においては、**予防原則**（precautionary principle）が用いられた。**予防原則**の考え方は、1970年代西ドイツの環境保護政策において用いられた。アメリカにおいても Tennessee Valley Authority v. Hill にて[20]予防的規制が正当とされ、ダムの建設中止が求められた。すなわち、**予防原則**とは危険の存在が科学的に基礎づけられていなくてもその回避を求める、防止的な行動が要求される前に必要な証明の基準をより低めるという考え方であり、防止原則（preventive principle）、すなわち予見可能で科学的に証明された危険の回避を求めるという考え方では、万が一、そのリスクが予見可能でなく、そのリスクによる被害が取り返しのつかない種類のものである場合

に対処できない、という現実から提起された。

　リスクに対処していこうという研究は日本においても盛んに行われている。グローバリゼーションがもたらすリスクにどう対処するかをテーマとした青木ら[21]、**リスク社会**をどう生きるかを多角的に議論した橘木ら[22]、城山ら[23]の科学技術社会論、行政学、政治学、環境学、倫理学、経営学、原子力工学等さまざまな分野の研究者、実務家、行政が協働する**リスクガバナンス研究**、これまで土木工学や都市工学を基本に進んできた危機管理策を行政や政治の側面から扱った中邨ら[24]、**リスクコミュニケーション**によるリスクとの共生を説く吉川[25]、安全と危険の二分法から脱却し、**安全領域がない**危険性をどう合理的に管理するかを追究する中西[26]、環境問題をテーマに**ゼロリスク**要求の意思決定プロセスを扱った中谷内[27]、政策ネットワーク論を用いてガバナンスの観点からリスク管理のあり方を研究した風間[28]などリスクに対処するために学問領域を越え、またそれぞれの学問領域において、さまざまな研究がなされている。

　行政がすべきは、これら諸科学の知見を活用し、必要な政策決定をしていくことである。

　では、リスクを削減するか具体的な手順を見よう。この一連の過程でさまざまな分野の学問的知見を必要とする。

- Ⅰ　リスク評価：リスク評価の手順は以下のようである。①**ハザードの同定**②**エンドポイントの決定**③**暴露量推定**④**暴露量**とリスクの用量反応関係推定
- Ⅱ　リスク削減目標策定：リスク評価結果をもとにどの程度のリスクを削減するかを目標として設定する。
- Ⅲ　リスク対策の選択：リスク削減目標を合理的に達成し得る対策を選択する。
- Ⅳ　対策の実施[29]：選択した対策が実行されるように規制などを通して行政的な対応を行う。
- Ⅴ　リスクコミュニケーション：対象となっているリスクについて消費者・事業者などのステークホルダーとともにリスク評価・リスク削減目標・リスク対策・実施方法などについての情報および意見の交換を行

う。
　近年食品の安全に対する認識を「揺るがせた」BSEを素材にリスクと行政のかかわりを次節で見ていこう。

2　リスクと闘う

　いくつものリスクが存在する現実世界のなかで、国民の安全を確保するために行政は何をしてきたのか。何ができるのか。何をしなければならないのか。あるリスクをどのように克服していくのかをBSEを素材に説明する。BSEはリスクと行政のかかわりを説明する上で最適な素材である。[30]牛肉は誰もが口にするものであるから、**暴露**の可能性は誰にでもあること。BSEによって引き起こされる**エンドポイント**は恐らくほぼすべての人にとって極めて重大なものに感じられること。またそれをメディアがかなりの頻度で取り上げたこと。イギリスでのBSE発生当時には解明されていない部分が多すぎたが、日本での発生当時、さらに現在では**科学的知見**の蓄積がある程度なされていること。行政の組織構造がBSEの発生によって変化したこと。対策としてとられた行動の結果がある程度明確に現われること。アメリカやオーストラリアなど他国から輸入している量が多く、それぞれの国における規制の違いが大きく影響することなどがその理由である。

2-1　BSE経緯

　BSEは、1986年にイギリスで確認されて以来[31]、表1にあるとおり、欧州、北米、などで発生している[32]。また異常プリオンが関連していると考えられたvCJD（variant Creutzfeldt-Jakob disease：変異型クロイツフェルト・ヤコブ病）患者も確認され、死者が出ている。
　BSEは、感染すると異常プリオンが主に脳に蓄積することで、牛の脳の組織にスポンジ状の変化を起こし、起立不能等の症状を示す遅発性かつ悪性の中枢神経系の疾病である。BSEとvCJDの関係については、1996年3月20日、イギリスのSEAC（Spongiform Encephalopathy Advisory Committee：海綿状脳症諮問委員会）が、10名のvCJDを確認し[33]、BSEとvCJDの間に直接的な科

表1　各国のBSE発生頭数とvCJD患者数

国名	BSE	vCJD
イギリス	184431	162
アイルランド	1579	4　※2
ポルトガル	996	1
フランス	976	20　※3
スペイン	654	1
スイス	462	—
ドイツ	395	—
イタリア	134	1
ベルギー	131	—
オランダ	80	2
ポーランド	49	—
日本	29	1　※4
チェコ	24	—
スロバキア	23	—
デンマーク	15	—
カナダ	10	1
スロベニア	6	—
オーストリア	5	—
ルクセンブルグ	3	—
リヒテンシュタイン	2	—
アメリカ	2　※1	2　※5
フィンランド	1	—
ギリシャ	1	—
イスラエル	1	—
スウェーデン	1	—
サウジアラビア		1

BSE発生頭数は2006年9月29日時点、英国は2006年6月30日時点、日本は2006年10月2日時点。vCJD患者については Department of Health（英国保健省）より2006年9月4日時点（日本のデータは2006年10月2日時点）。表中の"—"は、vCJDの報告がないことを示す。※1　OIEの統計によると、2003年12月に報告された米国での発生例はカナダから輸入された牛であるため、カナダの発生頭数にカウントされている。※2　うち1名は英国滞在歴のある患者　※3　うち1名は英国に定期的に滞在　※4　英国滞在歴のある患者　※5　在米英国人。
出典：厚生労働省ウェブサイト〈http://www.fsc.go.jp/sonota/qabse1.pdf〉。

学的証拠はないが、確度の高い選択肢もなく、最も適当な説明としては、患者の発生は1989年の特定の内臓（Specified Bovine Offal）の使用禁止前にこれ

表2 BSE関連の動き（日本、アメリカの関係を中心に）

1986年11月	（イギリス）BSE発生確認
2001年9月	日本で国内初のBSE感染牛確認
10月	肉用牛の全頭検査開始　屠畜場における特定危険部位の除去・焼却を義務化
2002年7月	BSE特措法施行：生後24ヶ月以上の死亡牛の届出義務付け
2003年5月	（カナダ）BSE感染牛を確認、日米が輸入停止措置
7月	食品安全委員会発足
10月	生後23ヶ月の牛でBSE感染確認
11月	生後21ヶ月の牛でBSE感染確認
12月	（アメリカ）初のBSE感染牛を確認、日本がアメリカ産牛肉の輸入を全面停止
	農水省、アメリカに全頭検査を要求
	（アメリカ）vCJD対策の強化策を発表
2004年1月	日本政府が調査団を北米に派遣
4月	食品安全委員会プリオン専門調査会、国内BSE対策の検証開始
5月	東京で第一回日米専門家・実務者会合
6月	アメリカ農務省がBSE検査対象を大幅拡大
7月	プリオン専門調査会が全頭検査緩和を容認する報告書案
9月	プリオン専門調査会が生後20ヶ月以下の感染牛検出はできなかったとの見解をまとめる
	日米首脳会談、アメリカ産牛肉の早期輸入再開に向けた協議実施で合意
2005年3月	米議会、対日制裁決議案を提出
5月	政府、アメリカ産牛肉の安全性について食品安全委に諮問
6月	（アメリカ）2例目の感染牛を確認
7月	BSE検査対象月齢を0ヶ月齢以上から21ヶ月齢以上に改正（同年8月1日施行）
12月	食品安全委、生後20カ月以下など条件にアメリカ産牛肉の安全性を答申
	政府、輸入再開を決定
2006年1月	アメリカからの輸入牛肉で背骨混入が発覚
2月	米農務省、原因と再発防止策を発表
	アメリカ内施設の日本政府による直接の抜き打ち検査、検疫強化を条件として輸入再開手続を開始
7月	アメリカ産牛肉の輸入再開を決定
8月	輸入再開後のアメリカ産牛肉の第一便が成田空港に到着

図3 食品安全行政における構造

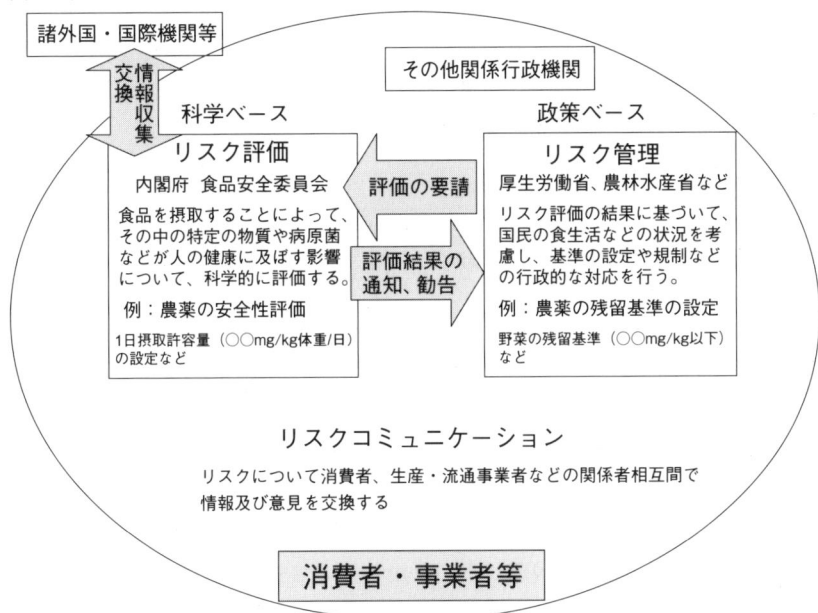

諸外国・国際機関等

情報収集・交換

科学ベース
リスク評価
内閣府 食品安全委員会
食品を摂取することによって、その中の特定の物質や病原菌などが人の健康に及ぼす影響について、科学的に評価する。
例：農薬の安全性評価
1日摂取許容量（○○mg/kg体重/日）の設定など

評価の要請 →
← 評価結果の通知、勧告

その他関係行政機関

政策ベース
リスク管理
厚生労働省、農林水産省など
リスク評価の結果に基づいて、国民の食生活などの状況を考慮し、基準の設定や規制などの行政的な対応を行う。
例：農薬の残留基準の設定
野菜の残留基準（○○mg/kg以下）など

リスクコミュニケーション
リスクについて消費者、生産・流通事業者などの関係者相互間で情報及び意見を交換する

消費者・事業者等

出典：食品安全委員会ウェブサイト〈http://www.fsc.go.jp/iinkai/mission.html〉および食品安全委員会『食品安全』（2004年7月創刊号）7頁より筆者加工。

らを食べたことに関連があると発表し、BSEと同様にvCJDも世界に広がるのではないかという恐怖感が広がった。

2001年9月、日本でもBSE感染牛が発見され、全頭検査・SRM（Specified Risk Material：特定危険部位）の除去が義務づけられ、MBM（Meat & Bone Meal：肉骨粉）の流通が全面的に禁止された。表2はBSE関連の動きを日本、アメリカの関係を中心に年代をおってまとめたものである。

BSEをはじめ、その他多くの「食」に関するリスクに対処するため、日本では2003年7月、食品安全委員会を内閣府に設置した。食品安全委員会が各アクターとどのような関係にあるかを図3に示す。

この組織は新たな食品安全行政を目指した食品安全基本法のもとに設立されたものである。国民の健康の保護が最も重要であるという基本的認識のもと、規制や指導等のリスク管理を行う関係行政機関から独立して、科学的知

表3　2003年12月当時の安全対策の違い

	検査対象	SRMの除去
日本	全頭	全頭
EU	生後30ヶ月以上（ドイツ・スペインは24ヶ月齢以上）	12ヶ月齢以上（腸は全頭）
アメリカ	歩行困難牛など一部を抽出検査	30ヶ月齢以上（小腸と扁桃は全頭）

見に基づき客観的かつ中立公正にリスク評価を行う機関であるとされる。日本における食のリスク対策はこのような体制で推進されることとなった。

　そうして日本での「BSEパニック」が落ち着いてきた頃、牛肉の輸入問題が日本とアメリカの間で争点となったのは、2003年12月のアメリカでのBSE感染牛の確認がきっかけである。日本はすぐにアメリカ産牛肉の輸入禁止を決め、実施した。その直後にアメリカは以下のようなvCJD対策の強化策を発表した。①歩行困難な牛の食用禁止②BSE検査中の肉は陰性が確認されるまで流通停止③空気注入気絶法の禁止④生後30ヶ月以上の牛の危険部位の除去と機械回収肉の禁止。その対策によって変更された2003年12月当時の日米欧の安全対策の違いを表3に示す。アメリカの主張と日本の主張の違いは安全対策に現れている。それはそのままリスクへの対処の仕方の違いでもある。当時日本は全頭検査を実施していた。SRMの除去も全頭である。アメリカはどうかというと、検査対象は歩行困難牛など一部を抽出して検査していた。SRMの除去も30ヶ月齢以上に限っていた。

　日本政府はアメリカ産牛肉輸入再開の条件として全頭検査とSRMの除去を求めたが、アメリカ政府は全頭検査を非科学的であり、安全対策として効果が見込めないため実施する意向はないと主張し始めたことから交渉は難航していった。

　その後のアメリカ農務省によるBSE検査対象大幅拡大実施や日本でのBSE検査対象月齢を0ヶ月齢以上から21ヶ月齢以上への法改正などを経て2005年12月にアメリカ産牛肉の輸入再開が決定された。

　しかし2006年1月にアメリカ産輸入牛肉の中にSRMである背骨が混入し

ていることが発覚したことにより、再度全面停止措置をとった。その後アメリカ内施設の日本政府による直接の抜き打ち検査、検疫強化を条件として輸入再開手続を開始し、2006年7月にアメリカ産牛肉の輸入再開を決定。8月7日には輸入再開後のアメリカ産牛肉の第一便が成田空港に到着し、アメリカ産牛肉が流通することになった。

以上、BSE関連の流れを簡単に跡付けたところで次にリスクの問題を取り上げる。

2–2 BSEに対する反応──予防的配慮と行政と本当のリスク──

BSEに関わるリスクは以下の二つに分けて考える必要があり、それを混同すると正しいリスクマネジメントはできない。二つのリスクとは、①牛がBSEにかかるリスク②BSE感染牛から人にvCJDを感染させるリスク、である。リスクの大きさを算定する式「ハザード×暴露＝リスク」を念頭に置き、まず、牛がBSEにかかるリスクから考えよう。ここでは唐木が示した(38)リスク評価にそって説明する。

リスク評価：

①ハザードの同定：BSEの原因は異常プリオンタンパク質である。その異常プリオンが蓄積する感染牛のSRMを含むMBMも**ハザード**である。

②エンドポイントの決定：BSE感染牛の発生

③暴露量推定：MBMの使用を全面禁止することにより**暴露**はゼロになる。しかし、MBM使用禁止規制をかいくぐってMBMが牛に与えられる可能性もゼロではない。

④暴露量とリスクの用量反応関係推定：MBMを牛に与えると20頭に1頭の割合でBSEを発症する。グラフ1は世界のBSE発生頭数とvCJDによる死亡者数の推移を示したものである。イギリスで1988年にMBMを飼料とすることの全面禁止以降、1992年の年間36000頭をピークに1995年頃からグラフ1のようにBSE発生は急速に減少。2002年まではまだ年間1000頭程度の感染牛が確認されているが、これはイギリス全土に広がった汚染MBMがまだ残っているためか、EUに輸出された汚染MBM

グラフ1　BSE発生頭数とvCJDによる死亡者数推移

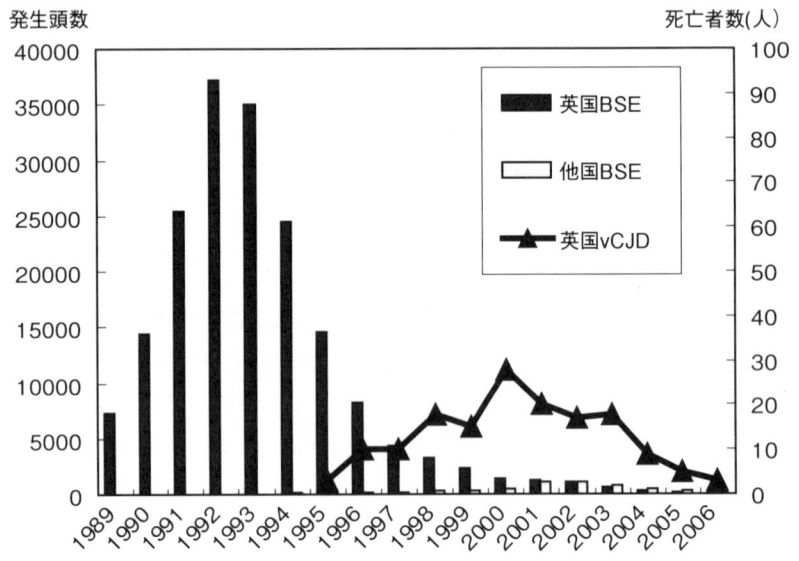

発生頭数　　　　　　　　　　　　　　　　　　　　　死亡者数(人)

凡例：■ 英国BSE　□ 他国BSE　▲ 英国vCJD

出典：厚生労働省ウェブサイト〈http://www.fsc.go.jp/sonota/qabse1.pdf〉。

がイギリスに還流したためであり、これがなくなればBSEは終結するはず。また、ハーバード大学リスク分析センター（Harvard Center for Risk Analysis）[40]によれば、悲観的なシナリオではアメリカの感染牛はピーク時600頭。しかし、SRM除去の徹底、MBMを飼料とすることの禁止により、どのシナリオにおいても2020年までにはBSEはアメリカから姿を消すという。また、仮に500頭の感染牛が発生し、そのSRMがMBMになり、その一部がMBM給与禁止規制の目を逃れて牛に与えられたとしてもBSEの再発生は少数にとどまり、20年程度でBSEは消滅するという。

よって、リスク評価の結果は、SRMを含むMBMを「ほぼ」禁止すればBSEは消えるはず、となる。

リスク削減目標策定：BSEの発生を限りなくゼロに近づけることを目標とする。

リスク対策の選択：MBMの飼料への使用を禁止

表4 検査や危険部位除去後の残存異常プリオン量

検査の程度	アメリカでの年間BSE感染牛	危険部位除去後の異常プリオン残留率			
		1％	5％	10％	100％（除去せず）
無検査	400頭	0.1	0.5	1	10
	4000頭	1	5	10	100
	40000頭	10	50	100	1000
全頭検査	400頭	0.001	0.005	0.01	0.1
	4000頭	0.01	0.05	0.1	1
	40000頭	0.1	0.5	1	10
年40万頭（1％）の検査	400頭	0.09901	0.495	0.99	9.901
	4000頭	0.9901	4.95	9.901	99.01
	40000頭	9.901	49.5	99.01	990.1

この計算に用いられた仮定：1）アメリカでの牛の生産高は年4000万頭、そのうち1／40（100万頭）が日本に輸入される。2）検査では、感染牛の1％は陰性と判定される。3）アメリカでのBSE検査の結果では、累計57000頭が検査され、そのうち1頭がBSEと判定された。これから、アメリカにおけるBSE感染率の95％信頼上限値は10^{-4}乗と算出され、それが年間4000頭に相当する。4）何もしないときの異常プリオン残留量＝Aとすれば、無検査・危険部位除去後＝A×α（α：危険部位残留率）、全頭検査・危険部位除去後＝A×α×β（β：検査の見落とし率＝0.01）、1％検査・危険部位除去後＝A×α×（0.9901）出典：中西準子『環境リスク学』（日本評論社、2004）177頁。

対策の実施と評価：OIEによるMBMの牛用飼料の禁止勧告をもとにEU、日本、アメリカ、カナダなどでMBM使用禁止規制を実施した。世界でのBSE再生産が減少している結果から、規制のある程度の実効性が確認できる。

次に牛から人にvCJDを感染させるリスクを考える。ここでは中西が示した(41)リスク評価にそって説明する。まず、アメリカ産牛肉の輸入に関してである。

リスク評価：
①ハザードの同定：異常プリオン、またその異常プリオンが蓄積する感染牛のSRM
②エンドポイントの決定：人がvCJDに感染すること
③暴露量推定：アメリカ産牛肉を輸入した場合、**ハザード**である異常プリオンがどれだけ**食品連鎖の中に入る**かをいくつかの条件下で計算し、一

年間にアメリカから輸入される牛肉全量に含まれる異常プリオン量がBSE牛何等分に相当するかという値（BSE牛頭当量）で示したものが表4である。年間BSE感染牛の数には400頭、4000頭、40000頭と三つの条件で、さらにSRM除去後の異常プリオン残留率を1%、5%、10%、100%の四つの条件で計算している。100%の異常プリオン残留率とはSRMをまったく除去しないことを示す。

「無検査」の欄で一番上の行には、年間感染牛400頭で、異常プリオン残留率が1%の場合、日本に輸出される1年間の牛肉量（100万頭）に0.1頭分のBSE牛の異常プリオン量が含まれていることを示している。「全頭検査」の場合、年間400頭感染、かつ異常プリオン残留率1%の場合の異常プリオン量「0.001」頭当量となるように、すべての条件で、無検査に比べ全頭検査をすれば異常プリオン量は1／100になる。

④暴露量とリスクの用量反応関係推定：中西が用いた推定は以下のようである。イギリスでこれまでに約75万頭のBSE感染牛が食品として食べられた。それによるvCJD患者の死者数は2003年末までに139人。最終的な推定値として、ガーニ（Azra C. Ghani）らは95%信頼区間で130～661人、最良推定値161人という値を出している。中西は95%信頼上限値である661人を採用する。本来ならば厳密な用量反応関係を求めるべきであるとしながらも、病気のメカニズムがまだ明らかになっていないため、異常プリオン摂取量とvCJD患者数とは比例すると仮定している。この仮定は大雑把ではあるが、**安全側推定**（危険を大き目に評価する）である。計算すれば、約1000頭分の異常プリオンを食すると1人弱の患者数となる。つまり10頭分ずつ100年間食べ続けて1人以下となる。

リスク削減目標策定：中西は、受容できるリスクレベルとして、アメリカ産牛を100年間食べ続けてvCJDの発症が1人以下を目標にした場合を想定する。

リスク対策の選択：アメリカ産牛を100年間食べ続けてvCJDの発症が1人以下を目標とするならば、アメリカからの異常プリオン量が年間10頭当量程度なら条件を満たす。表4のグレーの部分で10頭当量未満という目標値を超えるため、もしアメリカ産牛がこのグレーの部分の条件（たとえば年間4000

頭以上が感染し、異常プリオン残留率が10％以上という場合）であれば、異常プリオン量10頭当量未満という目標は達成されない。こういう場合に、全頭検査を組み込むことで異常プリオン量は10頭当量以下になる。vCJD 患者が100年で１人以下という目標については、妥当かどうかを**リスク削減費用**と兼ね合いでも検討されるべきとし、この目標の場合、全頭検査で削減されるリスクは0.01人であるから100年間の全頭検査の費用からすると全頭検査によるリスク削減対策の経済効率が極めて低いとする。そのような数値を示しながら、中西は、日本がアメリカに要求すべきなのは、アメリカでの BSE 感染牛が年間400頭なのか、4000頭なのか、40000頭なのか、どのレベルにあるのか、また SRM 除去はどこまでできるのかをはっきりさせることであり、それによりとるべき対策が決まるとする。

　次に日本の牛のリスクレベルについての中西の主張を説明する。
リスク評価のうち、①ハザードの同定、②エンドポイントの決定④暴露量とリスクの用量反応関係推定はアメリカ産牛肉の場合と同様である。
③暴露量推定：全頭検査開始から２年半で検査された300万頭のうち陽性牛は10頭。100万分の3.3である。これを表４のアメリカの例に照合させると年間感染牛130頭のレベルに相当する。(45) このとき SRM 除去による異常プリオン残留率を５％とすると残存異常プリオン量は0.16頭当量となる。(46)
リスク削減目標：アメリカ産牛肉と同様の100年間食べ続けて vCJD の発症が１人以下とすると異常プリオン量が年間10頭当量程度ならば条件を満たす。
リスク対策の選択：日本産牛肉を100年間食べ続けて vCJD の発症が１人以下を目標とするならば、BSE 陽性率が100万分の3.3の場合、無検査・SRM 除去なしでも100万頭（国産牛のおおよその年間生産高）に含まれる異常プリオン量は3.3頭当量となり、リスク削減目標の異常プリオン年間10頭当量以下になるため、理論的には SRM 除去もやめていいことになるが、少なくとも全頭検査はやめるべきという結果が得られるとしている。

　ではなぜ全頭検査をしたのか？　BSE に感染した牛の異常プリオンは牛の成長に連れて危険部位に増加・蓄積されていく。すなわち、ある時点、検出限界に異常プリオンが達しない段階で BSE 検査をし、陰性結果が出たと

表5 全頭検査をするべきか？

SRM 除去後の BSE リスク・vCJD 感染リスクの大きさは？

	リスク小	リスク大
全頭検査実施せず	正しい決定 （トゥルーネガティブ）	タイプIIエラー （フォールネガティブ） 死・健康被害
全頭検査実施	タイプIエラー （フォールポジティブ） 資源の浪費	正しい決定 （トゥルーポジティブ）

してもそれは検出限界ぎりぎりの「陰性」である場合もある。検査で「陰性」でも BSE に感染していないことにはならない。それでも全頭検査をするのは、全頭検査がリスクを削減するという**科学的な根拠**がなくても、全頭検査をすることで国民の不安が払拭されるというそれなりの効果が期待できるというものである。実際に日本での全頭検査はその意味が強く、かつ全頭検査によってパニックは収まりを見せていった。

そこには**予防原則**と防止原則というリスクに対する態度の違いが現われている。全頭検査によって、「安心を買う」ということに舵がとられたわけであるが、そこでは防止的ではなく、予防的な措置をとった、もしくは予防的配慮という名のもとでの措置がなされたということができる。すなわち、BSE については、リスクが予見可能ではなく、そのリスクによる被害が取り返しのつかない種類のものであるという前提である。

表5は SRM 除去後の BSE リスク・vCJD 感染リスクが大小それぞれの場合に全頭検査を実施しない場合と実施した場合の結果を示したものである。SRM を除去した牛肉のリスクが小さい場合、全頭検査を実施しないことが正しい決定である。またリスクが大きかった場合に全頭検査を実施することが正しい決定となる。しかし、リスクが小さい場合に全頭検査を実施したならば、**タイプIエラー**を犯す。資源の浪費すなわち、全頭検査実施に伴うコストの増加である。リスクが大のときに全頭検査を実施しない場合は死や健康被害をもたらすものであり、最初「シロ」と考えていたものが実は「クロ」だったという誤りである。

予防原則は、リスクが大きいか小さいかどうか不確実であるときに、**タイプⅠエラー**（資源の浪費）は許容し、**タイプⅡエラー**（死・健康被害）をできるだけ回避する原則である。**タイプⅠエラー**は政府の非効率に対する批判として、また、国民の安全を守るという行政の役割を踏まえて、行政は**タイプⅡエラー**を避ける方向にあるべきだという主張は強い。その点からすれば日本における全頭検査はある程度意味のあるものであったといえよう。

　しかしながら、**予防原則**にも問題が存在する。**予防原則**はリスクが一つしか存在せず、そのリスクを削減することによって他のどのリスクも生じないという前提に立っていることである。現実世界はリスクに満ちている。[47]一つのリスクを削減するために行う行為により、また別のリスクを生じさせてしまう**リスクトレードオフ**がおこりうるのである。[48]全頭検査を実施することによって、BSEリスク・vCJD感染リスクを削減できたとしても、アメリカ産牛肉を「全頭検査」を条件に輸入ができないというリスクが新たに生まれた。それによって失われた便益は小さくはない。また全頭検査を実施したということは、SRM除去後のBSEリスク・vCJD感染リスクが大きい（もしくは不確実）という答えを出したのと実質的に同じである。それは、「検査で陰性ならば**100％安全**」という認識[49]をもたらす可能性がある。

　したがって、**リスクトレードオフ**を認識し、また、現在利用し得る最大限の**科学的な知見**を利用し、その上で**全体としてのリスク**を削減することが行政の役割となる。それを実現するためには**リスクコミュニケーション**[50]が欠かせない。**科学的な知見**と、一般の人々の認識が必ずしも一致しないことはスロビックの研究が明らかにしている。[51]一般の人々が理解しないということを理由に**科学的知見**にそった政策を実施しないことは**リスクコミュニケーション**という義務、アカウンタビリティを行政が果たしていない、という考え方もできる。科学的知見と一般の人々の認識、行政の政策判断の間のギャップを埋め、国民（消費者）、行政、事業者相互の理解を深め、よりよい意思決定を行っていくことが**リスクコミュニケーション**の目的であり、[52]それはアカウンタビリティを遂行することである。

　また、**リスクコミュニケーション**は自国の基準と国際的な基準が異なった場合にも重要な役割を果たす。WTOの枠組みにおいてはTBT協定（Agreement on Technical Barriers to Trade：貿易の技術的障害に関する協定)、SPS 協定（Agreement on the Application of Sanitary and Phytosanitary Measures：衛生植物検疫措置の適用に関する協定）により、各国が自国の基準を国際的な基準と異なるレベルに設定する際には十分な科学的根拠を示すことが求められる。すなわち、「安心を買う」ためだけの規制は過剰規制とみなされかねない。そこでの「安心」は十分な科学的根拠をもとに**リスクコミュニケーション**によって生み出していかなければならない。牛肉という一つの食品を素材としただけでも、国際的な枠組みや規制、また国内の規制などといったさまざまな要素を併せもっていることがわかる。そのような状況を踏まえた上で、**全体としてのリスク**を削減し、国民の安全を確保することが行政の役割となる。

3 リスクと共に生きる

相次ぐテロ、BSE、鳥インフルエンザ、SARS など、この数年だけでも数多くの新たなリスクが我々の前に現れている。グローバリゼーションや規制緩和といった変化の中にありながらも、安全を確保するために、行政は何をすべきかが改めて問われている。

行政がリスクに対処する・リスクを制御する際の具体的な手段となるのは規制である。その規制を作成・実施していくうえで重要な役割を果たすのがこれまでにみてきたリスクマネジメントである。BSE に関していえば、リスク評価を中立的で透明性のあるものにするために「リスク管理」を行う省庁から独立した食品安全委員会が設立された。図3をもう一度みてみよう。図3は食品安全に関するリスク分析の手法を示す概念図でもある。

従来のリスク分析の手法は図3のように、リスク評価とリスク管理は分離すべきで、リスク評価の専門性、中立性、透明性が重要であり、それを可能にするためであるという。評価は科学ベースでなされ、管理は政策ベースでなされることが国民の安全・福利を確保する条件であるとされている。

しかし、中西が述べているように、BSE などの**新しいリスク**、すなわち未だ科学的に解明されていないもの、または人類が始めて出会う（と認識する）ものに対して「確実」なことを100％の正しさをもって言うことは困難

であり、したがってリスク評価とリスク管理の分離も困難である。なぜならば、リスクを扱う以上、**不確実性**が必ずつきまとい、その**不確実性の大きさ**がどれだけかを示す必要があり、その大きさを示すということは、そのことによる「逆のマイナス（問題となっているリスクを大きく見積もることによって起きる負の影響）」がどこまでであれば許されるかを考慮しながらでなくてはできない。これはまさにマネジメントであり、科学も行政も、できるだけ事実で裏打ちされたことによる意思決定をしなければならないが、新たなリスクに対しては多くの推定を含み、不確実性の高い領域に踏み込むことが国民を守るという役割を果たすことになる。さらに中西はいう。そのようなやり方で得た結論は思想や好みに影響されやすく、幅のあるものである。それでもなお、一定の収束を目指す、それは基本的に不確実性の処理のための共通のルールを作ることであり、それこそが今求められている、と。

　リスクマネジメントは行政だけではできないことは真実であるが、行政がイニシアティブをとって対処することができることも真実である。行政は資源をもっている。それはリスクに対処するのに必要な財源を有しているというだけの意味ではない。リスクを削減するための規制という資源もある。さらに科学者や事業者・生産者・消費者といったステークホルダーを活用できる立場にある[55]。

　その観点から言えば、企業のリスクマネジメントも本章で論じてきたリスクマネジメントと本質的な違いはない。企業のリスクマネジメントの取り組みがそのまま全体の**リスクコミュニケーション**ともなる。BSEの際の吉野家はその代表的な事例である。すなわち、企業・消費者・行政の間に壁は存在せず、繋がりあった世界で存在しているのである。

　そもそも行政は元来、新たな危機、新たなリスクに対して脆弱である[56]。これは民間企業も同様であるが、想定していない問題に対処することはどの組織形態をとっていたとしても困難である。そこにこそ、リスクマネジメントが必要な理由が存在するのであり、より効果的にリスクを削減するために協働が必要になるのである。協働のために必要なのは、誰でもが参加できる議論の共通の基盤である。それに資することができるという点が、現時点では限界があることは認めながらも、リスクマネジメントの有用性である。

また、リスク削減には行政だけでなく、政治の役割も課題になる。かつて、政治はリスク削減にはそれほど関心を示さないと考えられていた。それは減災よりも災害が起こった「後の」援助に重きを置く方が政治家にとってのメリットになるという考え方からである。[57] また、ワフ（William L. Waugh）は危機管理行政において大きな災害が発生した直後はマスコミの関心も高く、政府や国民の関心も高いが、時間が経過するとそれぞれの関心が薄れていき、その結果危機に備える予防、減災にはなかなか予算がつかないことを指摘している。[58]

今後も、今まで人類が知らなかった**新たなリスク**が生まれる。また、今まではリスクだと考えられていなかったものが、科学のレベルが上がるにつれ、リスクであるという知見が得られれば、それがまた**新たなリスク**となる。ここ数年だけでも日本中を揺るがし、規制に大きく影響を与えたリスクは数多い。さらにテロなど人為的・故意の行為によるリスクもある。そこではコストのかけ方がまさに今後の政治・行政の課題となる。

リスクに対処することにコスト、ヒトを費やせば費やすほど、逓減的ではあるが、それなりの効果はあるかもしれない。しかし、近年のように**新たなリスク**が続発するなか（「発見される」と言ったほうが適切かもしれないが）、財政状態も含め、それは現実的な手段ではない。How safe is safe enough？（どれだけ安全なら十分安全か？）とALARP（as low as reasonably practicable：合理的に実現可能な限り低く）を常に問いかけながら、行政はどこまで、またどのリスクに対処すべきかの基準を決定していくことが課題である。[59] その基準は決定されたならば未来永劫守られるものではなく、時代の変化に応じて変容していくものである。

また、そこでの問題は、あるリスクの削減が別のリスクを増加させてしまうことがあるということである。ある集団の削減されたリスクが別の集団のリスクに移転されただけに過ぎないリスク削減では意味が薄い。またあるタイプのリスクが別のタイプのリスクに代わっただけに過ぎないリスク削減も意味が薄い。このような**リスクトレードオフ**はリスクを削減しようとするときには必ず起こることである。テロ対策を強化すればテロによる死というリスクが削減されるかもしれないが、それによるプライバシーが侵害されると

いうリスクが増加する可能性がある。

「ハザード×暴露＝リスク」に戻ろう。**ハザード**か**暴露**のどちらかをゼロに近づければリスクもゼロに近くなる。**暴露**の大きさを左右するために行政が有している資源が規制である。どのような規制を設定するのか。設定した規制をどのように実施するのか。どのように遵守させるのか、によってリスクの大きさが変化する。また、ある単一リスクを目標として削減するのであれば、それほど困難な作業ではないかもしれない。しかしながらすでに述べたように、現実社会はリスクに満ちている。マルチリスク社会での**リスクトレードオフ**を考慮したうえで**全体としてのリスク**を削減するような規制を実現しなくてはならない。これこそマネジメントそのものであり、行政や政治の課題なのである。

必要なことは、100％の安全が望み得ず、すなわち我々はリスクとともに生きていくしかない中で、現前するリスクをいかに合理的に管理するかである。そのような問いに答えていくための道具としてのリスクマネジメントを利用することで、そのような状況に対して、どう対処していくかを考える、また考えるのみではなく、実際に、現実的に対処していくことの有用な道の一つを示すことができるであろう。

> **コラム6** 「予知」から「速報」へ
>
> 　地震リスクへの対処法の一つとして、2006年8月1日から緊急地震速報の先行提供が始まった。地震の揺れには初期微動（P波）と主要動（S波）があり、P波の方がS波よりも早く伝播するため、震源に近い観測点でP波を捉え、震源、地震の規模および各地の震度を推定し、提供する。直下型地震には活用が困難、各地の震度の推定精度が十分でない場合がある、誤報の可能性がある、情報を受けた側が混乱することのないよう先行提供する範囲を限定、情報を受け取ってから主要動が到達するまでの時間は長くても十数秒から数十秒と短いなど課題はあるものの、主要動到達までに列車などの制御をすることで被害を軽減できる。かつて日本の地震防災行政は地震予知を目指して進んでいた。地震を予知できれば確実な減災になる。しかし、有効な予知技術は今後30年は確立が困難とされている。30年間、大地震が起こらないとは限らない。リスクに対処するということはそういう不確実性を、現

> 在ある資源（技術や財源、人材など）でどれだけ合理的に削減するかということである。その点で、このシステムは地震防災行政の一大転換であるといえる。

注

(1) 片岡寛光『国民と行政』（早稲田大学出版部、1990）1頁。
(2) たとえば、金融工学の分野などでは、不確実性をリスクとして捉え、その変化が「良くない」出来事か、「良い」出来事かという価値的表現を伴わないこともある。
(3) リスク評価およびリスク管理に関するアメリカ大統領・議会諮問委員会編（佐藤雄也・山崎邦彦訳）『環境リスク管理の新たな手法』（化学工業日報社、1996）4-5頁。
(4) OECD（総合研究開発機構訳）『21世紀の新たなリスク：アクションへの政策提言』（総合研究開発機構、2004）30頁。
(5) 同書30頁。
(6) German Advisory Council on Global Change (WBGU), *World in Transition : Strategies for managing global environmental risks.Annual Report 1998* (Springer, 2000) p.9.
(7) ピーター・ヤング／スティーブン・ティピンズ（宮川雅明・高橋紀子・坂本裕司訳）『MBAのリスクマネジメント：組織目標を達成するための絶対能力』（PHP研究所、2002）22頁）。
(8) Rovert V.Whitman et al., 'Seismic design decision analysis', *Journal of the Structural Division*, Vol.101, No.5 (1975), pp.1067-1084.
(9) Paul Slovic et al., 'How safe is safe enough? A psychometric study of attitude towards technological risks and benefits', *Policy Sience*,Vol.9, No.2 (1978), pp.127-152. Paul Slovic et al., 'Fact versus fears : Understanding perceived risk' in Richard C.Schwing and Walter A.Albers (ed.), *Societal Risk Assessment : How safe is safe enough?*, pp.463-489.
(10) Paul Slovic, 'Trust, emotion, sex, politics and science : Surveying the risk-assessment battlefield', *Risk Analysis*, Vol.19, No.4 (1999), pp.689-701.
(11) David McLoughlin, 'A Framework for Integrated Emergency Management', *Public Administration Review*, Vol.45, special issue (1985), pp.165-172.
(12) Tammy O.Tengs et al., 'Five-Hundred Life-Saving Interventions and Their Cost-Effectiveness', *Risk Analysis*, Vol.15, No.3 (1995), pp.369-390.
(13) ウルリッヒ・ベック（島村賢一訳）『世界リスク社会論』（平凡社、2003）、同

(東廉・伊藤美登里訳)『危険社会』(法政大学出版局、1998)。
(14) Niklas Luhmann, *Trust and Power* (John Wiley & Sons Inc, 1982).
(15) Amartya Sen, *Poverty and famines : an essay on entitlement and deprivation* (Clarendon Press, 1981).
(16) Robert Chambers, 'Vulnerability, coping and policy', *IDS bulletin 20* (Institute of Development Studies, 1989).
(17) ジョン・ロールズ (矢島鈞次監訳)『正義論』(紀伊国屋書店、1979) やロバート・ノージック (嶋津格訳)『アナーキー・国家・ユートピア』(木鐸社、1985)。
(18) Lester B.Lave, *The strategy of social regulation : decision frameworks for policy* (the Brookings Institution, 1981) p.136.
(19) John D.Graham, et al., (ed.) *Risk versus risk : tradeoffs in protecting health and the environment* (Harvard University Press, 1995).
(20) TENNESSEE VALLEY AUTHORITY v. HILL ET AL. 437 U.S. 153 (1978) 〈http : // caselaw.lp.findlaw.com/scripts/getcase.pl?court=US&vol=437&invol=153〉.
(21) 青木一能編著『グローバリゼーションの危機管理論』(芦書房、2006)。
(22) 橘木俊詔編『リスク社会を生きる』(岩波書店、2004)。
(23) 〈http : //www.jsps.go.jp/jinsha/h16_area_03-3_seika.html〉.
(24) 中邨章編著『行政の危機管理システム』(中央法規出版、2000)、同編『危機管理と行政』(ぎょうせい、2005)。
(25) 吉川肇子『リスクとつきあう』(有斐閣、2000)。
(26) 中西準子『環境リスク論』(岩波書店、1995)、同『環境リスク学』(日本評論社、2004)。
(27) 中谷内一也『ゼロリスク評価の心理学』(ナカニシヤ出版、2004)。
(28) 風間規男『防災政策ネットワークの研究：ガバナンス時代のリスク管理』(早稲田大学政治学博士学位申請論文、2004)。
(29) リスク論とは、人にとって、人類にとって危険なことをリスクとして定量的に評価し、そのリスクを取り除くために、我々が持っている資源をどのように使うことが合理的か (ある場合にはリスク削減をあきらめるか) を考える科学である。中西準子「環境リスクマネージメント」環境経済・政策学会編『環境経済・政策研究のフロンティア』所収 (東洋経済新報社、1996) 171頁。
(30) 福田は BSE を素材にグローバルガバナンスモデルを検証している。福田耕治『国際行政学：国際公益と国際公共政策』(有斐閣、2003)、同「EU 食品安全政策と欧州食品安全庁の創設」片岡寛光先生古稀祝賀『行政の未来』(成文堂、2006)。
(31) G.A.H. Wells et al., 'A novel progressive spongiform encephalopathy in cattle', *The Veterinary Record*, Vol.121 (1987), 419-420, pp.419-420.

(32) 感染と発症は異なる状態である。感染していても発症しているとは限らない。
(33) 〈http://www.mhlw.go.jp/topics/0103/tp0308-1.html#11q1〉.
(34) その後 SEAC はコリンジ（John Collinge）らの研究成果をもとに BSE の原因物質は、vCJD の原因である可能性が高いとした。John Collingeet et al., 'Molecular analysis of prion strain variation and the aetiology of new variant' CJD', Nature, Vol.383 (1996), pp.685-690.
(35) 異常プリオンの99％以上が SRM（脳、脊髄、回腸、眼球、扁桃など）に集中しているとされている。Scientific Steering Committee, Opinion on the Scientific Steering Committee on the human exposure risk (HER) via food with respect to BSE, Adopted on 10 December 1999.〈http://ec.europa.eu/food/fs/sc/ssc/out67_en.pdf〉。また異常プリオンは通常の加熱調理等では不活化されないことから、SRM を除去することが必須とされた。
(36) ワイルスミス（John W. Wilesmith）らは BSE 発生の原因として、羊もしくは牛由来のスクレイピーに類似した伝達因子に汚染された MBM を含む飼料の供給から生起したとし、イギリスではこれに基づいて禁止措置がとられた。John W. Wilesmith et al. 'Bonine spongiform encephalopathy : epidemiological studies on the origin', Veterubary Records, Vol.128, (1991), pp.199-203.
(37) 輸血を介した人から人への vCJD の感染については、ルウェリン（Charlotte A.Llewelyn）らの論文が参考になるが、ここでのリスク算定、すなわち①牛が BSE にかかるリスク② BSE 感染牛から人に vCJD を感染させるリスクとは異なる問題である。ルウェリンらは、CJD に関するデータをもとに vCJD が輸血を介して感染しうるかどうかを明らかにすることを目的として研究成果を発表した。そこでは、後に vCJD 症状を呈した15人のドナーから血液成分を輸血していた48人が判明。それらの48人のうちの一人は輸血後6年半後に vCJD の症状を発したことが明らかにされた。ルウェリンらの発見は vCJD が輸血によって感染したという可能性を提起しているが、その患者が vCJD に感染したのは過去に食による BSE 病原体への暴露が原因かもしれず、血液感染が原因であることは立証できていない。Charlotte A. Llewelyn et al. 'Possible transmission of variant creutzfeldt-Jakob disease by blood transfusion', THE LANCET, Vol.363, (2004), pp. 417-421.
(38) 唐木英明「安全の費用」『安全医学』第一巻第一号（2004）。
(39) ここで注意しなければならないのは BSE 発生頭数がそのまま vCJD による死亡者数を決める変数ではないということである。vCJD 感染は食品連鎖に入ってしまった BSE 感染牛の数が影響するのであって、BSE 発生頭数とここで示されているのは廃棄された数字である。（ただし、廃棄が法的に義務化された後も感染牛が食品連鎖に入ってしまった部分があることは否めない）。

(40) Josyua T. Cohen and George M. Gray, Evalution of the Potential Spread of BSE in Cattele and Possible Human Exposure Following Introduction of Infectivity into the United States from Canada.
⟨http://www.aphis.usda.gov/lpa/issues/bse/harvard_10-3/text_wrefs.pdf⟩.
(41) 中西『環境リスク学』。
(42) そもそもBSE検査は、牛の延髄門部に蓄積する異常プリオンたんぱく質を検出することにより感染牛を摘発・排除するものであるが、技術的な限界により異常プリオンたんぱく質は一定量（検出限界）以上蓄積して初めて検出が可能となる。すなわち感染牛であったとしても検出限界量以下の異常プリオンたんぱく質の蓄積では摘発はできない。食品安全委員会『食品安全』特別号（2004）6頁。
(43) ファーガスンら（Neil M. Ferguson）は約100万頭と試算している。Neil M. Ferguson et al., 'The epidemiology of BSE in Cattle herds in Great Britain. II. Model construction and analysis of transmission dynamics', *Philosophical transactions of the Royal Society of Londpn. Series B : Biological sciences*, Vol.352, (1977), pp.803-838.
(44) Azra C. Ghani et al., 'Factors determining the pattern of the variant Creutzfeldt-Jakob disease (vCJD) epidemic in the UK', *Proceedings of the Royal Society B : Biological Sciences*, Vol. 270, No.1516, (2003), pp.689-698.
(45) アメリカでの年間生産頭数が4000万であるから300万頭の約13倍。日本の全頭検査での陽性牛10頭を13倍すると130頭。
(46) 表にあるとおり、400頭で0.5頭当量であるから、130頭であれば$0.5 \div 400 \times 130 \fallingdotseq 0.16$となる。
(47) ウィーナー（Jonathan B. Wiener）は、予防原則は一つのリスクに対処するには有用であるが、複数のリスクが存在し、それぞれのリスクのトレードオフが決定的な問題になる現実世界ではその欠点が露呈すると主張する。Jonathan B. Wiener, 'Precaution in a Multirisk World' in Dennis J. Paustenbach (ed.), *Human and Ecological Risk Assessment : Theory and Practice* (John Wiley & Sons, 2002).
(48) Graham, et al. (ed.), *op.sit*.
(49) 感染牛であったとしても検出限界量以下の異常プリオンたんぱく質の蓄積では「陰性」という結果が出る。また、BSEやvCJD以外にも現時点では判明していない別のリスクがある可能性もゼロとはいえない。
(50) National Research Councilによれば、リスクコミュニケーションとは、個人、機関、集団間での情報や意見のやり取りの相互作用的過程と定義される。National Research Council, *Improving Risk Communication* (National Academy Press, 1989), p.21.
(51) Slovic, 'Trust, emotion, sex, politics and science'.
(52) 吉川は十分にリスクコミュニケーションを行った上での決定であれば、専門家か

らみて愚かな決定であったとしても、参加的過程で行われたのであれば社会の合意として受け入れられるべきだとする。吉川肇子『リスク・コミュニケーション』(福村出版、1999) 179頁。

(53) ここで引用している図は食品安全委員会作成のものであるが、例にあるような「安全性評価」ではリスク評価にはならない。ある基準を決めてこれを超えたら危険、これ以下なら安全という考え方を捨てることが本章におけるリスクマネジメントの基本である。

(54) 中西準子「科学者に求められる責任とは何か」『中央公論』(2006.6)。

(55) 中邨は将来の危機管理対策のあり方を示すキーワードは住民・企業・行政による「協働」であるとする。中邨章「行政と危機管理」中邨編『危機管理と行政』23-24頁。また政策ネットワーク論もこの考え方にあるといえるだろう。

(56) 同論文5頁。

(57) Omar D. Cardona, 'The Need for Rethinking the Concepts of Vulnerability and Risk from a Holistic Perspective : A Necessary Review and Criticism for Effective Risk Management', in Greg Bankoff et al., (ed.), *Mapping vulnerability : disasters, development, and people* (Earthscan Publications, 2004), p.50.

(58) William L. Waugh, 'Disaster Management for the New Millennium', Richard T. Sylves et al. (ed.), *Disaster Management in the US and Canada* (Charles C. Thomas, 1996).

(59) クズマ (Jennifer Kuzma) とアル (Alwynelle Ahl) は、BSEは汚染飼料への暴露がまったくなくとも起こりうるという仮説 (Bruce Chesboro, 'A fresh look at BSE', *Science*, Vol.305 (2004), pp.1918-1921) や、CJDが遺伝子の突然変異によって100万人に1人の割合で発生するという知見から、アメリカにおいて完全にBSEを防止することはできず、我々はBSEとともに生きるという現実に直面していると主張する。Jennifer Kuzma and Alwynelle Ahl 'Living with BSE', *Risk Analysis*, Vol.26, No.3 (2006), pp.585-588.

推薦図書

・OECD (総合研究開発機構訳)『21世紀の新たなリスク:アクションへの政策提言』(総合研究開発機構、2004)。
・吉川肇子『リスクとつきあう』(有斐閣、2000)。
・ジョン・D・グラハム他編 (菅原努監訳)『リスク対リスク』(昭和堂、1998)。
・中西準子『環境リスク学』(日本評論社、2004)。
・中邨章編『危機管理と行政』(ぎょうせい、2005)。
・ウルリッヒ・ベック『世界リスク社会論』(平凡社、2003)。

第6章

行政改革の諸相

武藤桂一

キーワード

中央省庁再編／民営化／規制改革／官から民へ

1 行政改革とは何か

1-1 行政整理・効率化

　行政改革はいつの時代にも行われているが、その方法や目指すものによっていくつかに大別される。まずは一番古典的な「ムダを省き・効率的に仕事を行う」という改革である。戦後行政を取り巻く環境は様々な変化を遂げた。こうしたなかで不要となった行政をとりやめ、新たに行政に求められる需要に対応して組織を形成する改革が常に要請される。また、行政においては常に限られた資源の中でその任務を果たす必要があり、そのためには与えられた任務をいかに効率的に行うかといった改革もまた重要なものとなる。こうした効率化に大きな貢献をしてきたのは業務遂行の道具の進歩であろう。古くは電子計算機やワードプロセッサーの登場によって、これまで手作業に頼っていた行政事務が機械化されその分の手間が削減化されてきた。さらに、最近の急速なICT（情報通信技術）の進歩は単なる効率化だけでなく行政における仕事のやり方をも変えてしまった（行政の電子化については第4章参照）。

1-2　行政の守備範囲論

　上記のような改革は行政が社会において果たす任務について一定の範囲を前提としているが、行政改革の中には行政が社会の中で担うべき任務自体を変えることで、業務を減らしたりなくしてしまったりするという議論がある。社会の中で行政が責任を持って実現すべきであると考えられるものは時代とともに変化する。高度成長期には福祉分野を中心に様々な任務が行政の仕事と考えられ、行政の支出が肥大化する「大きな政府」が志向された。しかしながら、オイルショックによる高度成長期の終了とそれに伴う財政危機はこうした行政のあり方の見直しを迫り、行政の支出をより少なくしていく「小さな政府」を志向するものとなっていかざるを得なくなった。こうした際に議論となったのは、どこまでが「行政が責任を負うべき仕事」であるのかといった**行政の守備範囲論**であり、その範囲をより小さなものと考えることで行政改革を進めようとするものであった。1980年代の第二臨調以降現在まで続いている行政改革の中で連綿と続く「官から民へ」の流れはまさにこうした思考の反映であるといえよう（英国等におけるNPMとの関連については第2章参照）。

1-3　政策形成機能改革

　また行政改革においては、以上の様な効率的な行政運営や行政が担うべき範囲の縮小だけでなく、既存の組織における政策形成をよりよいものにするための改革も考えられる。行政において限られた資源を有効に活用する為には、全政府的視点に立って問題を解決する仕組みが重要である。しかしながら、日本の行政は各省庁の強固な組織体制が「縦割り行政」や「セクショナリズム」の弊害を生む原因となって、有効な行政が行えない事態が発生している。そこで、各省庁内での有効な政策形成のための改革、行政全体の視点からの有効な政策形成のための内閣機能強化を中心とする執政機能改革、そして国会も含めた行政の民主的統制の仕組みの形成といった視点までもが行政改革として語られる必要がある。

2 行政改革の系譜

2-1 行革前史・第一臨調

　行政に対する国民の需要は常に変化しており、それに対応する行政組織もそれ対応して変化していく必要がある。戦後の混乱期を経て、経済が安定し高度成長期に突入すると、戦後形成された行政組織は新たに出現する行政需要に対応できなくなってきた。こうした環境の変化に対応するため、アメリカで第二次大戦後に設置されたフーバー委員会に倣って1961年2月に設置されたのが**臨時行政調査会**（後の同名の審議会と区別するため「**第一臨調／第一次臨調**」と呼ばれる）である。第一臨調は当事財界の大物であった佐藤喜三郎三井銀行会長を会長に据え、内閣や中央省庁の組織の行政組織のあり方から許認可の改革、首都行政や消費者行政といった当時の具体的政策課題まで広範に議論し、1964年3月に意見を提出した。しかしながら、理想を追求したこれらの意見は実現可能性に乏しく、政府によって殆ど実現されること無く終わった。

　このように、行政改革は「あるべき行政改革」と「実現可能性のある行政改革」との間で揺れ動くこととなる。そうした行政改革の実現可能性で特筆すべきは、1967年11月に佐藤首相の指示により実現した、各省庁において統廃合により局の数をひとつ減らす「1省庁1局削減」であった。これは首相の指示ということと各省庁一律という手法により実現したものである。また、1967年にはいわゆる「総定員法」が制定され、行政需要の増加に対して公務員数を増やして対応するのではなく、一定の枠内の公務員で対応するという原則が確立された。

2-2 第二臨調・行革審

　1973年のオイルショックを契機に高度成長が終了すると、税収の落ち込みによる歳入欠陥が問題となり、1975年には歳入欠陥を補うため赤字国債を発行せざるを得ないほどに財政が逼迫した。また第一臨調から20年が経ち、自民党の大物議員であった中曽根康弘が行政管理庁長官に就任したこともあっ

て、新たに行政全般の見直しに取り組む機運が高まり、1981年3月に、第一臨調同様に当事の財界の大物土光敏夫経団連名誉会長を会長に据え、新たな**臨時行政調査会**（さきの第一臨調と区別して「**第二臨調／第二次臨調**」と呼ばれる）が設置された。第二臨調においてはその設置の背景ともなった財政危機に対応して、土光会長が提示した「増税なき財政再建」がスローガンとなり、これまでの行政システムを見直すことで財政再建を目指すこととされ、第一臨調同様広範な行政の課題に対する検討を行った。なかでも、中心的課題と目されたのは、第四部会（加藤寛部会長）で検討された日本国有鉄道（国鉄）・日本電信電話公社（電電公社）・日本専売公社の三公社の経営問題であった。とりわけ巨額の赤字を抱えていた国鉄の改革は緊急の課題とされ、その改革の方策として民営化の道筋が付けられた。また、それ以外にも内閣における総合管理機能の強化や各省庁内部の再編合理化など提言し、その実施は後年に期待されることになった。

　第二臨調が終了すると、その答申実施の監視機関として**臨時行政改革推進審議会**（行革審）が3次に亘って設置される。1983年7月に設置された第一次の行革審では、第二臨調の答申の着実な実施を目指してその実施状況を監視したほか、内閣の総合調整機能の充実強化に取り組み、内閣官房の強化などが提言された。同時に実施された第100回国会は「行革臨時国会」と呼ばれ、省庁の内部組織編制を弾力化する国家行政組織法の改正や、内閣の総合管理機能強化のための総務庁設置法等が審議成立した。また、三公社の民営化に関しても検討法制化が進められ、1985年4月に電電公社はNTT（日本電信電話株式会社）、日本専売公社はJT（日本たばこ産業株式会社）として民営化され、国鉄は1987年4月に地域別のJR旅客各社、全国一会社のJR貨物等に分割民営化された。

　1987年4月設置の第二次行革審では、これまでの行政改革の審議会のあり方より広い範囲で審議がおこなわれた。その一番特徴的なものは「土地問題」である。当時問題となっていた都市部の土地価格急騰に対して、土地問題所管の国土庁が中心となるのではなく、内閣のレベルで取り上げることによって既存の秩序を超えた解決を可能としようとしたのである。また、これまでも様々な規制緩和が求められてきたが、第二次行革審においては小委員

会を設けて詳細な検討を行い、不要になった規制のみならず経済構造調整の視点から積極的に規制の緩和を進めることが目指された。このような規制緩和の流れは今日の規制改革につながるものである。

　1990年10月設置の第三次行革審に至ると、行政を取り巻く環境も変化してきた。その答申で行政改革において重要な視点とされたのは「国民生活重視」「国際化対応」であった。加えて、地方分権を推進し自治体の自主性を促進するためパイロット自治体の構想を提言するほか、21世紀を見通す省庁組織のあり方についての大くくり省庁の構想を提言した。また、第三次行革審の最中の1993年8月に細川護熙内閣が成立し、これまでの自民党政権から非自民連立政権へ移行したことはその後の行政改革の推進にとって大きな意味を持った。第三次行革審発足時には委員を務めていた細川が首相となることで行政改革を推進する流れが形成され、その後自民党が政権与党に復帰した後も行政改革の動きは継続されていった。

2-3 行革委員会と規制改革

　第三次行革審解散後、行政改革は1994年12月設置の**行政改革委員会**（行革委員会）に受け継がれる。行革委員会に課せられた課題はこれまでの行政改革推進の監視のほか、「規制緩和実施状況の監視」「情報公開制度に関する法制度の調査審議」であり、それぞれに小委員会を作って検討された。とりわけその後の行政改革に影響を与えたのが規制緩和であった。1997年12月の行革委員会「最終意見」では、1998年度を初年度とする規制緩和3か年計画を策定することとされ、その策定のために1998年1月、行政改革推進本部に**規制緩和委員会**が置かれた。(1) 規制緩和委員会ではこの3か年計画の実施状況を監視するとともに計画を毎年度改定するというローリング方式がとられ、その後の規制緩和・規制改革に受け継がれていく。なお、従来は行政が行っている数々の規制を緩和・撤廃することが改革であると考えられていたが、許認可を中心とする事前規制型行政から事後チェック型行政への転換を図る際には新たなルール作りも必要であることから、そうした役割をも反映する名称とするため1999年4月に名称が**規制改革委員会**へと変更になった。規制改革委員会が2001年3月に活動を終了した後は、内閣府に**総合規制改革会議**

が設置された。総合規制改革会議では更なる規制改革を進めるための試みとして2002年7月に地域的に規制を緩和する構造改革特区制度を提言し、規制改革集中受付月間を設定して国民から広く規制改革の要望を受け付ける等の試みを行った。総合規制改革会議は2004年3月に「規制改革・民間開放推進3か年計画」を作成し、その推進は**規制改革・民間開放推進会議**に受け継がれる。規制改革・民間開放推進会議では更なる規制改革を推進するほか、新たな規制改革の仕組みとして「市場化テスト」の仕組みの導入を提言する等、2006年12月までに3次にわたる答申を出し、2007年1月に後継組織の**規制改革会議**が内閣府に設置された。

2-4 行革会議と橋本行革

1990年代、薬害エイズ問題や住専問題、大蔵省の不祥事等中央省庁の問題が次々と明るみになり、中央省庁に対する批判が高まっていた。こうした中行われた1996年の衆議院総選挙では、各党の選挙公約に中央省庁の再編が謳われ、総選挙終了後時を俟たずして橋本内閣は中央省庁の抜本的再編を目指して**行政改革会議**（行革会議）を設置した。この会議がそれまでの行政改革の諸審議会と異なる最大の特徴は、橋本総理自身が会議の会長となったことである。これまでの行政改革に関する審議会は、主に財界から選ばれた長に対して総理大臣ないしは設置する大臣から諮問され答申を出す形が取られていたが、行革会議では総理大臣が自分自身が務める行革会議会長に対して諮問するという形になる。そのような形が取られたのは、自民党の行革本部長を務め行政改革についての強い影響力を持っていた橋本総理自身が会長となることで霞が関や族議員の反対を押さえ込めるとの思惑があったからだという。こうした経緯から、行革会議および2001年の中央省庁再編につながる一連の行政改革は「**橋本行革**」とも呼ばれる。

行革会議では、**中央省庁再編**、内閣機能の強化、行政の減量化、行政の透明化が目指され、その最終答申では、新たな1府12省庁体制、内閣府の設置を初めとする内閣機能の強化、独立行政法人の創設、政策評価制度の創設等（政策評価については第8章参照）に関する意見が提出され、それを受けた中央省庁等改革推進本部にて具体的な法制化が進められた。その際の原則にな

ったのが、行革会議の答申に対して「何も足さない何も引かない」というまさに意見そのままの法制化であった。これまでの行政改革では答申の実行が常に問題となっていたが、行革会議は総理大臣がその長となったことにより、答申作成の際に行われた調整は霞が関の各省庁間の調整のみならず永田町の政治的な調整をも包含することとなり、ほぼ行政改革会議の答申に示された枠組みでこれまでにない大規模な中央省庁再編が実現し、2001年1月から新たな1府12省庁体制が確立された。(なお、12省庁は国務大臣を組織の長とする組織が10省、1庁、1委員会の計12あることからこう呼ばれた。)

このように橋本行革ではこれまでにない大きな成果を挙げたが、このように総理大臣自らが長となって会議の議事をリードしその実現性を担保していくという意思決定の形は、省庁再編によって設置された経済財政諮問会議に受け継がれ、その後の小泉改革の強力な推進力となっていった。

2-5 小泉構造改革

2001年4月に誕生した小泉内閣は、就任時の所信表明で、「構造改革なくして景気回復なし」とし、その前提として「民間にできることは民間に委ね、地方に任せられることは地方に任せるといった、中央政府の徹底した行政改革が必要である」と行政改革の推進を強く訴えた。こうしたスローガンから小泉内閣における諸改革を総称して**小泉構造改革**と呼ぶ。その小泉構造改革では、**郵政民営化**や官の分野の民間への開放など「官から民へ」の改革や、公共事業の削減等による財政赤字の削減、「三位一体の改革」と称される地方分権改革（第7章参照）等が進められる。これまでの行革に関する議論は総務庁を中心とする事務局のうえに進められたが、中央省庁再編を通じて全政府的な行政改革の場は内閣府に受け継がれ、総理大臣のリーダーシップの下経済財政諮問会議[3]等を中心として議論が進められた。

その中でも最大の改革は「官から民へ」の中心とされた郵政事業の改革であった。2001年の省庁再編で総務省の外局とされた郵政事業庁を当初の予定通り公社化への準備を進める一方で民営化へ向けた議論を進め、郵政民営化関連法が2005年の通常国会において審議された。ところが与党内でも法案への反対は大きく、衆議院における可決の後参議院では否決され、小泉首相が

衆議院を解散して行われたのが2005年9月の「郵政選挙」であった。総選挙は「郵政民営化はあらゆる改革につながる」と訴えた自民党の圧勝に終わり、その後の国会審議で郵政民営化関連法は衆参両院で可決された。

また郵政民営化と同様小泉構造改革の一つを占めるのは**道路関連四公団民営化**である。[4] 行革会議の最終報告でも、特殊法人の問題点について、時代の変遷とともに役割が変遷・変化しているもの、国の関与の必要性が見出し難いもの、国の強い関与による自律性・自主性の欠如、事務運営の非効率性、組織や業務の自己増殖など問題点が指摘された。そのほかに特殊法人は国から財政投融資による資金調達を行っている一方で、国の公務員の天下り先として位置づけられていることが不要な組織の存続や非能率的運営の原因だと考えられていた。そうした特殊法人の代表とされた日本道路公団等の道路関連四公団（他に首都高速道路公団、阪神高速道路公団、本州四国連絡橋公団）は、2001年12月の特殊法人等整理合理化計画に基づき、民営化が検討された。具体的な民営化の方策は2002年6月に設置された道路関係四公団民営化推進委員会において検討された。

なお、小泉内閣では2006年5月に行政改革推進法を制定し、今後の行政改革の重点課題として、政策金融改革、独立行政法人の見直し、総人件費改革、特別会計改革、国の資産及び債務の改革を挙げ、今後の改革の道筋を示している。

3　行政組織改革

3-1　政策需要の変化と行政の対応

社会は日々変化しており、行政に求められる役割も日々変化している。こうした行政需要に対応するためには行政組織もその形態を変える必要がある。戦後の復興期・高度成長期を経て長らく、こうした変化への対応は既存の中央省庁体制の大幅な組織改編を伴うものではなく、総理府に国務大臣を組織の長とする庁組織（いわゆる大臣庁）を設置することで対応してきた。公害問題に対応した1971年の環境庁の設置や高度成長後の新たな国土開発を志向する1974年の国土庁の設置がその代表例である。一方でこのように変わ

ることのない強固な省庁体制は、時として各省庁の政策間の有機的連携を欠いた「**縦割り行政**」に繋がり、各省庁が自らの政策視点のみに固執したり自らの政策領域の拡大を追求したりする「**セクショナリズム**」の元凶となったりしていた。(5) そうした省庁間を通じる問題の調整、解決は、内閣における総合調整機能や、内閣総理大臣の権威を背景とした大臣庁の調整能力に期待されていた。経済政策全体のあり方の企画調整を担う経済企画庁や行政組織に対する総合管理を担う行政管理庁等だけでなく、先に挙げた環境庁や国土庁もこうした既存の各省庁にまたがる問題の解決をも期待されていた。しかしながら、こうした調整機能は庁組織自体が省より一段下の組織と見られていたことや総理大臣の指導力の低さもあって、必ずしも効果的に発揮されていなかった。また、既存の省庁の枠組みを変えることによってこうしたセクショナリズムの解消を図ろうとする試みも、第二臨調の意見に基づいて組織・人事に関する総合管理機能強化の観点から総理府の一部と行政管理庁を統合して1984年に総務庁が設置されたのみであり、大幅な省庁組織の再編成は全くといってよいほど行われてこなかった。

　また、セクショナリズムは省庁間の問題だけではなかった。各省庁は基本的にその担当する政策分野ごとにまとめられた局が集まる形で構成されているが、時に「局あって省なし」と言われるほど省庁内においてもセクショナリズムの弊害が指摘されることもあった。こうした各省庁内におけるセクショナリズム解消に関しては、その省の政策対象別に分けられた「縦割り」の部局に対して「横割り」の部局を設置することで解消しようとした。例えば通商産業省（現：経済産業省）の産業別の各局に対する産業政策局や通商政策局、外務省の地域別の各局に対する総合外交政策局などがその例である。

3–2　中央省庁再編

　こうした強固な省庁体制の大幅な再編成を求めたのは第三次行革審であった。1993年10月の最終答申では、行政組織のあり方について、国内政策と対外政策の整合性の確保や国民生活重視の行政の総合的実施が重要であるとして、細分化しセクショナリズムの弊害が現れている行政組織体制をより大きな形に再編成する省庁の「大くくり再編成」を求めた。そこでは「対外関

係」「産業」「国民生活」「国土」「財政・経済」「教育科学文化」といった大くくり再編のイメージが示されたのみで具体的な検討は今後の課題とされたが、こうした「大くくり再編成」はその後の中央省庁再編像の嚆矢となるものであった。

　1996年10月の総選挙では先に述べたように中央省庁再編を各政党が訴え、選挙後に設置された行革会議では21世紀における国家像のあり方を踏まえて中央省庁を機能別に再編成することとした。再編する省庁をどのような姿にするかに際しては、省庁数をこれまでの1府22省庁から半減して1府12省庁へとおよそ半減するという大枠が前提となった。そのため、国の機能をこの枠内で分類すると同時に、既存の省庁をどのように組み合わせるかということが問題となった。既存の省庁体制もそれまでの様々な経緯によって分立しているものであり、省庁の合併には困難を伴った。ましてや、国土整備を担当する省庁に関する議論で見られたように、既存の省庁を分割して再編成しようとする場合にはより大きな困難が伴った。そうした議論を経た後、任務が補完的又は重複するといった観点から省庁の枠を12にするという大枠に当てはめる形で省庁を統合して大くくり再編成した。統合され新設された省庁は、文部省と科学技術庁とを統合した文部科学省、厚生省と労働省とを統合した厚生労働省、運輸省と建設省と北海道開発庁と国土庁とを統合した国土交通省、郵政省と自治省と総務庁とを統合した総務省である。さらには大臣庁としての位置づけからその調整機能の発揮が困難であった環境庁が環境省へと格上げされた。また、これらの省庁再編に際しては省庁単位では再編がなされたが、省庁を構成する局に関しては大幅な再編成は行われなかった。各省の共通管理業務を行う大臣官房や省の全体の政策を統括する「総合政策局」といった位置づけの局以外は一部の例外を除いて旧省庁における局がそのまま移行する形で新省庁の組織は構成された。

　こうして再編成された省庁が簡単に一体として機能するかというと、必ずしも単純にそうはいえないであろう。今回の省庁再編は局単位になされたので、ややもすると旧省庁の多くの局が単に一つの屋根の下に住んでいるだけで、内部は旧省庁単位でばらばらに活動している状態になってしまう可能性がある。こうした問題を解決するため、統合された省においては旧省庁の枠

図1 現行の省庁体制

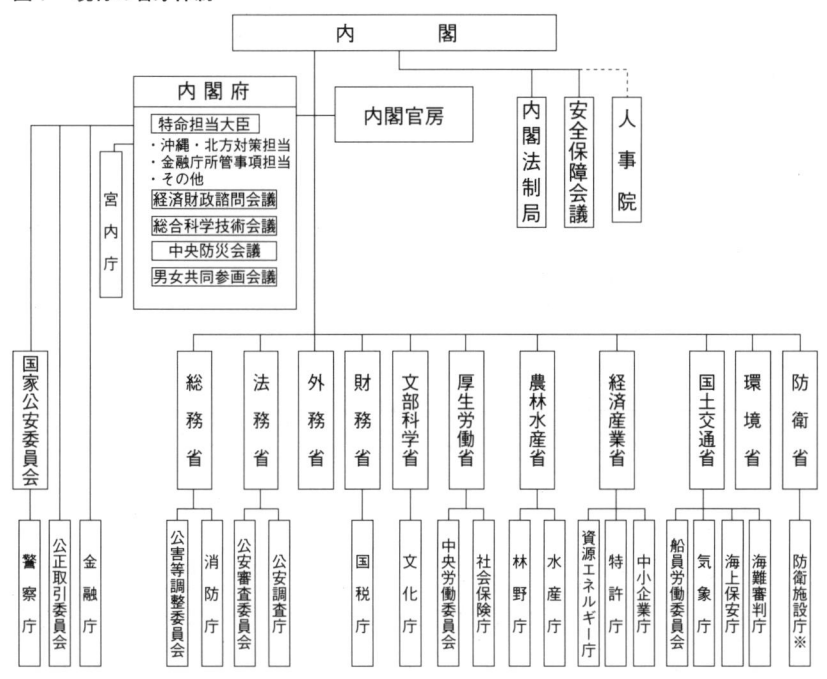

```
                          内　　閣
          ┌──────────────┼──────────┬──────────┐
       内閣府           内閣官房    内閣      安全保障    人
       ┌──────────┐                 法制      会議       事
       │特命担当大臣│                 局                  院
       │・沖縄・北方対策担当│
       │・金融庁所管事項担当│
       │・その他        │
    宮 │経済財政諮問会議│
    内 │総合科学技術会議│
    庁 │中央防災会議    │
       │男女共同参画会議│
       └──────────┘
```

国家公安委員会	総務省	法務省	外務省	財務省	文部科学省	厚生労働省	農林水産省	経済産業省	国土交通省	環境省	防衛省
警察庁 公正取引委員会 金融庁	公害等調整委員会 消防庁	公安審査委員会 公安調査庁		国税庁	文化庁	中央労働委員会 社会保険庁	林野庁 水産庁	資源エネルギー庁 特許庁 中小企業庁	船員労働委員会 気象庁 海上保安庁 海難審判庁		防衛施設庁※

（注）防衛施設庁は2007年度中に防衛省への統合を予定している。　　　　（2007年1月現在）

を超えた人事異動が行われ、各政策分野の実質的な責任者となる局長ポストにも別省庁系統の人が配置されるという人事配置がなされている。とはいえ、それぞれの人事は完全には統合されてはいないようであり、官僚のトップである事務次官が旧省庁交互に出されるいわゆる「たすきがけ人事」もまだ見られている。

省庁再編後においても、中央省庁再編の動きはいくつか見られる。公正取引委員会が電気通信や放送事業の所管部門を持つ総務省に置かれていることを整理するため、2003年4月に総務省から内閣府へ移管された。また、2001年の中央省庁再編では先送りとなっていた防衛庁の省への昇格問題は2007年1月に実現した。省への昇格によってこれまで内閣総理大臣の名によってなされていた予算要求や省令の制定において、他の省と同様防衛大臣の名で行

えることとなった。

3-3 行政組織改革の今後の展望と課題

　行政を取り巻く環境が日々変化している中では、どのような組織改革がなされようとも、その改革で全てが終わりといったことはない。これまでにない中央省庁再編を成し遂げた橋本行革における成果も、ある時点での成果である。現時点でも上記の改革のほか、厚生労働省の外局の社会保険庁のあり方が数々の不祥事や年金制度への不信感を払拭するため議論されるなど、組織再編の議論がなされている。

　また、こうした現組織体制の枠内だけではなく、1府12省体制そのものに関する再編成も課題となっている。2006年9月に成立した安倍内閣は省庁再々編をその目標の一つとして掲げた。郵政民営化による郵政部門に対する関与のあり方や、総務省、経済産業省、文化庁といった各所に分かれている情報（ICT）関連を担当する部局のあり方といった点が問題とされる可能性がある。さらに、旧省庁の局をベースとして編成された現在の組織が最適であるかといった省組織内部の組織再編成も課題となりうるであろう。その際には先に挙げた政策別の「縦割り」局編成の再編成だけでなく、「縦割り」組織と政策横断型の「横割り」局編成との関係も再整理される必要がある。

4　執政機能強化

4-1　内閣総理大臣の指導力と政官関係

　議院内閣制度の下においては、国会から選ばれた内閣総理大臣を初めとする内閣が巨大な官僚組織を有する行政府を統制するという「政官関係」が構成されている。そこでは、政策の大きな転換や省庁間の大きな対立の解決は内閣の場で総理大臣の指導力のもとになされることが期待されている。しかしながら、日本の内閣制度においては総理大臣及び各大臣の指導力は弱く、「政」による「官」のコントロールがしばしば問題となってきた。

　そうした総理大臣の指導力発揮を妨げる一つの要因は総理大臣を補佐する制度の問題であった。総理大臣は行政府の長であるとはいえ、直接の部下と

いえるのは官房長官以下数名の政治家と数名の秘書官であり、その秘書官も大半は各省庁からの出向者であった。また、内閣を支える内閣官房職員も各省庁からの出向者から形成されており、総理大臣を支えるシステムは必ずしも十分なものではなかった。

また各省庁大臣にしても、数千から数万人の人員からなる各省庁組織をたった一人の政治家がコントロールすることは容易ではない。従来から大臣を補佐する立場の政治家として政務次官が数名各省庁に置かれていたが、若手政治家がその任に当たることから時には「盲腸」と揶揄されるほどの存在であり、また大臣自身も平均して1年に満たない在任期間でその力を発揮することが極めて困難な状態であった。

4-2 内閣機能強化

こうした政官関係の問題点を克服するため、これまでも繰り返し内閣機能の強化が目指されていた。その方策として第一臨調での内閣府の設置を始めとして主に内閣の補佐機構の強化が求められた。実際に実現した内閣強化としては、第一次行革審の答申を受けて内閣官房審議室を内閣官房内政審議室と内閣官房外政審議室に分けて陣容を強化したことが挙げられる。しかしながら、こうした内閣の補佐組織は各省庁からの出向者から構成される小規模のものであることには変わりがなかった。また、首相官邸には内閣官房長官と政務担当内閣官房副長官（1988年以降2名に増員）しか政治的に任用された職はなかった。こうした状況に対し、政治家による総理大臣を補佐する職の必要性から、細川内閣や村山内閣では法律に基づかない首相補佐がおかれた。その後1996年には内閣総理大臣補佐官として正式に法制化され、安倍内閣では5人の補佐官が置かれている。

行革会議における議論では中央省庁再編に併せて内閣機能の強化もその一つの課題とされ、2001年の中央省庁再編に際しては、内閣の補佐機構として、従来の内閣官房に加えて内閣の「知恵の場」たる内閣府が設置された。内閣府はこれまでの総理府及びその下に置かれていた大臣庁とりわけ経済企画庁の機能を統合して内閣を支えるスタッフの充実を目指したものである。また、内閣府には経済財政諮問会議、総合科学技術会議、中央防災会議、男

女共同参画会議の4つの重要政策に関する会議がおかれ、なかでも**経済財政諮問会議**はその後の内閣の政策決定に非常に大きな役割を果たすことになった。経済財政諮問会議は首相を議長とし、主要閣僚及び日本銀行総裁のほか経済界及び学界から選ばれた4名の民間議員を含む会議体として構成され、その審議の範囲は経済全般の運営、財政政策の基本、予算の基本方針の作成等国政全般にわたっている。そこでは、これまで旧大蔵省が中心的に担ってきた予算作成機能に対して、その基本方針を「骨太の方針」として示すことにより、予算編成の大枠決定に対する内閣の主導権確立に大きな役割を果たした。また、議題はこうした狭義の経済・財政問題に限定されず、郵政民営化や三位一体の改革等小泉構造改革全般を中心的に議論する場としての役割を担ってきた。実際の議論では4名の民間議員の果たす役割が大きく、民間議員が作成するペーパーが時には小泉首相の意向を代弁する形で議論をリードし、改革の推進力となっていた。

このように政策調整機能が内閣に集中してくると、各省横断的な調整が次々と内閣に持ち込まれることとなる。内閣に「〇〇本部」と称する会議が数多く置かれることとなったのがその現れである。こうした総理大臣直属で問題を解決する手法は安倍内閣でも継続され、教育再生会議等内閣の重要課題については、その解決を各省に委ねるのではなく内閣の下で議論されることになった。

4-3 政官関係の変容

中央省庁再編においては内閣を支える組織として内閣官房・内閣府が整備されたが、それに併せて各省庁における政官関係を改善するため、従来の政務次官に替えて各府省に1名から3名の副大臣及び大臣政務官が置かれた。新たに設置された副大臣は大臣同様天皇の認証する認証官として政務次官より格上とされ、より経験や能力の高い政治家をそこに充てることで大臣と緊密な連携を取ったり、担当を分担したりすることで大臣と一体となって各省庁に対する政治によるコントロールの強化が意図された。

従来の政策決定においては、自民党政務調査会を中心とする党における議論がきわめて重要な役割を果たしていた。こうした党主導の政策決定におい

ては、特定分野に精通した族議員が中央省庁に直接影響力を行使することで重要な役割を果たし、大臣以上に政策決定に影響を持つことで、内閣の総合調整能力発揮を阻害していた。こうした党優位の政策決定に対して、小泉首相は法案提出に際して与党事前審査の慣行の廃止を訴え、法案や予算案作成に際しての内閣主導を目指した。中央省庁再編における経済財政諮問会議の創設を中心とする内閣機能強化は、内閣主導を目指す小泉首相を支えるものとなり、政策決定における内閣の地位を非常に高いものとした。このように中央省庁再編と小泉首相の登場により、単なる政官関係のみならず、政党、内閣、各省庁の関係はこれまでとは異なる様相を呈することとなった。

また、国会と行政府との関係においても、国会審議において官僚が答弁する政府委員制度の廃止によって、原則大臣、副大臣等の政治家が答弁することにより、政治家どうしの議論が期待された。

4-4 今後の展望と課題

2006年9月に5年5ヶ月にわたり総理大臣を務めた小泉純一郎首相が退任し、安倍晋三内閣が誕生した。2001年1月の中央省庁再編から程なくして誕生した小泉内閣はその国民的な人気も相俟って構造改革を推進したが、省庁再編によって確立された総理大臣主導の体制が有効に機能したことによるものなのか、小泉純一郎その人の強烈な個性の発露によるものであるのか、はたまた両者が同時に起こったことによるものなのか、現時点では明確に判断するのは困難である。[6] その要因がどこにあるのかは、今後の政策決定過程を検証する上で重要な要素となるであろう。

英国では政策決定の分析に際して総理大臣の権力に焦点を当てるウエストミンスター・モデルに代わり、政府を構成する多くの組織の相互作用として政策決定を捉えるコア・エグゼクティヴ（Core Executive）論が提示されているが、[7] 日本における政策決定の変容をどのように捉えるのか、今後の分析が必要とされている。

5 「官から民へ」の改革

5–1 民営化

　行政の仕事を減らす一つの方策として、組織そのものを行政機関ではなくしてしまうことが考えられる。これまで「官」が提供している財やサービスについて民間企業が利益ベースで行ってもその実現が可能である場合、必ずしもその組織は「官」である必要はない。重要であるのはそのサービスが国民に対して効率的かつ確実に提供されるかどうかである。こうしたサービスの提供主体が「民」のほうが良いと判断された場合に行われる改革の一つとして民営化がある。

　行政の民営化の歴史において大きな位置を占めるのは第二臨調の成果として達成された国鉄・電電公社・専売公社の**三公社民営化**である。三公社は、戦後国の行政機関が独立したものであり、当時も国の管理下におかれた特別な企業体であった。とりわけ当時巨額の債務を抱えていた国鉄に対しては、公社制度が経営の自由を制約し「親方日の丸」の組織意識を産んでいることが問題の根源であると指摘された。国鉄の再建に際しては、民間の倒産企業処理に類似した方式で国鉄再建監理委員会において検討され、1985年7月に提出された「国鉄改革に関する意見」は、適切な処理を行い過剰な要員体制を改め、健全な事業体としての経営基盤を確立した上で国鉄事業を再出発させることを骨子としており、国鉄を分割・民営化することを基本とし、あわせて巨額の債務等について、長期債務は日本国有鉄道清算事業団に国鉄の資産の一部とともに移管することとされた。

　こうした大きな民営化として次に挙げられるのは**郵政民営化**である。1997年の行革会議最終報告では省庁再編後5年での郵政事業の公社移行が示され、2003年4月に日本郵政公社へと移行した。公社は独立採算制の下、郵政三事業等を総合的かつ効率的に行うことを目的として設立された国営の公社である。その公社経営は国会による予算統制を受けず企業会計原則に基づいて行われるが、4年ごとに中期経営目標及び中期経営計画を定め総務大臣の認可を受け、年度経営計画を作成し総務大臣へ届け出るとともに毎年度財務

諸表を総務大臣に提出し、年度ごとに業績評価を受ける。また、中期経営目標の達成状況に関する報告書を総務大臣に提出し、総務大臣はその達成状況について評価を行うこととされた。さらに公社化において重要であったのは郵便事業への民間参入である。これまで信書の配達は国に限定されていたが、公社の発足に際して、信書送達業務の形態が一般信書便事業と信書便事業とに分けられ、一定の条件の下で民間業者の参入が認められた。一般信書便業務は、全ての信書の送達が可能となる一方で、ユニバーサルサービスがその条件となる。一方、特定信書便事業は特定の大きさや重量、時間、料金等の元で独自のサービスを行うがユニバーサルサービスの義務を負っていない。特定信書便事業に対してはバイク便業者等全国で100社以上が参入している一方、一般信書便業務については、1社でのユニバーサルサービスの提供や全国で10万本のポスト設置義務等条件が厳しいために参入業者が無く、現在コンビニエンスストアの利用等条件の緩和が検討されている。

　また、郵政事業改革の目的は単に郵政事業の運営形態の変更ではなかった。従来、郵便貯金等で集めた資金は大蔵省資金運用部へ預託され、財政投融資の原資として特殊法人などに融資されており、こうした仕組みが特殊法人の際限なき拡大の一因となっていた。そこで郵政事業に関する資金を資金運用部へ委託する仕組みが改められ、全額自主運用とすることとされた。

　さらに、郵政公社が行う三事業はそれぞれ同種の形態の事業を民間企業も行っており、「民間にできることは民間に」という小泉改革の趣旨に合わせて民営化が求められた。郵政民営化関連法に基づく今後の民営化のプロセスは、2006年1月に将来的に持ち株会社となる準備企画会社として日本郵政株式会社が設立され、2007年10月に郵政三事業を受け継ぐ郵便事業株式会社、株式会社ゆうちょ銀行、株式会社かんぽ生命保険の3社と郵便局の窓口業務を担当する郵便局株式会社の各事業会社が郵政公社の業務・資産等を引き継ぎ、事業を開始する。さらに、持ち株会社は10年以内にゆうちょ銀行及びかんぽ生命保険の株式の全てを段階的に処分し、完全民営化する予定となっている。

　また、道路関連四公団の民営化に際しては、民営化によって、四公団が抱える40兆円に上る債務を確実に返済すること、真に必要な道路をなるべく少

ない国民負担で建設すること、民間ノウハウの導入による多様な料金設定やサービス提供を可能とすることが目指された。とりわけ確実な債務返済と新会社の経営の安定を両立させるため、独立行政法人日本高速道路保有・債務返済機構を設置して四公団の資産と債務を新会社から切り離して保有させ、新会社は機構から高速道路を借りるかたちで貸付料を支払う仕組みが作り出された。各道路会社は道の建設・管理・料金徴収を行うこととされ、自らの資金調達で道路建設を進めることで無駄な道路の建設を抑えることが期待された。具体的には、2005年10月に各公団の保有する高速道路の保有及び債務の償還を行う組織として独立行政法人日本高速道路保有・債務返済機構が設立され、道路の建設・管理・料金徴収を行う会社として日本道路公団を地域別に三分割した東日本高速道路株式会社、中日本高速道路株式会社、西日本高速道路株式会社と、各公団を受け継いだ首都高速道路株式会社、阪神高速路株式会社、本州四国連絡高速道路株式会社の各会社へと2006年10月に民営化された。（本州四国連絡高速道路株式会社は経営安定時には西日本道路会社と合併することとなっている。）

5-2 独立行政法人化

1997年の行革会議最終報告では、行政のあり方を見直すことに際して、「行政機能の減量（アウトソーシング）は、最も重要な課題となる」と指摘し、「事務・事業の民営化、民間委譲を行うとともに、それが困難な事務・事業であっても、政策の企画立案と実施機能の分離という基本的な考え方に立って、実施機能については、外局（実施庁）制度及び独立行政法人制度を活用し、その自律的、効率的な運用の徹底を図る。」とした。ここで、英国のエージェンシー（第2章参照）を範とする新たな法人形態として、独立の法人格を有する**独立行政法人**が創設された。

独立行政法人は、これまでの特殊法人が個別法によって設立されており、名称も公社、公庫、公団等々さまざまであったのに対して、共通法である独立行政法人通則法においてそのあり方が規定され、その上でそれぞれの設立根拠法により設立されている。通則法においては「国民生活及び社会経済の安定等の公共上の見地から確実に実施されることが必要な事務及び事業」、

「国が自ら主体となって直接に実施する必要はない事務及び事業」「民間の主体にゆだねた場合には必ずしも実施されない恐れがある事務及び事業又は一の主体により独占して行われることが必要であるもの」の要件を満たす事務・事業を実施するために国から独立した法人格を有する主体を独立行政法人として、その性格を明らかにしている。

　このようにして設立された独立行政法人の運営やその責任の主体はその法人自体が負うことになり、国の関与は最低限度に限定されている。これまでの特殊法人がともすると国の過剰なまでの関与により非効率で責任の所在が不明確な運営がなされていたのに対し、国の関与監督は中期目標の指示とその結果に対する評価という事後チェック中心の最小限の関与に限定されることになり、法人の自主権や裁量権そして法人自体の責任を明確化したものである。独立行政法人の運営に際しては、官庁における現金主義会計ではなく、発生主義や複式簿記等の企業会計方式を取り入れることにより、効率的な運営を図っている。一方で、経済性のみの視点では確実に業務が行われない可能性もあるため、法人の運営に必要な費用の一部が「運営交付金」として交付されている。役職員の身分はその大半が国家公務員の身分を有せず完全に民間労働者と同様に扱われるが、国立公文書館や造幣局、国立印刷局等のより公的性質の強い職務を行う法人では国家公務員の身分を有している（これらの法人を特定独立行政法人と呼ぶ）。独立行政法人の業績のチェックは所管の各省庁におかれた独立行政法人評価委員会がチェックする。しかしながら、所管の官庁のチェックでは恣意的な評価がなされる可能性もあることから、総務省に置かれた全政府レベルの評価委員会において評価に対する評価を行って二重のチェックを行うことになっている。また中期目標終了時には法人の業務組織の必要性を主務大臣が見直し、不要な組織・業務については廃止することが出来るような仕組みとなっている。2001年の省庁再編時に設立された独立行政法人は既に中期目標期間を終了し、廃止や他の法人との統合、また職員身分の非公務員化が計られた組織が現れている。なお、同様に国の機関であった国立大学は個々の大学の独自性を発揮するため、独立行政法人と類似した国立大学法人に移行している。

表1　府省別所管独立行政法人数（2007年1月9日現在）

所管府省	特定独立行政法人	非特定独立行政法人
内閣府	1	3
総務省	1	2
外務省	0	2
財務省	2	3
文部科学省	0	26
厚生労働省	1	13
農林水産省	3	14
経済産業省	1	10
国土交通省	1	18
環境省	0	2
防衛省	1	0

独立行政法人の一覧は総務省HP
〈http://www.soumu.go.jp/gyoukan/kanri/pdf/satei2_01_03.pdf〉。

5-3　規制改革・官製市場の開放

　国は民間の経済活動に対して許認可権を行使してその統制を図っている。こうした公的規制は戦後の復興期や高度成長期において経済秩序の維持、国民の安全の確保、サービスの安定的な供給等に一定の役割を果たしてきた。しかしながら、そうした規制は企業間の競争を阻害することによって市場原理を働きにくくし、結果的に国民のためになっていないといった弊害もあった。こうした公的規制の緩和は、従来も「国の関与の縮小」という形でそれぞれの行政分野で行われていたが、第二臨調以降、公的規制の弊害が指摘され、公的規制の緩和が強く求められる。とりわけ第二次行革審以降では、構造改革の一環として積極的に規制緩和が進められた。第三次行革審の答申においては、競争的産業における需給調整の視点からの参入・設備規制について10年以内の廃止が求められ、酒の販売・製造、農業、バス・タクシー業、電気通信事業等が具体的事例として挙げられた。こうした需給調整の撤廃はこれまでの規制を中心としてきた行政のあり方を変えることとなり、後継機

関の規制緩和委員会における規制緩和3か年計画の中で実現されていくこととなる。

このように規制が着実に改革されていくと、改革の対象となる規制は従来とは異なる分野へと進展していく。これまでの規制改革は市場に参入する企業数の制限を行う形の経済的規制の改革が主であったが、公共性の観点から営利企業の参入等様々な面で厳しい規制が取られていた社会的規制と呼ばれる分野にまで規制改革が求められるようになった。具体的には医療、福祉、教育、農業といった分野への株式会社の参入やコンビニエンスストアでの簡易的な薬の販売や保険診療と保険が適用されない診療の同時受診を可能とする混合診療の解禁等が求められている。

また、さらに規制改革を進める試みとして、各地域の特性に応じて試験的に規制改革を行い、各分野における構造改革を推進するとともに地域活性化、国民経済の発展を目指す**構造改革特区**の設置がなされた。地域限定でなされた規制改革は一定の期間が経過した後、問題が無ければ全国展開されることになっている。また、構造改革特区の選定に際しては、規制改革のアイディアを広く国民全般から募り、構造改革特区推進本部が各省庁と規制改革について交渉しその過程をHP等で公開するという手法がとられた。「官」の規制を撤廃するのに「官」の側だけで考えるのではなく、規制改革の直接の恩恵を受ける「民」や自治体の側からも意見を募り規制を改革して行こうというものである。こうした構造改革特区制度では、農業や学校教育に株式会社の参入が認められたり、幼稚園と保育園との合同保育（幼保一元化）が認められたりといった成果が挙げられている。

また、公共サービスにおいては、「官」が自らサービスを提供したり、非営利部門に限定したりすることで、極めて公的関与の強いサービス供給（いわゆる「**官製市場**」）が形成されていた。こうした官製市場はサービスの安定的な供給を確保する反面、サービス提供が硬直的かつ非能率的になりがちであるという欠点も持つ。先に見た公的機関の民営化に際しても、これまで「官」が独占していたサービスに対する参入規制が撤廃され、新たな市場において複数の企業により競争が起こることで、より良質のサービスが提供されることが期待されていた。

また、従来「官」が担うべきであると考えられてきた業務をさらに細分化し、「官」でなければ実施できない部分と「民」でも実施可能な部分にわけ、「官」でなければできない業務に資源を集中していく試みもなされている。こうした民間委託はとりわけ自治体で導入され、駐車違反取り締まり業務の一部を民間に委託するもの等がその例である。また、これまで公的機関や非営利団体に限定されてきた公の施設管理に関して、**指定管理者制度**を導入することで民間企業等にも参入の可能性を広げている。

　さらに、これまでに行われた構造改革特区等の民間開放の試みをさらに補完するものとして、**市場化テスト**を実施することとした。これまで「官」が独占してきた公共サービスに関して、官民が対等な立場で競争入札に参加し、価格・質で優れた者がそのサービスの供給を行うという仕組みで、公共サービスの質の向上、公共サービスの効率化を目指している。2005年度に試験的にハローワーク関連、社会保険庁関連、行刑施設関係の3分野をモデル事業として実施した上で、2006年5月に「競争の導入による公共サービスの改革に関する法律（公共サービス効率化法）」として法律が制定され、取組みが始められている。

5–4　「官から民へ」の今後

　これまで見てきた「官から民へ」の根本にあるのは、「官」より「民」の方が効率的に業務を行えるという前提である。しかしながら、民間が行うことによりかえってコスト高になったり、サービス提供が確実でなくなったりといった弊害が現れる可能性もある。例えば日本に先行して郵便貯金を民営化したニュージーランドでは、民営化した郵便貯金が外国資本に買収され国民に対するサービス低下を招き、新たに国営銀行を設立することになるなど必ずしも民営化が成功したとはいえない。現在の行政サービスをとにかく民間に任せれば何もかもうまくいくというわけではなく、行政が担うべきものは何かといった観点で改革の手段を選択することが重要である。また、市場化テストに代表されるように、「官」か「民」いずれか一方が常に主体となるのではなく、いずれの主体をもサービス供給が行えることで、行政と民間との一種の競争関係が生まれることも一つの重要な点といえるであろう。

6 行政改革の今後

　行政を取り巻く環境は常に変化を続け、行政改革は常に必要とされ、その際には、これまで見てきたように様々な観点からの改革が必要となる。一方で、行政改革は改革それ自体が目的化することがある。中央省庁再編に見られるように、改革自体が目的となることにより改革が実現してきたされてきたという面も否定できない。しかしながら、本来行政改革は改革そのものが目的なのではなく、より良い行政、より良い社会を実現するための手段である。改革が実施された結果、国民へのサービスはどれほど向上したのか、政府予算がどれ程有効に使われたのかといった観点から評価されることが必要である。

　さらには、そうした評価の基準となるべき「行政のあるべき姿」についての不断の議論が必要となるのである。

> **コラム7** 規制改革と国民生活
>
> 　国の発達を促進する段階では、電話事業や郵便事業のように国が独占的にサービスを提供してきた分野があった。また、自由主義経済の名のもとで、国民の安全が脅かされたり、過当価格競争による商品やサービスの質が低下したりしては国民のためにはならないため、様々な免許制度など国民の経済活動に制限をかけてきた。ところが、経済の成熟や技術の発展により、規制を改革して市場原理や国民自身の判断に任せたほうが、より国民にとって有益な場合も出てきた。電電公社や郵便事業の民営化の際には電話事業や郵便事業への新規参入が認められ、複数事業者の競争によるサービスの充実や料金の低廉化は今日の携帯電話サービスや宅配便等の充実を見れば明らかであろう。また、簡易的な薬や栄養ドリンクがコンビニエンスストアでも買えるのも規制が改革された一例である。こうした規制改革は1995年以降の約10年間だけでも6000件を超え、内閣府の試算では18兆円を超えるメリットがあったとされる。このように、規制改革の進展は国民生活の利便性向上に有益となるが、そこでは商品の購入などに対する国民自らの判断も重要となることも忘れてはならない。

注

（1） 規制緩和委員会以降の会議情報・公表資料等については以下を参照。
　　規制緩和／規制改革委員会〈http://www.kantei.go.jp/jp/gyokaku-suishin/〉
　　総合規制改革会議〈http://www8.cao.go.jp/kisei/〉
　　規制改革・民間開放推進会議〈http://www.kisei-kaikaku.go.jp/〉
　　規制改革会議〈http://www8.cao.go.jp/kisei-kaikaku/〉
（2） 行政改革会議の議論の経過・資料等及び中央省庁等改革推進本部における資料等については首相官邸HP「中央省庁等改革」のページ参照。
　　〈http://www.kantei.go.jp/jp/cyuo-syocho/〉
（3） 経済財政諮問会議における議論については経済財政諮問会議HP参照。
　　〈http://www.keizai-shimon.go.jp/〉
（4） 道路関係四公団民営化の経緯・検討委員会等での議論については国土交通省HP参照。〈http://www.mlit.go.jp/road/4kou-minei/4kou-minei_3.html〉
（5） 「セクショナリズム」を中心に論じたものとして、今村都南雄『官庁セクショナリズム』（東京大学出版会、2006）。
（6） 小泉構造改革の関係者が当時の記録を記述しているので参照されたい。竹中平蔵『構造改革の真実　竹中平蔵大臣日誌』（日本経済新聞社、2006）、大田弘子『経済財政諮問会議の戦い』（東洋経済新報社、2006）、飯島勲『首相官邸秘録』（日本経済新聞社、2006）。また、さしあたり小泉内閣を評価したものとして、大嶽秀夫『小泉純一郎ポピュリズムの研究』（東洋経済新報社、2006）。
（7） 伊藤光利「官邸主導型政策決定と自民党-コア・エグゼクティヴの集権化」『レヴァイアサン』38号（2006）。

推薦図書

・田中一昭編『行政改革《新版》』（ぎょうせい、2006）。
・田中一昭・岡田彰編著『中央省庁改革　橋本行革が目指した「この国のかたち」』（日本評論社、2000）。
・日本行政学会編『年報行政研究41号　「橋本行革の検証」』（ぎょうせい、2006）。
・増島俊之『行政改革の視点』（良書普及会、1996）。
・『レヴァイアサン38号　特集「行政改革後の行政と政治」』（2006）。

第7章

地方自治の新動向

武岡 明子

キーワード

第一次地方分権改革／平成の大合併／コミュニティ／
三位一体の改革／道州制

1　第一次地方分権改革

1-1　第一次地方分権改革の主な流れ

　地方自治は、古くて新しい課題である。
　明治憲法には地方自治に関する規定がなく、地方制度はすべて法律によって定められていた。第二次世界大戦後、1947（昭和22）年に施行された日本国憲法には「第8章　地方自治」が設けられ、地方自治の基本事項を4か条で規定している。戦前、地方制度は国の立法政策によってしばしば変更され、地方自治の基盤は脆弱であったことを踏まえると、日本国憲法が地方自治を保障したことの意義はきわめて大きい。しかし一方で、公選された地方自治体の長を国の下部機関として位置づける機関委任事務制度が継承されるなど、中央集権的な仕組みが依然として温存されていた。
　そして、早くも1950年代には、東京都特別区長の公選制の廃止（1952（昭和27）年）、自治体警察の廃止（1954（昭和29）年）、教育委員の公選制の廃止（1956（昭和31）年）など、「逆コース」と呼ばれる制度改革がなされた。

1960年代の高度経済成長期に入ると、行政活動の拡大の中で、「通達行政」、「補助金行政」という新たな形の中央集権化が進んだ。一方、経済成長に伴い、公害や社会福祉が大きな問題となり、自民党の一党支配が続く国政に対抗して、全国各地で革新系の長を擁する「革新自治体」が誕生した。1973（昭和48）年の石油ショックを契機に低成長期に入ると、革新自治体の時代は終りを迎えたが、1970年代末に提唱されたスローガン「地方の時代」は、その後もさまざまな論者によって提唱された。しかし、本格的な地方分権改革は、1980年代の第二次臨時行政調査会（第二臨調）以降の行政改革、バブル経済の隆盛、そして1990年代のバブル経済の崩壊、リクルート事件に端を発する政治改革を経て、ようやく実現した。

1993（平成5）年6月、衆参両院で超党派による「**地方分権の推進に関する決議**」が採択された。決議の内容は衆参両院でほぼ同じであり、これは憲政史上初めてであるといわれている。この決議が、地方分権改革の第一のステップとして位置づけられている。そして同年10月、第三次臨時行政改革推進審議会（第三次行革審）の最終答申において、抜本的な地方分権の必要性が強く求められたことが、地方分権改革の流れを後押しした。

こうした動きを受けて、1995（平成7）年7月、5年間の限時法として**地方分権推進法**が施行され、同時に**地方分権推進委員会**（以下、「分権委員会」という）が発足した。

分権委員会は、国家行政組織法第8条にもとづく内閣総理大臣の諮問機関として総理府（当時）に設置された。分権委員会は、地方分権の推進に関する基本的事項について調査審議し、その結果にもとづいて、政府が地方分権推進計画を作成するための具体的な指針を内閣総理大臣に勧告すること、地方分権推進計画にもとづく施策の実施状況を監視し、その結果にもとづき内閣総理大臣に必要な意見を述べることを所掌事務とした（地方分権推進法第10条）。そして、内閣総理大臣は、分権委員会の勧告および意見を尊重しなければならないとされていた（同法第11条）。

分権委員会は、まず1996（平成8）年3月に『中間報告』を内閣総理大臣に提出した。その中で、今般の改革を明治維新・戦後改革に次ぐ「**第三の改革**」と位置づけ、機関委任事務の廃止を明記するなど、分権委員会の基本認

識と基本方針を高らかに打ち出した。そのため、『中間報告』は改革の行方に期待を抱かせるものとして、自治体関係者に好意的に迎えられた。しかし、『中間報告』は、国の関係省庁に事前に相談することなく、分権委員会の内部のみで取りまとめられたものであったため、関係省庁は、従来の諮問機関の運営ルールに反するとして反発した。内閣総理大臣は分権委員会の勧告の尊重義務を負うことから、当時の橋本龍太郎首相は「現実的で実現可能な勧告を望む」と発言した。「現実的で実現可能な勧告」とは、関係省庁が同意することを意味した。そこで、その後、第1次から4次までの勧告は、関係省庁の各局単位に、分権委員会の交渉担当者と省庁側の交渉担当者が少数でテーブルを挟み時間をかけて交渉する**グループヒアリング方式**（膝詰め交渉方式）を採用して、同意が得られたもののみを盛り込むこととなった。

　第1次から第4次の勧告が、政府による『地方分権推進計画』（1998（平成10）年5月）作成を経て、1999（平成11）年7月の**地方分権一括法**（正式名称：地方分権の推進を図るための関係法律の整備等に関する法律）の制定に結びついた。地方分権一括法は、地方自治法をはじめとする475本の法律を一括して改正するもので、一部を除き、2000（平成12）年4月1日に施行された。

　分権委員会は、第4次までの勧告でその任務を果たしたのであるが、内閣総理大臣からの要請を受けて、第5次勧告（1998（平成10）年11月）を行った。その後は監視活動を行い、2回にわたり意見を提出した後、『最終報告』（2001（平成13）年6月）を提出し、その任務を終えた。なお、分権委員会の任期は、当初は5年間であったが、1年間延長された。

1-2　第一次地方分権改革の主な成果

　分権委員会の『最終報告』は、この分権改革を「登山にたとえれば、まだようやくベース・キャンプを設営した段階に到達したにすぎない」、「第1次分権改革と呼ぶべきもの」としつつ、「現状において達成可能な最大限の改革を成し遂げたと自負している」とした。

　第一次地方分権改革の主な成果は、次のとおりである。

　第一に、**機関委任事務の廃止**である。

機関委任事務制度は、地方自治体の執行機関、とりわけ都道府県知事および市町村長を国の機関として位置づけ、国の事務を委任して執行させる仕組みである。その起源は明治21 (1888) 年に制定された市制・町村制にあり、戦後、知事公選制の導入に伴い都道府県にも拡大され、都道府県の処理する事務の7～8割、市町村の処理する事務の3～4割を占めているともいわれていた。その執行にあたっては、知事は主務大臣の、市町村長は国の機関としての知事の指揮監督を受け、職務執行命令等の制度が設けられている一方、地方自治体の議会や監査委員によるチェック機能は制限されていた。住民の直接選挙で選ばれた地方自治体の長を国の機関とするこのような制度は、中央集権的な行政システムの原因であるという批判がなされてきた。

第一次地方分権改革の結果、機関委任事務は廃止され、従来、機関委任事務とされてきた事務については、地方自治体の事務として存続する事務、国が直接執行する事務、廃止される事務に振り分けられた。そして、地方自治体の事務として存続する事務としては**自治事務**と**法定受託事務**とに再構成された。これにより、地方自治体が行う事務は、すべて地方自治体の事務であり、国の事務は皆無になった。従前の通達等は「技術的な助言」に改められ、自治体は通達等に拘束されることはなくなり、法令解釈権が大幅に拡大した。

第二に、**関与の廃止・縮減と法定ルール化**である。

国と地方自治体の関係や都道府県と市町村の関係を公正で透明なものにするために、地方自治法に関与の標準類型および関与の手続ルールが定められた。さらに、処分その他公権力の行使に当たる関与の合法性をめぐり、国と地方自治体との間に係争が発生したときに審査を行う**国地方係争処理委員会**が設置されたほか、その審査の結果等に不満があるときには高等裁判所に出訴できることとなった。

1–3 残された課題（「未完の分権改革」）

分権委員会は、『中間報告』において、分権改革は「一朝一夕に成し得る性格のものではない」と述べ、地方分権を確実に進展させるために、いくつかの戦略のもとに改革を進めていった。

第一に、現行の都道府県と市町村という二層制の枠組みを前提とし、市町村合併や道州制は議論しないこととした。地方分権を進めるためにはまず分権の受け皿となる自治体の姿を変えなくてはならないとする「受け皿」論を棚上げにし、現行制度のもとで早急に改革を行うためと、分権改革を支援する**地方六団体**（全国知事会、全国市長会、全国町村会、全国都道府県議会議長会、全国市議会議長会、全国町村議会議長会）などの地方自治体間の結束を弱めないためであった。しかし、政治情勢の変化により、市町村合併については第一次地方分権改革の途中から、同時並行的に進められることとなった。これが、**平成の大合併**である。これについては、2節で述べる。

　第二に、住民自治よりも、まず団体自治の拡充を目指した。国と自治体の関係を、上下・主従から対等・協力へ転換し、自治体による自己決定・自己責任の自由の領域を拡充することに取り組んだ。したがって、住民自治は残された課題となった。ただし、市町村合併との関係で、合併後のコミュニティのあり方についての関心が高まっている。これについては、2節で述べる。

　第三に、団体自治の拡充の中でも、事務事業の移譲よりも、関与の廃止・縮小を重視した。そのため、機関委任事務の廃止や関与の法定主義は実現したが、事務事業の移譲は小規模にとどまった結果、地方税財源の充実確保は残された課題となった。これについては、3節で述べる。

2　市町村合併とコミュニティ・都市内分権

2–1　明治の大合併と昭和の大合併

　平成の大合併の前、日本においては、二度にわたって大規模な市町村合併が行われてきた。

　明治の大合併は、近代的地方自治制度である市制・町村制の施行（1889（明治22）年4月）を控え、江戸時代以来の自然発生的な集落を基礎とした生活共同体的な性格の強かった町村を、地方行政を担う組織として再編成するために、およそ300戸から500戸を標準規模として行われた。その結果、町村の数は、71,314（1888（明治21）年末）から15,820（1889（明治22）年末）へ

とおよそ五分の一に減少した。

その後、市町村合併は断続的に行われ、第二次世界大戦の終結した1945（昭和20）年当時、市町村の数は10,520であった。

昭和の大合併は、戦後、新制中学校の設置管理、市町村消防や自治体警察の創設の事務、社会福祉、保健衛生関係の新しい事務が市町村の事務とされたことから、1953（昭和28）年の町村合併促進法（3年間の限時法）およびこれに続く1956（昭和31）年の新市町村建設促進法（5年間の限時法であったが、後に5年間延長）にもとづき行われた。新制中学校1校を効率的に設置管理するために必要な人口として、8,000人が標準とされた。その結果、市町村の数は、9,868（1953（昭和28）年10月）から3,472（1961（昭和36年）6月）へとおよそ三分の一に減少した。

その後、1965（昭和40）年4月に市町村の合併の特例に関する法律（以下、「合併特例法」という）が施行された。合併特例法は10年間の限時法であったが、その後、1995（平成7）年まで、10年ごとに3回にわたり一部改正・延長された。しかし、最初の10年間は125件の合併が行われ、193の市町村が減少したものの、その後の合併は低調であった。

2-2　平成の大合併の進展

昭和の大合併後は、複数の市町村が合体してひとつの市町村となる市町村合併に代わり、市町村が存続したまま連携調整する**事務の共同処理**が盛んに行われた。

そのひとつである**一部事務組合**は、戦前の市制・町村制のもとですでに存在していた制度を、戦後、地方自治法に継承したものである。全国の一部事務組合の数は、1967（昭和42）年には2,202であったが、その後、急速に増加して1974（昭和49）年には3,039となった。その後は2,900～2,800の間を推移し、1996（平成8）年には2,818であった。一部事務組合の処理する事務は、ごみ処理、し尿処理、消防等が主である。特に規模の小さな市町村を中心に活用され、市町村の機能を補完する役割を果たしてきた。

一方、1994（平成6）年には、広域的な行政需要に対応し、国および都道府県からの事務の配分の受け入れ体制を整備するため、**広域連合**が制度化さ

れた。広域連合は、一部事務組合と同じく「地方公共団体の組合」の一形態であるが、構成自治体からの独立性が高いこと、住民の民主的コントロールのもとに置かれていること、国および都道府県から事務の配分を直接受けることができることなどから、一部事務組合と異なり、単に事務の共同処理方式という性格にとどまらず、より政策的かつ機動的な広域行政機構としての性格を有するとされる。

　国は、市町村合併と、一部事務組合や広域連合等による事務の共同処理方式との間に、基本的に優劣を付けてこなかった。そこで、事務の共同処理方式は、市町村合併の代替政策として捉えられてきた。

　しかし、広域連合の制度化の直後、1994（平成6）年11月に、第24次地方制度調査会が「市町村の自主的な合併の推進に関する答申」を出し、市町村の自主的な合併を推進していくことが必要であるとした。これを受けて、1995（平成7）年に合併特例法の3回目となる延長が行われた際、合併特例法の趣旨規定が「市町村の合併の円滑化を図ること」から「自主的な市町村の合併を推進すること」に改正された。従前から、合併特例法のねらいは市町村が自主的に合併しようとする場合に合併の障害となる事項を取り除くことにあるとされてきたが、ここではじめて合併を「推進する」との姿勢が打ち出された。この後、合併特例法はほぼ毎年改正され、合併を推進するために、人口4万人以上（後に「3万人以上」に改正）を有すれば市となることができる特例、議員の在任・定数特例、合併特例債、地方交付税の額の算定の特例など、さまざまな特例の創設、拡充が行われた。

　一方、一部事務組合や広域連合に対しては、一定の成果もあがっていることを評価しながらも、責任の所在が不明確となりがちであること、迅速・的確な意思決定ができないことなどの弊害を指摘して、「人材を確保し、かつ、地域の課題を総合的に解決する観点からは、市町村合併により、意思決定、事務実施などを単一の地方公共団体が行うことがより効果的である」（「市町村の合併の推進についての指針の策定について」（1999（平成11）年8月自治事務次官通知））とするようになった。

　こうして、1990年代後半には、事務の共同処理方式から市町村合併へと大きく舵が切られた。しかし、2000年代の初めまで、合併はさほど進まなかっ

表 1　市町村数の変遷

年　月	市	町	村	計	備考
明治21年	—	(71,314)		71,314	
明治22年	39	(15,820)		15,859	市制・町村制施行
大正11年	91	1,242	10,982	12,315	
昭和20年10月	205	1,797	8,518	10,520	
昭和22年8月	210	1,784	8,511	10,505	地方自治法施行
昭和28年10月	286	1,966	7,616	9,868	町村合併促進法施行
昭和31年4月	495	1,870	2,303	4,668	新市町村建設促進法施行
昭和31年9月	498	1,903	1,574	3,975	町村合併促進法失効
昭和36年6月	556	1,935	981	3,472	新市町村建設促進法一部失効
昭和37年10月	558	1,982	913	3,453	市の合併の特例に関する法律施行
昭和40年4月	560	2,005	827	3,392	市町村の合併の特例に関する法律（合併特例法）施行
昭和50年4月	643	1,974	640	3,257	合併特例法　一部改正
昭和60年4月	651	2,001	601	3,253	合併特例法　一部改正
平成7年4月	663	1,994	577	3,234	合併特例法　一部改正
平成8年4月	666	1,990	576	3,232	
平成9年4月	669	1,993	570	3,232	
平成10年4月	670	1,993	569	3,232	
平成11年4月	671	1,990	568	3,229	
平成12年4月	671	1,990	568	3,229	地方分権一括法施行
平成13年4月	672	1,987	567	3,226	
平成14年4月	675	1,981	562	3,218	
平成15年4月	677	1,961	552	3,190	
平成16年4月	695	1,872	533	3,100	
平成17年4月	739	1,317	339	2,395	市町村の合併の特例等に関する法律（合併新法）施行
平成18年4月	779	844	197	1,820	

（注）東京特別区は除く。
出典：総務省ホームページ〈http://www.soumu.go.jp/gapei/index.html〉および『全国市町村要覧』（第一法規）各年版をもとに作成。

た。
　この流れを変えたのが、第27次地方制度調査会において、西尾勝副会長が

表2　市町村合併の件数

年度	合併の件数	合併関係市町村数
1999（平成11）年度	1	4
2000（平成12）年度	2	4
2001（平成13）年度	3	7
2002（平成14）年度	6	17
2003（平成15）年度	30	110
2004（平成16）年度	215	826
2005（平成17）年度	325	1,025
計	582	1,993

（注）2005（平成17）年度には、合併新法による合併1件を含む。
出典：総務省ホームページ〈http://www.soumu.go.jp/gapei/index.html〉。

提出した「今後の基礎的自治体のあり方について（私案）」、いわゆる「**西尾私案**」であった（2002（平成14）年11月1日）。その内容は、2005（平成17）年3月31日に合併特例法の期限が切れた後も、一定の人口規模に達しない市町村について、一定期間さらに強力に合併を推進し、それでも合併に至らない場合には、当該市町村の事務を都道府県が代わって処理する（事務配分特例方式）か、または当該市町村は他の市町村へ編入し、内部団体となる（内部団体移行方式）というものであった。

「西尾私案」は全国の自治体に衝撃を与え、町村からは「強制合併」だとして強い反対運動が起こった。しかし、結果的には、「西尾私案」をきっかけとして、多くの市町村が合併へと踏み切った。

合併特例法の期限が切れる2005（平成17）年3月31日までに関係市町村が当該市町村議会の議決を経て都道府県知事への合併の申請を終え、2006（平成18）年3月31日までに合併した場合には、合併特例法の規定が引き続き適用されることとされた。また、新たに市町村の合併の特例等に関する法律（以下、「合併新法」という）が2005（平成17）年4月1日から5年間の限時法として施行された。合併新法においては、合併特例債は廃止されたものの、その他の特例は引き継がれている。2006（平成18）年4月1日時点で、全国の市町村は1,820に減少した。

> **コラム8** 地方制度の画一化と多様化―イングランドとの比較から―
>
> 　現在のイングランドの地方制度は、ロンドンでは二層制、ロンドンを除く大都市圏では一層制、地方圏では一層制と二層制が混在している。もともとは全国的に二層制であったが、効率的な行政運営の観点から、全国的に一層制を導入することを目指し、まずサッチャー（Margaret Thatcher）保守党政権（1979～90年）がロンドンを含む大都市圏の広域自治体を廃止した。その後、メージャー（John Major）保守党政権（1990～97年）が地方圏にも一層制を導入することを目指したが、紆余曲折を経て、二層制を維持するという選択が認められ、一層制の導入は一部地域にとどまった。その後、保守党に代わり政権についたブレア（Tony Blair）労働党政権（1997年～）がロンドンの広域自治体を GLA（Greater London Authority）として復活させた。このような結果として、イングランドの地方制度は非常に複雑な構造をなすこととなった。これは、国が一層制を主導したスコットランドやウェールズにおいては、全域的に一層制となっていることと対照的であるといえる。選択を認めれば多様になり、画一にしたければ強制せざるを得ない。日本の地方制度を考える上でも参考になるのではないだろうか。

2-3　コミュニティ・都市内分権

　コミュニティは、すべての市町村にとって重要な課題であるといえるが、合併した市町村においては、とりわけ重要である。合併して規模が大きくなり、住民と市町村との距離が物理的に遠くなると、それに比例して住民参加の意識も遠くなると考えられるからである。

　平成の大合併においては、1999（平成11）年の合併特例法の改正により、**地域審議会**を置くことができることとされた。これは、合併前の市町村の区域ごとに、期間を定めて置くことができる長の諮問機関である。従来、合併した市町村は一日も早くひとつの自治体としての一体化を図るべきであるとされてきた。ただし、実態として、合併前の旧町村の役場を新市の支所または出張所（地方自治法第155条）とすることは、多くの合併市町村においてみられた。そこで、合併を推進するため、このような実態を追認しつつ、あらかじめ期間を定めて設置する諮問機関を制度化したのであった。

しかし、単なる諮問機関では不十分であるとの意見や、合併した市町村に限らず、一般の市町村が導入できる制度が必要であるとの指摘があり、第27次地方制度調査会における審議・答申を経て、2004（平成16）年、**合併特例区**および**地域自治区**が創設された。

　合併特例区は、合併特例法および合併新法に根拠を置き、合併した市町村が合併後5年以内に限り、設置することができる。設置するのは一または二以上の旧市町村単位であるが、設置する区域を合併市町村のうち一部区域のみとすることもできる。特別地方公共団体としての法人格を有する。合併特例区協議会と、合併特例区を代表する特別職の区長が置かれ、いずれも、合併市町村の長が選任する。

　地域自治区は地方自治法に根拠を置き、市町村が条例でその区域を分けて設置する。法人格は有さない。合併と関係なく、すべての市町村が設置できるが、設置する場合には当該市町村の全域を分けて設置しなくてはならず、一部区域にのみ設置することはできない。各区域には、地域の意見を取りまとめ、行政に反映させる地域協議会と、市町村長の事務を分掌させるための事務所が置かれる。地域協議会の構成員は、当該区域の住民から市町村長が選任する。事務所長は、事務吏員が充てられる。なお、市町村合併に際して、一または二以上の旧市町村の区域を単位として地域自治区を設ける場合には、特別職の区長を置くことができるなどの特例が認められている。

　制度化の検討過程では、法人格、長や協議会構成員の公選制、課税権などが注目されたが、結局、法人格を有するとされたのは期限付きの合併特例区のみであり、公選制および課税権は実現しなかった。しかし、地域自治区を設置した上越市では、地域協議会の委員の選任にあたり、公募を行い、応募者が募集人数を超えた場合には住民による投票を行い、その結果を踏まえて市長が選任するという「準公選制」ともいえる仕組みを取り入れている。住民自治の強化という目的を達成するために、自治体と住民の創意工夫が求められている。

3 三位一体の改革

3-1 経済財政諮問会議

　分権委員会は、『最終報告』において、第二次地方分権改革の焦点は地方税財源の充実確保にあると指摘し、解散した。そして、解散とほぼ同時期に発足した小泉純一郎内閣（2001（平成13）年4月26日発足）のもとで、**三位一体の改革**と呼ばれる地方税財政改革がなされた。

　この改革において大きな役割を果たしたのが、**経済財政諮問会議**である。経済財政諮問会議は、経済財政政策に関し、民間有識者の意見を政策形成に反映させつつ、内閣総理大臣がそのリーダーシップを十分に発揮することを目的として、2001（平成13）年1月の省庁再編に際し内閣府に設置された。その答申等は、通常、閣議決定され、内閣の基本方針となる。2001年6月26日に「今後の経済財政運営および経済社会の構造改革に関する基本方針」が閣議決定されると、これを通称「**骨太の方針**」と呼び、以降、毎年6月から7月頃に「骨太の方針」により改革の目標とシナリオを明示するという方法が定着していった。

3-2 2002年度の改革

　2002（平成14）年5月21日に開かれた経済財政諮問会議において、片山虎之助総務相が、「地方財政の構造改革と税源移譲について（試案）」を提案した。国税と地方税の税収割合を1対1にするという目標を明確に掲げ、所得税から住民税に3兆円、消費税から地方消費税に2.5兆円、合計5.5兆円を国税から地方税へ税源移譲し、国庫支出金を5.5兆円縮減するというこの「片山プラン」は、それまでにない具体的な提案であった。その後、「片山プラン」をもとに検討が進められ、6月25日に閣議決定された「骨太の方針2002」では、国庫補助負担金、交付税、税源移譲を三位一体で検討し、1年以内を目途に改革案を取りまとめることとした。ここに「三位一体の改革」が始まったのである。

　2003（平成15）年度予算においては、改革の「芽出し」として、およそ5,600

億円の国庫補助負担金が削減され、そのうち、義務教育費国庫負担金等およそ2,300億円が一般財源化された。

3-3　2003年度の改革

　2003（平成15）年6月27日に閣議決定された「骨太の方針2003」では、2006（平成18）年度までに、国庫補助負担金はおおむね4兆円程度を廃止・縮減すること、地方交付税は総額を抑制し、財源保障機能を縮小すること、廃止する国庫補助負担金の対象事業を地方自治体が引き続き実施する場合は、基幹税を基本に8割程度を目安に税源移譲を行うこと等が盛り込まれた。

　これを受け、2004（平成16）年度予算において、およそ1兆円の国庫補助負担金改革を行うこと、2006年度までに所得税から個人住民税への本格的な税源移譲を実施することとし、それまでの暫定措置として所得譲与税を創設するなどにより6,558億円を税源移譲すること、交付税の総額を16.9兆円に抑制することとされた。

　これに対しては、1兆円の国庫補助負担金を削減したこと、所得税からの税源移譲に道筋をつけたことは評価しつつ、国庫補助負担金の削減額に比べて税源移譲の額が少なすぎること、交付税が大幅に削減されたことなどから、改革の全体像がみえないとの批判が起こった。

3-4　2004年度の改革

　2004（平成16）年6月4日に閣議決定された「骨太の方針2004」は、前年度の反省を踏まえ、2006（平成18）年度までの三位一体の改革の全体像を2004年秋に明らかにし年内に決定すること、税源移譲はおおむね3兆円規模を目指すこと、その前提として地方自治体に対し国庫補助負担金改革の具体案を取りまとめるよう要請すること、地方の歳出を見直し、抑制しつつ、地方自治体の安定的な財政運営に必要な一般財源の総額を確保することなどが盛り込まれた。

　この要請を受け、地方六団体は、全国知事会が中心となって原案の作成を行い、これを他の五団体が承認する形で「国庫補助負担金等に関する改革案」を取りまとめた（2004年8月24日）。全国知事会の原案作成においては、

義務教育費国庫負担金を廃止リストに含めることについての反対意見が相次ぎ、初めて多数決で採否を決めた（賛成40、反対7）ほか、政府への提出の際には13知事が付帯意見をつけたほどであった。それでも、地方六団体が統一した改革案をつくることについて懐疑的な見方もあったなか、統一案を作成したことの意義は大きかった。

地方六団体は、地方の意見が確実に反映されることを担保するため、国と地方六団体等との協議機関を設置することを改革案提示の前提条件とした。そして、2006年度までを「第1期改革」、2007年度から2009年度を「第2期改革」と位置づけ、2007年度以降も改革を継続する必要があるとした上で、まず第1期において4兆円の国庫補助負担金の廃止と3兆円の税源移譲を行うこと、第2期まで含めた改革全体では9兆円の国庫補助負担金の廃止と8兆円の税源移譲を行うことを求めた。

改革案を受けて、関係大臣と地方六団体が議論を行う「**国と地方の協議の場**」が設置された。協議の結果、2004年11月26日、2006年度までの三位一体の改革の全体像について、政府・与党が合意した。

その内容は、国庫補助負担金については、2005年度および2006年度予算において3兆円程度の廃止・縮減等を行うこととした。そのうち、義務教育費国庫負担金については、中央教育審議会に検討を委ねることとし、暫定措置として8,500億円程度の減額とした（2005年度予算では、そのうち2分の1にあたる4,250億円の減額）。生活保護・児童扶養手当に関する負担金の改革および公立文教施設等、建設国債対象経費である施設費の取扱については、2005年中に検討を行い、結論を得ることとされた。

税源移譲については、2004年度に措置した額を含め、おおむね3兆円規模を目指すこととされ、およそ8割にあたる2兆4,160億円の内容が定められた。

交付税については、地方自治体の安定的な財政運営に必要な一般財源の総額を確保するとされ、「骨太の方針2004」を確認した。

3–5　2005年度の改革

2005（平成13）年に残された課題のうち、残りの6,000億円の財源移譲に

つながる国庫補助負担金の改革については、2004（平成16）年と同様、地方六団体が具体案を作成することとなった。2005年7月19日、地方六団体は国庫補助負担金の改革案を公表し、総額で9,970億円の移譲対象補助金の具体的な項目を示した。あわせて、2007（平成19）年度以降も引き続き改革を推進すること、「国と地方の協議の場」を今後も定期的に開催し、制度化することを求めた。

また、義務教育費国庫負担金は、中央教育審議会において審議され、制度堅持派と廃止派が激しく対立したが、最終的には多数決により、制度を堅持するとの答申が出された。

生活保護費負担金等は、地方自治体関係者が参加する協議会において議論が行われたが、厚生労働省と自治体側との意見の隔たりは大きく、結局、生活保護費負担金は国庫補助負担金改革の対象からはずされ、協議は打ち切られた。

紆余曲折を経て、2005年11月30日、政府・与党合意がなされた。その主な内容は、次のとおりであった。

国庫補助負担金の改革として、税源移譲に結びつく6,540億円程度の改革を行う。2005年度までに決定した3.8兆円に加えると、目標としていた4兆円を上回る国庫補助負担金の改革を達成することとなる。

義務教育費国庫負担制度を堅持し、小中学校を通じて国庫負担の割合を2分の1から3分の1に引き下げ、8,500億円程度の減額および税源移譲を実施する。

児童扶養手当の国庫負担率を4分の3から3分の1へ、児童手当の負担率を3分の2から3分の1へ引き下げる。生活保護費の国庫負担率は引き下げない。

建設国債対象経費である施設費については、消防防災施設および公立学校等の国庫補助負担金を税源移譲の対象とし、廃止・減額分の5割を税源移譲する。

税源移譲額は、既決定分2兆3,990億円程度に、今回決定分6,100億円程度を加えて、合計3兆90億円程度とする。

これをもって、2006（平成18）年度までとされていた三位一体の改革は決

表3　三位一体の改革の成果（2004～2006年度）

国庫補助負担金改革	約 4.7 兆円
税　源　移　譲	約 3 兆円
地方交付税改革 （地方交付税および臨時財政対策債）	約 △5.1兆円

出典：総務省ホームページ〈http://www.soumu.go.jp/czaisei/czaisei_seido/pdf/060207_f.pdf〉。

着をみた。

4　今後の展望と課題

4-1　ポスト三位一体の改革

　2005（平成17）年末に三位一体の改革が決着をみた直後、2006（平成18）年1月から相次いで更なる分権改革を求める動きが起こった。地方六団体が設置した**新地方分権構想検討委員会**（以下、「構想検討委員会」という）と、竹中平蔵総務相が私的懇談会として設置した**21世紀地方分権ビジョン懇談会**（以下、「ビジョン懇談会」という）である。

　構想検討委員会は、2006年5月に中間報告、同年11月に最終報告を出した。ビジョン懇談会は2006年7月に報告書を出した。いずれも、税源移譲を更に進めること、分権改革のための新しい法律を制定することを求めている点では共通している。

　違いは、地方交付税のあり方にある。構想検討委員会は、地方交付税が自治体のセーフティネットであること、国が恩恵的に与えるものではないことを明確にするためとして、「地方共有税」に名称を変更すること、特別会計に直接繰り入れること、財源不足の解消のために法定率を引き上げること、特例加算および特別会計借入を廃止することなどを提言した。一方、ビジョン懇談会は、結果の平等から機会の平等への転換を目指すべきであるとしたうえで、現行の複雑な算定基準を簡便な算定基準に変えるべきであるとして、人口と面積を基本として算定する新型交付税を提案した。

　構想検討委員会は、地方交付税をセーフティネットであるとして法定率の

引き上げを提言していることから、結果の平等を重視し、総額確保を念頭に置いているものと考えられる。これに対し、ビジョン懇談会は、機会の平等を重視し、総額削減を視野に入れているものと考えられる。このように、構想検討委員会とビジョン懇談会の地方交付税をめぐる考え方には大きな相違が見られる。ポスト三位一体の改革では、税源移譲とともに、地方交付税のあり方が焦点となるであろう。なお、ビジョン懇談会では、「再生型破綻法制」の検討が必要であるとしていた。これを受けて「新しい地方財政再生制度研究会」が設けられ、2006年12月に報告書を出し、新たな財政指標の導入と、財政悪化した自治体の早期是正スキーム・再生スキームの概要を提言した。

構想検討委員会とビジョン懇談会がともに求めていた分権改革のための新しい法律は、**地方分権改革推進法**として実現した。同法は2006年12月8日に成立し、同月15日に交付された。交付後6ヶ月以内に施行されることとなっている。3年間の限時法である。同法にもとづいて**地方分権改革推進委員会**（以下、「新分権委員会」という）が内閣府に設置され、政府が地方分権改革推進計画を作成するための具体的な指針の勧告等を行うこととなる。

分権委員会の勧告および意見について内閣総理大臣は尊重義務を負ったが、新分権委員会の勧告等には尊重義務が課されない。また、地方分権推進法が5年間の限時法であり、途中で1年間延長されたことと比較すると、地方分権改革推進法の期間は短いともいえる。しかし、分権改革をさらに進めていくためには、この新分権委員会を最大限に活用することが重要である。三位一体の改革において、地方六団体が統一した計画案を作成したり、「国と地方の協議の場」を設けたりした経験がいかされることを期待したい。

4-2 道州制

道州制とは、都道府県をより大きな「道」や「州」という単位に再編しようという構想である。

1871（明治4）年の廃藩置県以降、度重なる分合を経て、1888（明治21）年12月に愛媛県から分離して香川県が誕生し、3府43県と北海道庁という構成ができたことをもって、概ね現在の47都道府県の区域が確定した。以降、

都道府県の区域は100年以上にわたり変わっていない。

区域は変わっていないが、都道府県の性格は戦前と戦後では大きく変わった。戦前の都道府県は、地方自治体としての性格とともに、国の官吏である官選知事のもとで国の事務を処理する国の地方出先機関としての性格も有していた。戦後、都道府県の知事は公選とされ、市町村と並んで地方自治法上の普通地方公共団体に位置づけられた。ただし、都道府県の事務においては機関委任事務が7～8割を占めるなど、戦前における国の地方出先機関としての性格を依然として残していた。第一次地方分権改革で機関委任事務制度が廃止されたことにより、都道府県は完全自治体になったという見方もある。

これまでに多種多様な道州制の構想が提唱されてきたが、その「道州」の性格は千差万別であった。大きく分けると、連邦制国家の構成単位とするもの、国の地方総合出先機関とするもの、広域的自治体とするもの、国の地方総合出先機関であると同時に広域的自治体とするものに整理できる。連邦制国家の構成単位とするには、現行の単一制国家の構造を根本的に変更する必要がある。また、国の地方出先機関としての性格を持たせることは、戦前の制度へ逆戻りすることである。このように、道州制の構想の中には、地方自治を進めるのではなく、逆に、中央集権を進めるものもある。

しかし、近年の地方分権改革や市町村合併の進展を受け、道州の性格を広域的自治体とする構想が多数を占めるようになった。そして、広域的自治体とする場合には、現行の二層制の枠組みのもとで、道州を都道府県に代わる広域的自治体とするのか、道州は都道府県よりも広域のもうひとつの広域的自治体とし、自治体を三層制とするのか、という点が議論されるようになった。

2003（平成15）年8月に当時の小泉純一郎首相が北海道の高橋はるみ知事に道州制特区の検討を要請した。これにより、道州制をまず北海道に特区で導入しようという流れができた。

第28次地方制度調査会は、「道州制のあり方に関する答申」（2006（平成18）年2月）において、「道州制の導入が適当」とした上で、次のような制度設計案を提示した。すなわち、道州は都道府県に代わる広域的自治体とす

ること、道州の長および議会の議員は住民の直接公選とすること、道州への移行は全国において同時に行うが、関係都道府県と国の協議が調ったときは先行して移行できることとし、道州の区域として3例（9道州、11道州、13道州）を例示した。3例のいずれにおいても、北海道は単独で1道州を形成する。

道州制特区推進法（正式名称：道州制特別区域における広域行政の推進に関する法律）は2006年12月13日に成立し、同月20日に交付された。一部を除き、2007（平成19）年4月1日に施行されることとなっている。

同法は、現時点では北海道のみを対象とするが、将来的に3以上の都府県の合併が行われた場合は対象となりうる。同法に基づき、調理師養成施設の指定など8項目が2010（平成22）年度までに国から北海道へ移譲される。財源は、国の負担分を事業ごとの交付金として交付する。

権限移譲が8項目にとどまったこと、移譲の時期が2010年度に先送りされたこと、財源の自由度が低いことなどから、法律の施行前からすでにモデルケースとしての効果を疑問視する声も上がっている。しかし、北海道は、関係市町村の意見を聴いたうえで、議会の議決を経て、内閣総理大臣に対し、権限移譲の拡大の提案をすることができる。また、北海道知事は、国の基本方針の作成等を行う道州制特別区域推進本部（本部長：内閣総理大臣）に参与として参加することができる。まずは、こうした協議の場を生かし、粘り強く権限移譲の拡大を図ることが重要であろう。

道州制は、100年以上にわたって維持されてきた都道府県の枠組みを変更するものであること、国からの権限移譲を目指すものであることから、短期間に実現できるものとは思われない。本格的に取り組まれるのは、第二次分権改革と位置づけられた地方税財政の改革の後になるであろう。そして、その際には、平成の大合併後の市町村の姿を検証し、住民自治とコミュニティの問題についても取り組むことが求められるであろう。

推薦図書
・神野直彦編著『三位一体改革と地方税財政』（学陽書房、2006）。
・西尾勝『未完の分権改革』（岩波書店、1999）。

・原田尚彦『新版　地方自治の法としくみ　改訂版』（学陽書房、2005）。
・松下圭一・西尾勝・新藤宗幸編『岩波講座　自治体の構想1〜5』（岩波書店、2002）。
・村松岐夫編著『テキストブック地方自治』（東洋経済新報社、2006）。

第8章

政策評価

宇野二朗

キーワード

政策分析／プログラム評価／業績測定

1 政策評価の概念と系譜

1-1 政策評価とは

　政策評価は政策改善に関連する活動である。政策改善に役立つその他の活動と比べて、政策評価は次の特徴をもつ。

　第一に、政策評価は「評価」である。評価対象に対するさまざまな情報を収集・分析し、それが成功であったのか、または失敗であったのかについて判定を下す。もちろんその判定は、できる限り客観的で体系的な方法によって導かれる。こうした判定結果に加えて、その根拠となった諸事実や定量的・定性的な分析結果も「評価」の重要な構成要素である。つまり、政策評価とはこれらの情報を産み出すことで政策改善をもたらそうとする活動といえる。もっとも、ここで下した判定は、その評価対象に対する最終的な意思決定ではないことに留意する必要がある。判定結果は政策決定そのものではなく、政策改善をもたらそうと産み出される情報の一部である。

　第二に、政策評価は「政策」を対象とする。ここでいう政策とは、公共目的を達成するための一般的な指針とそのため手段である施策（プログラム）

群を指す。このプログラムという概念は、行政活動の前提となる概念である。プログラムは、さまざまな行政手段がその奉仕する目的達成のために編成されたものであり、必要となる人員や資金が配分されることでそれは実施に移される。[1] 政策に対するこうした理解にもとづけば、その評価は必然的に、その政策（そしてそこに含まれるプログラム）が奉仕する公共目的の達成に関連づけられる。

すなわち政策評価とは「公共目的の達成という視点から政策の実施の過程や効果について把握し、その結果を一定の基準に照らして客観的かつ系統的な方法により分析・評価して、政策の改善に資する情報を産出する活動」[2]である。

そして政策評価は一定の制度の下で体系的に行われることが通常である。こうした制度を政策評価制度という。国では、それは法律によって制度化されている。他方、地方公共団体では、条例による場合と要綱による場合とがある。

政策評価制度に似た制度も多い。まず総務省行政評価局による行政評価・監視がそうした制度としてあげられる。これは総務省設置法（第4条18号）を根拠に行われる。政策の存在を前提として、その合規性や効率性などの観点から行政機関の業務の実施状況を評価・監視する制度である。評価の焦点が行政運営の改善や適正化に合わせられている点で、政策の改善を目指す政策評価とは異なる。[3] また、会計検査や財務監査も類似の制度としてあげられる。国においては会計検査院がそれを担い、地方公共団体においては監査委員が主にそれを担う。会計経理の正確性（決算が予算執行状況を正しく表示しているか）や合規性（会計経理が予算や法令等にもとづいて適正に行われているか）を中心に検査・監査が行われている点で、やはり政策評価とは異なる。[4]

1-2 政策評価の手法類型

現在、国内でみられる政策評価制度では、大きく分けて、**政策分析**（policy analysis）、**プログラム評価**（program evaluation）、**業績測定**（performance measurement）、の三つの手法類型が見られる。[5] 国の政策評価制度はこれらのすべてを含むものとして構築されている。他方、地方公共団体の政策評価制度では

当初、業績測定が中心となっていた（国内の政策評価制度の経緯や仕組みについては後述する）。

　政策分析は主に事前評価である。政策案の将来の効果や費用に関する予測に基づき評価をし、政策代替案を比較検討する。公共事業の採択時にみられる費用便益分析がその典型である。これに対して、プログラム評価や業績測定では、政策の効果という面からみて、それが成功であったのか、失敗であったのかを政策決定の後に判定する。すなわち事後評価である。ただしプログラム評価と業績測定とではその判定に用いる情報やそれを産み出す手法の面で異なる。これらの手法類型は、互いに重なりあうことも多く、実践において明確に区別されるわけではない。また、相互を補完しあって、政策改善に利用しうる情報を産み出すことが期待されている。とはいえ、それぞれの手法類型について、その核となる考え方を理解することは、相互の補完的な利用を有効なものとするために欠かすことはできない。そこで以下では各手法類型の概念と系譜を概観しよう。

1-3　政策分析

　政策分析は、ある与えられた目的を達成するために用意される様々な代替案の選択や、ある政策の採否決定のために必要となる判断情報を提供するものである。経済学的・工学的なアプローチをとることが多い。その代表的な手法には**費用便益分析**（cost-benefit analysis）があげられる。

　政策分析は、①問題の枠組設定、②制約条件と可能な選択肢の提示、③選択肢の帰結の分析、④選択肢の比較、優先順位の決定、⑤政策の選択とフィードバック、という手順を踏む。[6]その根幹は、③の選択肢の帰結の分析と④の選択肢の比較、優先順位の決定であろう。例えば、代表的な政策分析手法である費用便益分析では、実現可能な代替案についてその帰結を貨幣換算し、全体の費用と便益を比較することで望ましい政策を判断する。[7]

　政策分析の起源は、オペレーションズ・リサーチ（OR）やシステムズ・アナリシス（SA）にある。両者はともに軍事問題の解決のために方法として発展してきたものであった。オペレーションズ・リサーチは第二次世界大戦中に誕生したものであり、そこからシステムズ・アナリシスが1950年代以

降に発展していった。そしてこのシステムズ・アナリシスからその代替案の評価手法として**費用効果分析**（cost-effectiveness analysis）が発展していった。これは、一定の効果を最小の費用で達成できるという基準、あるいは一定の費用で最大の効果を得られるという基準によって代替案を選択しようとする考え方に基づいていた。効果を金銭尺度によって計測しない点で費用便益分析と区別される。

こうした一連のアイディアを政府内の計画策定や予算編成に適用する制度的な枠組が **PPBS**（Planning-Programming-Budgeting System）であった。PPBSとは、科学的な手法を用いて合理的な資源配分を行うための予算編成システムである。その名称からもわかるとおり、プランニング（計画）、プログラミング（プログラム編成）、バジェティング（予算）の連携がPPBSの基本アイディアであった。まず、政策目的を明確にしたうえで、その達成のための代替案を評価し、最も効果的な施策を選択する（プランニング）。次に、その採択された施策を実行するための具体的な活動を決定する。すなわち、施策を実行に移すために、達成されるべき目的やそのための諸活動を複数年度に割り振り、また、それに必要な諸資源（人員、資材、資金等）を配分していく（プログラミング）。そして、その複数年度にわたるプログラムの初年度の活動に対する資金支出を確定させる（バジェティング）。こうした流れからわかるようにPPBSでは、プランニングの段階で代替案の評価を行うなど予算要求に政策分析が必須である。

現実にはPPBSは1962年にアメリカ合衆国の国防省で初めて試みられた。そして1964年に、ジョンソン（Lyndon Johnson）大統領によって連邦政府全体に拡大適用されたが、1971年に失敗のうちに廃止された。この廃止によって、政策評価の重点は、事前の評価による合理的な政策選択を意図した費用効果分析や費用便益分析から、政策の効果を事後的に評価するプログラム評価へと移行していったという。とはいえ、PPBSでは資源配分と直接結び付けられていた政策分析の各手法は、資源配分との結合をゆるめられることで、政策科学の発展に伴って、事後的な評価も含めた政策効果や効率の評価手法として進展していった。例えば、国内でも旧建設省を中心に1990年代後半に費用便益分析の指針やマニュアルが整備された。

1-4　プログラム評価

　プログラム評価とは、すでに行われた個々の政策の枠組み全体について、社会調査法等を応用し、深く掘り下げて分析したうえで行う政策評価である。そこでは、過去の政策の振り返りから、どのように政策を改善するのかという問題解決情報[13]を導き出すことが求められている。深く掘り下げた分析ということから必然的に、プログラム評価には高い専門性と多くの労力とが必要となる。それゆえに、プログラム評価の対象は限定的である。幅広く、総合的・多面的な評価を必要とする政策に対して重点的に行われる。評価は、①ニーズや必要性、②政策の内容や効果をもたらす経路、③実施の状況、④政策の効果やインパクト、⑤政策の効率性、に関して行われる[14]。特に、政策が社会にもたらしたインパクトに関する評価（インパクト評価）が、プログラム評価の大きな特徴といえる。

　プログラム評価は主にアメリカ合衆国で発展してきた[15]。アメリカ合衆国では、少なくとも1950年代末までにはプログラム評価が「**評価研究**」として一般に行われるようになっていた。この背景には、第二次世界大戦以後、さまざまな社会改良のためのプログラムが大規模に実施されていたことがあった。しかし、それが大きく発展したのは1960年代であった。ケネディ（John F. Kennedy）大統領を継いで大統領となったリンドン・ジョンソン大統領の下で進められた一連の社会プログラムがそのきっかけとなったといわれている。この「貧困との戦い」と呼ばれた一連の社会プログラムの規模は前例のないものであったため、その効果や影響がどのようなものであるのかについて知ることが求められたのであった。この時期、アメリカ連邦政府の会計検査院（General Accounting Office：GAO）もプログラム評価に取組み始めていた[16]。会計処理の正確性や支出の合法性・合規性を規準とする伝統的な会計検査から、経済性（Economy）、効率性（Efficiency）、有効性（Effectiveness）という三つのEを規準とする**3E検査**への拡大という流れの嚆矢であった。1970年代を通じて、アメリカ合衆国ではプログラム評価に理論的な基礎を与える評価研究が独立の学問分野として定着し、関連する教科書や専門雑誌の出版、学会の創設が行われた。

　こうしたプログラム評価は1980年代には**ODA評価**の領域で、定式化され

普及していった[17]。しかしこの時期、アメリカ合衆国ではレーガン（Ronald Reagan）政権のもとでプログラム評価を予算編成に活用することには消極的となっていった。これは、合理的・客観的な情報に基づく政策決定よりも、新自由主義的なイデオロギーが優先された結果であったという指摘がある[18]。

1-5 業績測定

これに対して業績測定は、プログラム評価ほどに深い分析を伴う評価ではない。むしろ**評価指標**を用いた簡便なモニタリング手法である。その仕組みは次の通りである。まず、行政機関が担う政策（それに含まれる施策や事業）が目的－手段の体系として整理され、それぞれに対してその成果を示す指標が設定される。同時にその達成目標も設定される。定期的にその指標の実績が計測され、所期の目標と比較されることで目標達成度が評価される。こうしたプロセスからも明らかなとおり、かりにその政策が目標を達成していなかったとしても、業績測定の結果から次にどのような政策改善を行えばよいのかを知ることは難しい。このため、そうした政策に関してさらにプログラム評価を行うことで政策改善の糸口をつかまなければならない場合もある。しかし、その簡便さから広範囲にわたって評価を実施できる点はプログラム評価に比べて利点である。

業績測定の歴史は古い。アメリカ合衆国ではすでに20世紀初頭にはニューヨーク市政調査会らによって政府活動の業績測定を行うことが勧告されていた[19]。しかしその焦点は、長く政府活動のアウトプットやインプットに関連した経済性や効率性に合わせられていた。もっとも1970年代後半には、アーバン・インスティチュートやICMA（International City Management Association）によって有効性や成果という視点から業績測定を論じる文献が公表され、その後の「政府再生」の動きのなかで定着していったという[20]。連邦政府レベルでは、1993年の政府業績結果法（Governmental Performance and Results Act：GPRA）によって制度化されている。このように経済性や効率性のみならず政府活動の**成果（アウトカム）**に焦点を合わせた業績測定の登場が現在の業績測定の特徴である。

こうした現在の業績測定の特徴は、それが、ニュー・パブリック・マネジ

メント（NPM）と呼ばれる行政改革のアイディア（第2章参照）のなかに位置づけられることと関連している。このNPMの内容は多様であり統一的な定義を見出すのは難しいが、少なくともそれは、行政機関をより自律した組織単位へと分解し、そのマネージャーに権限を委譲していくことによって政府活動の柔軟性を高めようとするアイディアを包摂したものとして理解されている。これは同時に、業績に関する明示的な基準や指標を設け、その達成を促す仕組みによって補完される。そして、手続きよりも結果による統制を重視するのである。[21] 成果（アウトカム）に関する業績測定との親近性は明らかであろう。

2 政策評価の現実動向―国の政策評価―

2-1 導入の経緯

国の政策評価は中央省庁等改革の一環として導入された。したがってそれは、直接的には**行政改革会議**の『最終報告』(1997（平成9）年12月3日)まで遡れる。行政改革会議は1996（平成8）年に、会長、会長代理、及び13名の委員を構成員として創設された。会長には橋本龍太郎首相が就き、また会長代理にも行政改革担当大臣が就いたことが当時の注目を浴びた。そこでは、第一に、21世紀における国家機能の在り方、第二に、それを踏まえた中央省庁の再編の在り方、そして第三に、官邸機能の強化のための具体的方策が議題となった。その行政改革会議の『最終報告』に基づき、中央省庁等改革基本法が1998（平成10）年に国会で成立した。そして2001（平成13年）年1月に中央省庁等改革は実施に移された。

『最終報告』の基本的な考え方は、行政活動を企画立案と実施に区別するというものであった。[22] そうした区別を前提としながら、企画立案と実施の緊密な連携の必要性に触れ、「政策の評価体制を確立し、合理的で的確な評価を進め、その結果を迅速かつ適切に反映させていく仕組みと体制が重要である」と政策評価の導入を主張していた。

そして具体的には、中央省庁等改革基本法、国家行政組織法、そして総務省設置法によって政策評価の実施が義務付けられることとなったのである。

例えば、国家行政組織法では「国の行政機関は、内閣の統轄の下に、その政策について、自ら評価し、企画及び立案を行い」(第2条2項)と規定している。ここから各府省は自己評価を行うこととされた。また、「政策評価の総合性及び一層の厳格な客観性を担保するため、府省の枠を超えて政策評価を行う機能を強化する」(中央省庁等改革基本法第29条2号)と、府省を超えた政策評価が規定された。こうした機能は総務省が担うこととなった。総務省設置法は、「各府省の政策について、統一的若しくは総合的評価を行い、又は政策評価の客観的かつ厳格な実施を担保するための評価を行う」(第4条17項)と規定する。

　こうして義務付けられることとなった政策評価の内容を具体化するために作成されたのが『政策評価制度に関する標準的ガイドライン』(2001(平成13)年1月)であった。その基礎にあったのは、総務庁(当時)の「政策評価の手法等に関する研究会」が2000(平成12)年12月に提出した『政策評価の在り方に関する最終報告書』であった。

　2001(平成13)年1月、国の政策評価は、まずこの『政策評価制度に関する標準的ガイドライン』に基づいて導入された。その後、2001(平成13)年6月に**「行政機関が行う政策の評価に関する法律」**(以下、行政機関政策評価法と呼ぶ。)が制定され、それに法律的な根拠が与えられた。同年12月には同法に基づく「政策評価に関する基本方針」が、翌年には「行政機関が行う政策の評価に関する法律施行令」が閣議決定され、これらすべて2002(平成14)年4月から施行されている。現在の政策評価制度は、この行政機関政策評価法に基づいて実施されるものである。

　行政機関政策評価法には、その附則に見直し条項(施行後3年)が置かれていたため、この条項に基づいて、2005(平成17)年4月にその見直しが行われている。すなわち「政策評価に関する基本方針」の改定、及びそれに基づく「政策評価の実施に関するガイドライン」の策定が行われた。2006(平成18)年度からは、これらに基づいた政策評価が行われている。

2-2　国の政策評価制度の仕組み

　現実の国の政策評価では、どのような目的に対して、どのような仕組みが

用意されているのだろうか。以下に、政策評価の目的、評価主体・方式、結果の反映方法、結果の公表方法・客観性確保の方法について概説する。

国の**政策評価の目的**は、『政策評価制度に関する標準的ガイドライン』によれば、①国民に対する行政の説明責任(アカウンタビリティ)を徹底すること、②国民本位の効率的で質の高い行政を実現すること、③国民的視点に立った成果重視の行政への転換を図ることとされている。これを踏まえた行政機関政策評価法の第1条では、その最終目的を、「効果的かつ効率的な行政の推進」と「政府の有するその諸活動について国民に説明する責務が全うされるようにすること」であると規定し、またそのための手段として、政策評価の客観的・厳格な実施やその結果の政策への反映、及び政策評価情報の公表を挙げている。

こうした目的のために用意される国の政策評価は**自己評価**である。もっとも、それは誰が行うかという視点から二つに区別することができる。第一は、各府省による政策評価であり、第二は、評価専担組織としての総務省による政策評価である。各府省による政策評価を基本としながら、総務省による客観性担保のための評価がこれを補完する仕組みとなっている点が、国の政策評価の特色の一つである。以下、それぞれについてみてみよう。

行政機関政策評価法第3条1項によれば、各府省は、担当する政策について、その効果を適時に把握しなければならない。また、それを基礎として、その政策に相応しい観点から自ら評価し、その結果を政策に反映させなければならない。これが**各府省による政策評価**である。各府省の長は、政府全体の「政策評価に関する基本方針」に基づいて、3年以上5年以下の期間ごとに「政策評価に関する基本計画」を定めることとなっている(法第6条1項)。そこには、政策評価をどのように実施するのか(政策評価の実施に関する基本的な方針)、どのような観点から政策を評価するのか(政策評価の観点に関する基本的な事項)、さらに、どのように政策効果を把握するのか(政策効果の把握に関する基本的事項)など11の項目が規定される(法第6条2項)。

これに対して**総務省による政策評価**は、2以上の省庁に共通する政策に関して、政策評価の統一性や総合性を確保するために行うものと、各府省の政

策評価の客観性を確保する観点から行われるものとに区別される（法第12条1項・2項）。こうした総務省による政策評価は、総務大臣が定める「総務省が行う政策の評価に関する計画」に基づいて行われる（法第13条・第14条）。総務省には、そのために各省庁の長に資料の提出を求め、また実地に調査する権限が与えられている。

では、各府省や総務省はどのような政策評価を行うのであろうか。行政機関政策評価法は政策評価を、それが政策決定の前に行われるのか、それとも後に行われるのか、という観点から「事前評価」と「事後評価」を区別して規定している。

事前評価は、政策決定に先立ち、その政策実施によって見込まれる効果を基礎として、政策採択や実施の可否を判断、あるいは複数の政策代替案の中から適切な政策を選択するうえで有用な情報を提供するものである。**一定額以上の研究開発、公共事業、政府開発援助**を実施する場合について義務付けられている。さらに、「政策評価に関する基本方針」では、それ以外の政策についても、それが国民生活や社会経済に大きな影響を持ち、あるいは多額の費用を必要とするときには、政策効果の把握手法等の開発を積極的に進め、その状況次第では順次実施していく方針が謳われている。特に、**規制に関する事前評価**に関しては、政策評価制度の見直しに伴って、その積極的な実施が強調されるようになった。

他方、**事後評価**は、政策決定ののちに、その効果を把握し、それを基礎として、政策改善や新しい政策の企画立案などに反映させるための情報を提供するものである。この事後評価に関しては、各省庁の長は1年ごとに「事後評価の実施に関する計画」を定めなければならない（法第7条）。どの政策を事後評価の対象とするかは各省庁の長が、「政策評価に関する基本計画」やこの「事後評価の実施に関する計画」で明らかにする。そこには、その政策が決定されてから5年を経過するまでの間に政策効果発揮のための不可欠な諸活動が行われていないものや、さらに5年経過したときにもその政策が目指した効果を発揮していないものも含まれなければならない（法第7条2項2号）。

これらの事前・事後評価において、どのような**評価方式**を用いるかについ

て行政機関政策評価法に具体的な規定は置かれず、「政策評価に関する基本方針」のなかで「事業評価方式」、「実績評価方式」、「総合評価方式」の三類型が示されるにとどまる。政策の特性等に応じて合目的的に、これらの方式を参考に適切な方式を用いるものとされている。「事業評価方式」とは、第1節で述べた政策分析に近い方式であり、事業の採択の可否や選択に資する評価である。これに対して「実績評価方式」は業績測定に対応する方式である。あらかじめ政策効果に着目した目標を設定し、これに対する実績を定期的・継続的に測定する。また「総合評価方式」はプログラム評価に対応する。すなわち、特定のテーマについて、政策効果について様々な角度から深く掘り下げて分析し、問題点や原因を分析するなど総合的に評価する方式である。これらの評価方式のなかで各府省が具体的にどのような評価を行うかは各府省に委ねられている。

　評価が行われたのち、その**評価結果の反映**はどのようになされるのだろうか。評価結果は、まず、その政策に適切に反映されなければならない（法第3条）。このほか、「予算の作成及び2以上の行政機関の所掌に関係する政策であってその総合的な推進を図ることが必要なものの企画及び立案に当たりその適切な活用を図るように努めなければならない」（法第4条）と規定された。評価対象となった政策への評価結果の反映は義務づけられたが、予算への反映については、条文に「努めなければならない」とみられるように、評価結果を予算編成の重要な資料として活用する努力義務を課すものにすぎない。[24] こうした点に関連して、国の政策評価制度では予算編成と政策評価の担当省庁（財務省と総務省）が異なることから、「予算とのリンケージが比較的弱い制度である」という指摘もある。[25]

　総務省による政策評価の評価結果については特別の規定が存在する。その評価結果は総務大臣から各省庁の長へと通知され、また公表されなければならない。さらに、必要であれば、総務大臣は各省庁の長へと評価結果の政策への反映に必要な措置について勧告することができ、また反映状況について報告を求めることができる。加えて、特に必要があるときには、首相への意見具申ができる。

　政策評価の導入の背景に1990年代中盤の政策判断の誤りや対応の遅れ、さ

らには公務員の不祥事続発があった。こうした背景から日本の政策評価制度はアカウンタビリティの確保が強く意識されたものとなったと指摘されている。[26]この指摘のとおり、国の政策評価制度では、**評価結果の公表や評価の客観性確保**が強調された制度設計となっている。

政策評価制度において公表されなければならない文書は多岐にわたる。例えば、「政策評価に関する基本方針」、各省庁の「政策評価に関する基本計画」や「事後評価に関する実施計画」である。このほか、政策評価の「評価書」も公表の対象となる。さらに各省庁の長は、少なくとも毎年1回、その省庁での政策評価結果の政策への反映状況について公表しなければならない。もちろん総務省が行う政策評価にも同様の公表義務が課されている。また政府は、政策評価の実施状況や結果の反映状況に関する報告書を、毎年、国会に提出し、公表もしなければならない（法第19条）。

客観性の確保という側面では、すでに触れたが総務省による客観性確保のための政策評価が制度化されている。また、政策効果の把握には、政策の特性に応じた合理的な手法を用い、できる限り定量的に行うこととされた。さらに学識経験者の知見の活用を図るように規定されている（法第3条2項）。これは、評価の実施を客観的かつ厳格なものとする趣旨である。

2–3　国の政策評価制度の現状

国の政策評価制度は、事業評価から業績測定まで多様な評価方式を含む極めて包括的な制度である。また、適用する評価方式を個々の政策の特性を踏まえて各省が決めることができるなど、それは画一的ではなく柔軟性を持った制度である。[27]では、こうした制度枠組のなかで各省庁は実際にどのような政策評価を行っているのだろうか。

各省庁で実際に実施された評価件数をまとめたのが表1である。政府全体の評価件数は、年ごとに変化はあるが、約1万件である。

事前評価は、実施が義務づけられている研究開発、公共事業、政府開発援助に関するものが大半である。このうち実施が義務づけられている公共事業の評価件数が年々減少していることに伴って、事前評価件数は減少している。

事前評価の場合と同様に、事後評価の実施件数の大半を占めるのは公共事業等の事後評価である。しかしこれは、農林水産省、国土交通省、厚生労働省の三省によって集中的に実施されているものである。これについて、総務省による政策評価の点検結果では、「事業評価方式を用いた事後評価を実施している省庁は限られており、また、評価の実施件数も少ない状況である。」としている。(28)これに対して、多くの省庁で広く実施されているのは実績評価方式である。総合評価方式も実績評価方式と同様に多くの省庁で取組まれているが、一つの省庁あたりの実施件数は少ない（なお、外務省や防衛庁での実施件数が多いほかは、各省庁あたりの年間実施件数は1桁である）。

事後評価の中心である実績評価では指標の設定が重要である。なかんずくアウトカム指標を設定し、アウトカムに関する実績情報を収集しているか否かが成果重視という観点からは重要となる。そこで総務省の報告書『各府省が実施した政策評価の点検結果』に基づいて実際に設定されている指標の特徴をみてみよう（表2）。第一に、各省庁が設定している指標数にはばらつきがみられる。最も少ない公害等調整委員会では8の指標が設定されるに過ぎないが、最も多い厚生労働省では695の指標が設定されている。第二に、目標が設定されている指標の割合（特定化率）についても同様にばらつきがみられる。目標値をまったく設定していない公害等調整委員会や5.2％の特定化率である財務省は特別とすると、15.0％から30.0％程度の省庁、40.0％から60.0％程度の省庁、100.0％の省庁とにわけることができよう。第三に、設定された指標のうちアウトカム指標がどの程度占めるのかというアウトカム化率についてもやはりばらつきがみられる。防衛庁や公害等調整委員会ではアウトカム指標はまったく設定されていないが、農林水産省(91.9％)や国土交通省(81.9％)では積極的にアウトカム指標が設定されている。担当する政策領域の範囲や特性の違いを考慮に入れなければ正確な比較はできないが、各省庁間で指標設定に対する考え方に何らかの違いがあることが伺える。(29)

各府省による自己評価に加え、評価専担組織である総務省による政策評価の存在も国の政策評価の特色であった。この総務省による政策評価は実際にはどのように実施されてきたのだろうか。総務省は、政府全体としての統一

表1 国の政策評価制度の評価実施件数

	2002（平成14）実施件数	省庁数	2003（平成15）実施件数	省庁数	2004（平成16）実施件数	省庁数	2005（平成17）実施件数	省庁数
事前評価								
研究開発	124	6	143	7	197	6	318	8
公共事業	6,935	3	4,749	4	4,564	4	3,856	5
政府開発援助	－	－	25	1	38	1	30	1
その他新規事業・施策	294	8	328	10	348	10	357	13
小計	7,353	…	5,245	…	5,147	…	4,561	…
事後評価								
実績評価	554	8	731	13	754	14	679	13
総合評価	148	5	29	9	137	7	104	12
事業評価	2,875	6	5,172	8	3,390	11	4,452	10
小計	3,577	…	5,932	…	4,281	…	…	5,235
合計	10,930	…	11,177	…	9,428	…	9,796	…

出典：総務省「政策評価等の実施状況及びこれらの結果の政策への反映状況に関する報告」（平成14年度版～平成17年度版）。

表2 国の政策評価（業績測定）における指標の特徴

（府省名）	指標数 a	目標に関し達成しようとする水準が数値化等により特定されているもの		アウトカムに関連して指標が設定されているもの	
		特定されている指標数 b	特定化率 b/a（％）	アウトカム指標数 c	アウトカム化率 c/a（％）
内閣府	79	13	16.5	42	53.2
公正取引委員会	17	4	23.5	3	17.6
国家公安委員会・警察庁	9	2	22.2	3	33.3
防衛庁	27	27	100.0	－	－
金融庁	114	23	20.2	42	36.8
総務省	395	109	27.6	153	38.7
公害等調整委員会	8	－	－	－	－
法務省	85	37	43.5	10	11.8
財務省	291	15	5.2	24	8.2
文部科学省	306	133	43.5	60	19.6
厚生労働省	695	107	15.4	193	27.8
農林水産省	210	210	100.0	193	91.9
国土交通省	116	116	100.0	95	81.9
環境省	154	89	57.8	64	41.6
合計	2,506	885	35.3	882	35.2

出典：総務省行政評価局『各府省が実施した政策評価の点検結果』（2005年3月）171頁。

性や総合性確保のための政策評価と客観性確保のための各府省の政策評価の点検を行っている。

　総務省は、統一性・総合性確保のための評価として、2002（平成14）年4件、2003（平成15）年4件、2004（平成16）年3件、2005（平成17）年1件の評価を行っている。例えば、「大都市地域における大気環境の保全」「経済協力（政府開発援助）」「留学生受入れ推進施策」などを過去に取り上げている。また、総務省はこれらの政策評価結果に対する各府省での反映状況の公表に取組んでいる。

　他方、客観性確保のための各府省の政策評価の点検として、評価方式や分野別にその実施状況を整理・分析するなどして、各評価方式に関する今後の課題を提示し、また推奨事例を紹介している。このほか各府省が行った政策評価の内容に関し点検を行っている（2005（平成17）年度は9府省23件）。[30]

　こうした政策評価制度の実際の運用に関して、政府は、行政機関政策評価法の規定に基づき、見直しの検討を行った。その結果、①内閣としての重要政策について政策評価を徹底して行う、②評価結果を予算要求等政策へ十分に反映させる、③評価の客観性を確保する、④国民への説明責任を徹底する、という見直しの方向性を打ち出し[31]、2005（平成17）年12月に「政策評価に関する基本方針」の改定を閣議決定している。

コラム9　総合評価における政策効果の把握

　防衛庁では、平時においても効率的に部隊を保持するなどのために、「即応予備自衛官制度」を導入している。制度概要は次のとおりである。即応予備自衛官に任用されたものは、召集があったときにはあらかじめ決められた部隊で自衛官として勤務する。また、即応予備自衛官は年間で30日の訓練を受ける必要がある。こうした即応予備自衛官を雇用する企業には「給付金制度」が用意されている。

　防衛庁は、この「給付金制度」の総合評価を行った際に、擬似実験法を用いて政策効果を把握しようとした。すなわち、給付金を受給する企業に働く即応予備自衛官（A群）とそうでない企業に働く即応予備自衛官（B群）とを比較することで、政策効果が発現しているかを把握しようと試みている。例えば、訓練出頭状況を見ると、仕事との両立が困難で年間30日間の訓練が

達成できなかったものは、A群では4.5％であったところ、B群では28.8％であった。この違いを根拠に、防衛庁では「給付金制度」は効果を発揮していると結論づけている。

　もっとも、A群とB群とは等質でなく、また事前の状況に関する比較がないため、政策効果に関するデータの違いが、政策の実施によって生じたものであるのか、それともはじめからあった違いなのかを区別できない、という方法上の課題を抱えていた。

出典：総務省行政評価局『各府省が実施した政策評価の点検結果－評価法3年目の状況と今後の課題』(2006) 276頁。

3　政策評価の現実動向－地方公共団体の政策評価－

3-1　経　緯

　一部の地方公共団体の政策評価制度は、国の政策評価制度に先行した。地方公共団体の間では、1996（平成8）年度に三重県で導入された「事務事業評価システム」が最初であった。さらに、翌1997（平成9）年度には、岩手県、群馬県、静岡県で導入されている。こうした一部の地方公共団体での先行的な取組は、規模の大きな地方公共団体を中心に普及していった（表3）。先行した地方公共団体では、導入からおよそ10年が経つ。

　地方公共団体の政策評価制度の普及の特徴は、その評価対象にみられる。地方公共団体の政策評価制度では評価対象を、その抽象度や包含関係に着目して、「政策」、「施策」、「事務事業」に区別することがある。こうした区別を用いるならば、地方公共団体の政策評価制度は、事務事業を評価対象としたものが中心になっている。全国初の政策評価制度となった三重県の制度が「事務事業評価システム」であったことからも容易に想像できるように、地方公共団体では、まずは事務事業レベルでの評価制度が普及した。しかしながら、施策や政策を対象とする評価制度も、規模の大きな地方公共団体を中心に少しずつ普及している。

　政策評価制度の実施根拠をみると、地方公共団体の政策評価制度と国の政

表3　地方公共団体における政策評価の導入

年度	都道府県			政令指定都市			市区町村		
	導入数	総数	構成比	導入数	総数	構成比	導入数	総数	構成比
1996（平成8）	1	47	2.1	-	11	-	N.D.	N.D.	N.D.
1997（平成9）	4	47	8.5	-	11	-	N.D.	N.D.	N.D.
1998（平成10）	7	47	14.9	1	11	9.1	N.D.	N.D.	N.D.
1999（平成11）	16	47	34.0	3	11	27.3	N.D.	N.D.	N.D.
2000（平成12）	24	47	51.0	4	12	33.0	77	3,240	2.4
2001（平成13）	37	47	78.7	7	12	58.3	150	3,235	4.6
2002（平成14）	43	47	91.5	8	12	66.7	254	3,229	7.9
2003（平成15）	46	47	97.9	13	13	100.0	406	3,194	12.7
2004（平成16）	46	47	97.9	13	13	100.0	514	3,109	16.5
2005（平成17）	46	47	97.9	14	14	100.0	539	2,061	26.2

注1：平成8年度～平成11年度の数値は、各地方公共団体の導入年度から筆者が作成した。
注2：平成13年度～平成16年度の値は当該年度の7月末現在の値である。平成12年度の値は平成12年8月末現在の値である。また、平成17年度の値は平成18年1月1日現在の値である。
出典：総務省「地方公共団体における行政評価の取組状況」（平成13年度～平成17年度版）。

策評価制度の相違が明らかになる。前節でみたとおり、国では政策評価制度は法制化されている。他方、大半の地方公共団体では、政策評価を内部的規範である要綱等によって制度化している。条例によって制度化している地方公共団体はごく少数である（都道府県4団体；政令指定都市2団体；市区町村20団体、2006（平成17）年度）。

3-2　地方公共団体の政策評価制度の仕組み―岩手県を事例に―

では、地方公共団体の政策評価制度はどのような仕組みなのだろうか。これを明らかにするのは実は容易ではない。どの地方公共団体にも共通な単一の制度として導入が進んだわけではなく、特に先進的な地方公共団体を中心に、試行錯誤しながら制度を開発・導入してきたというのが実情であるからである。しかし、その共通の特徴をあげるならば、**業績測定手法の普及**が目立つという点であろう。[32]

こうした地方公共団体間での、その目的や内容面での多様性を前提としつつも、ここでは地方公共団体の政策評価の一例として、先行地方公共団体の一つである岩手県の政策評価制度を概説したい。[33] 前節と同様に、政策評価の目的、評価方式・主体、結果の反映方法、結果の公表方法・客観性確保の方

法について概説する。

　岩手県では、政策評価制度をどのような**目的**で導入したのであろうか。三つある。第一は、政策のマネジメント・サイクルを完成させることである。これは、政策を企画立案し、それを実施したのちに、政策を評価、さらにその評価結果を次の政策の企画立案や予算編成へと反映させていくことを指している。第二、第三の目的は、この第一の目的を実現することによって達成されると考えられている。すなわち、「効果的・効率的な行政の推進」と「県民の視点に立った成果重視の行政運営の実現」である。

　こうした目的の達成のために導入される評価の構成は以下の通りである。まず、その対象によって**四つの評価方式**が区別される。それは、「政策評価」、「事務事業評価」、「公共事業評価」、「大規模事業評価」である。

　第一の評価方式である「**政策評価**」の主な目的は、総合計画の進行管理である。岩手県の総合計画は1999 (平成11) 年度に策定されたものであり、2020 (平成22) 年度を目標年度としている。例えば、「自然と共生し、循環を基調とする社会」や「快適に安心して暮らせる社会」のような将来の社会像が5つ掲げられ、その実現のために17の施策、78の分野、343の主要事業が体系化されている。この78の分野には221個の指標が設定され、その指標に関する目標達成状況が評価の基本に据えられている。この点から「政策評価」は業績測定といえる。ただし、指標の達成度のみによって評価するのではなく、「県民意識調査」でそれぞれの分野に関し満足度や重要度を尋ね、それも参考にしている。このほか、各種統計資料や社会経済情勢を踏まえて総合的に評価する。

　第二から第四の評価方式として掲げた「政策評価」以外の評価方式は、評価対象によって若干の違いはあるが、いずれも事業評価という点では共通である。「**事務事業評価**」は、個別の事務事業の見直し（スクラップ・アンド・ビルト）を目的とし、「公共事業評価」や「大規模事業評価」の対象となるものを除く全事務事業が対象とする。業績測定に加え、その事務事業を「有効性」「効率性」「必要性」の観点から評価を下す、という方式である。これに対して、「**公共事業評価**」では、公共事業を実施する箇所ごとに、その公共事業の「必要性」、「重要性」、「緊急性」、「効率性」、「熟度」のほか、社会

経済情勢の変化や環境の観点から評価する。事前はもちろんのこと、再評価や事後評価も行う。「**大規模事業評価**」は、この「公共事業評価」を詳細にしたものといえ、一定規模以上の公共事業と施設整備事業を対象とし、事前評価と事後評価が行われる。「公共事業評価」と異なり事前評価において2段階を踏む。まず、その公共事業に関する基本構想を作成したのちに必要性を検証し、その後、基本設計が終わったのちに今度は事業の規模や費用を検証する。

いずれの評価方式においても、原則的にその政策や事業を担当する部局によって**自己評価**される。ただし、「政策評価」では、その自己評価をもとに総合政策室が総合評価を行い、また「事務事業評価」では、重点化事業のみについてだが総合政策室が二次評価を行う。これに対して、「公共事業評価」や「大規模事業評価」では事情が異なる。事業担当部局による自己評価に続いて、一部の事業に関しては、外部者によって構成される専門委員会が個別案件の審議を行うこととなっている。また、「大規模事業評価」では、さらにパブリック・コメントの手続きも加わる。評価の透明性や客観性を確保することが、この「大規模事業評価」では強く意識されているといえる。

政策マネジメント・サイクルを完成させるという政策評価の目的に適うように、評価結果を**政策の企画立案**や**予算編成**に**反映**されることが要請されている（条例第6条）。例えば、「政策評価」の結果は各部局での「サマーレビュー」を通じて、重点化の方向を検討するのに用いられる。そしてこの重点化の方向や「事務事業評価」の結果を予算編成に反映させることが予定されている。[34]

各評価の評価結果は、評価対象の概要や目標達成状況などと一緒に評価調書にまとめられ、必ず公表される（条例第5条）。また、一連の評価の実施状況と結果反映の状況について、知事は議会に対して報告し公表する義務を負っている（条例第8条）。

3-3 地方公共団体の政策評価制度の現状―岩手県を事例に―

前節でみた岩手県の政策評価制度の実施状況を評価方式ごとにみてみよう。[35]「政策評価」では、前述のとおり、総合計画の主要指標に関して業績測

定しているが、全228指標のうち59%（132指標）が概ね順調に進んでいると判断されている。これを領域別にみると「産業経済」領域で進捗が遅れている指標の割合が比較的高いことから、予算編成ではその領域の新規事業創設や既存事業の拡充が重点的に行われた。

「事務事業評価」の対象となったのは733事業であった。このうち76.0%（557事業）は継続と判断されたが、4.5%（33事業）についてはそれを廃止・休止あるいは縮小することなった。「公共事業評価」や「大規模事業評価」は、772の地区について評価を実施し、そのうち695の地区について事業の実施を決めている。

こうした実施状況を踏まえつつも、岩手県では、現在の政策評価制度（特に「政策評価」）に対して、「総合計画の進行管理に主眼を置いた制度であることから、政策の向上につなげる仕組み、すなわち不振の原因の分析や政策担当者への見直し材料の提供といった機能が弱くなっている」と分析している。[36]

4　政策評価の今後と課題

国の政策評価制度は、政策分析、プログラム評価、業績測定という、それぞれ個性を持つ政策評価の手法を包括する制度であったが、その制度の運用状況をみる限り、各省庁ではその政策評価の中心に業績測定を据えていた。他方、地方公共団体における政策評価制度は、公共事業や研究開発プロジェクトについては政策分析的な手法を取り入れてはいるが、その中心は業績測定であった。こうした動向から、国、地方公共団体を通じて、業績測定が現在の政策評価の中心になっているといっても過言ではなかろう。

業績測定が中心である現在の政策評価制度の展望として、以下の2点に言及しておきたい。まず、業績測定において測定する内容、すなわち**業績評価指標の改善**の可能性である。現在の政策評価制度では、それが国のものであれ、地方公共団体のものであれ、成果（アウトカム）指標の設定が強調されている。確かに、依然として成果指標の設定が進んでいない省庁や地方公共団体もあり、そうした強調は行政機関にアウトカム志向を定着させるため

に、なお意味を持つだろう。しかし、その一方で、成果指標の強調には問題もある。すなわち、成果指標の動向を監視するのみでは、政策改善に向けた情報を得ることは難しい。そこで、政策のインプットに関する指標やアウトプットに関する指標のほか、プロセスに関する指標なども加え、多方面からその政策の動きをモニタリングすることで、そうした問題は緩和されるだろう。

さらに、その際に、どのような活動がどのような成果に結びつくのか、という道筋を論理的に表現しておく必要があるだろう。このように考えると、業績測定とプログラム評価とは、別個のものというよりは、より融合的なものと捉えられるだろう。業績測定が中心となっている現在の政策評価ではあるが、その結果を政策改善に活用していくためには、業績測定を通じて特に政策改善が必要と見出された分野に関し、その原因や改善策・代替案を検討するための評価手法の定着が今後の重要な課題となるだろう。

第二は、**予算編成における業績情報の活用方法**の検討である。現在の政策評価制度では評価が予算編成と直接に結びついていないことにより、評価がそれに過度にゆがめられることなく、その導入を容易にしたといえるだろう。しかし、政策評価制度の導入が一段落した現在では、評価結果を予算編成に活用することがあらためて模索されているといえよう。評価結果の予算編成への反映を考えるとき、どのレベルの単位でそれを行うかが重要となる。例えば、事業レベルでの評価結果を予算編成に活用していくことは、それぞれの単位が一致してさえいれば可能であり、事業の廃止や休止による予算削減には役立つであろう。しかし、この方法では、複数の事業から構成される施策レベルでの評価結果を予算編成に活用することはできない。例えば、すべての事業で目標を達成していながら、施策レベルでは期待した成果を生み出していないような場合も論理的には考えることができるだろう。その施策に関わる、複数年にわたる各種事業の実施内容や実施時期、さらにはそこに配分される諸資源が適切でなかったような場合である。このような場合には、施策レベルでの評価結果をみながら、施策の設計自体を検討しなおさなければならないであろう。こうした施策レベルでの評価結果を予算編成に活かしていくには、施策を複数年にわたる実行計画として捉えなおし、そ

れに対応するように予算が準備される必要があるだろう。

最後に、今後の政策評価に関する研究の視点として2点を提示しておきたい。やはり第一は、**制度設計や手法開発に関する研究**であろう。政策評価が導入されていく過程において多くの制度提案や手法提案の研究が公表されてきたが、今後も、それらの成否を実証的に見極めつつ、制度の再設計や新手法を開発していく研究が求められるに違いない。その際には、評価情報の産出・チェック・利用や評価過程の管理に関する課題や政策評価制度と他の制度（予算制度や人事制度など）との整合性に気を配る必要があろう。[41]様々な手法の導入時の諸問題に関する研究もこの範疇に含まれよう。

第二は、**政策評価制度の導入の影響に関する研究**である。現実の政策過程のなかに政策評価という制度・過程が新たに加わったことによって、政策形成や政策実施といったその他の過程にはどのような影響がみられるのだろうか。これは、主に、政策を担う政治家や官僚の意識や行動を通じて現れてくるものであるから、政策評価制度とそれらとの関係についても今後の研究課題となるだろう。

注

(1) プログラム概念については、片岡寛光『国民と行政』（早稲田大学出版部、1990）151-152頁を参照した。

(2) この定義は、塚本壽雄「政策評価の現状と課題」北川正恭・縣公一郎・総合研究開発機構『政策研究のメソドロジー　戦略と実践』（法律文化社、2005）60頁によるものである。

(3) 国の制度上は、この行政評価・行政監察と政策評価の両者を合わせて「行政評価等」と呼んでいる。これとは異なり、地方公共団体では行政評価という用語を政策評価の取組を指して使用する例もみられる。これは日本独特の用語例であり、実態においては政策評価と同様に扱っても問題ない（塚本・同論文61頁）。もっとも、行政評価を、発生主義会計、バランスシート、行政経営品質評価、コスト分析、包括外部監査などによる内部マネジメント改善のための評価を指すものとして政策評価と区別するものもある。山谷清志「政策評価の理論とその導入」今村都南雄編『日本の政府体系：改革の過程と方向』（成文堂、2002）208頁。

(4) もっとも会計検査の観点も経済性、効率性、有効性を含むものに拡張されてきて

いる。会計検査の変容については、山本清「政策評価とガバナンス」『公共政策研究』第2号（2002）33－37頁を参照。
(5) 業績測定を政策評価に含めない見解もある。例えば、「文字通り測定であって、評価（evaluate, estimate）するものではない。したがって、客観的な事実の測定ができればそれで目的は達せられる」。吉川富夫『米国における地域経営の新展開－業績測定による成長管理』（公人社、2004）49頁。しかしその測定の目的を政策効果の測定として捉えるかぎりにおいて業績測定も政策評価の一手法として考えることもできるではないだろうか。ここでは、評価理論を「分析」、「測定」、「評価」に類型化する古川俊一「公共部門における評価の理論・類型・制度」『公共政策研究』第2号（2002）13－15頁を参考にした。
(6) この手順に関する説明は、阿部一知「政策分析の手法－分析入門者への手引き」北川正恭・縣公一郎・総合研究開発機構『政策研究のメソドロジー　戦略と実践』（法律文化社、2005）48－55頁に基づく。
(7) 政策分析に用いる様々な手法については、エディス・ストーキー／リチャード・ゼックハウザー（佐藤隆三・加藤寛監訳）『政策分析入門』（勁草書房、1998）を参照。
(8) 宮川公男編著『PPBSの原理と分析』（有斐閣、1969）23－28頁によれば、システムズ・アナリシスとは「意思決定者の目的を調査して的確に定義し、代替案を体系的に比較検討し、もし必要とあれば、新しい代替案を開発することによって、意思決定者が最善の代替案を選択するための助けとなるように設計された体系的な方法」であり、そのプロセスは、「問題の明確化」、「調査」、「分析」、「解釈と評価」という四段階に区別される。政策分析の内容や過程との類似を確認できるだろう。なお、オペレーションズ・リサーチが既存の一つのシステムの運用の最適化を問題にするのに対して、システムズ・アナリシスは新しいシステムの設計や開発にかかわり、いくつかのシステム間の比較や分析が問題となる。
(9) 宮川公男『政策科学の基礎』（東洋経済新報社、1994）70－71頁および片岡寛光「費用・効果分析の理論と方法（一）」『社会科学討究』15（1）（1969）147－154頁。
(10) 宮川『PPBSの原理と分析』13－21頁。なお、予算要求において「プログラム要綱」、「特別分析研究書」、「プログラムおよび資金計画書」という三つの文書が要求される。
(11) 古川・前掲論文15頁および西尾勝「効率と能率」『行政学の基礎概念』（東京大学出版会、1990）276頁。
(12) 例えば、1999（平成11）年に旧建設省は「社会資本整備に係る費用対効果分析に

関する統一的運用指針」を策定している。
(13) 田辺国昭「政策評価制度の運用実態とその影響」『レヴァイアサン』38号 (2006) 90頁。
(14) ピーター・ロッシ／マーク・リプセイ／ハワード・フリーマン（大島巌ほか監訳）『プログラム評価の理論と方法－システマティックな対人サービス・政策評価の実践ガイド』（日本評論社、2005) 5 頁に示された評価対象を参照した。
(15) 以下のプログラム評価の沿革については、同書8－15頁および山谷・前掲書190－197頁を参考にした。
(16) アメリカ合衆国の会計検査院（GAO）におけるプログラム評価の取組の経緯に関して、宮川『政策科学の基礎』301－311頁に詳しい。宮川によると、GAOがはじめて大きなプログラム評価に取組んだのは、1967年の連邦反貧困対策の評価であったという（同書303頁）。
(17) 各国のODA評価については、財団法人行政管理研究センター『ODAの評価システム－理論と国際比較－』（財団法人行政管理研究センター、1993) に詳しい。
(18) 山谷・前掲書193－194頁。
(19) 西尾・前掲書253－254頁。
(20) Alfred Tat-Kei Ho, Anna Ya Ni, 'Have Cities Shifted to Outcome-Oriented Performance Reporting? - A Content Analysis of City Budgets', *Public Budgeting and Finance*, Vol.25, No.2 (2005), p.63.
(21) 大住壮四郎『ニュー・パブリックマネジメント－理念・ビジョン・戦略』（日本評論社、1999) 85－86頁。
(22) 『最終報告』の「1.基本的考え方」に、「新たな中央省庁には、政策の企画立案機能の高度化と、公正・中立・透明な行政の確保、国民のニーズに即した効率的な行政サービスの提供が求められる。政策立案機能と実施の機能とは、一面において密接な関係をもつものであるが、両者にはそれぞれ異なる機能的な特性があり、両者が渾然一体として行われていることは、かえって本来それらが発揮すべき特性を失わせ、機能不全と結果としての行政の肥大化を招いている。新しい行政組織の編成に当たっては、政策立案機能と実施機能の分離を基本とし、それぞれの機能の高度化を図ることとすべきである。」とある。
(23) 政策評価の主体となるのは原則として各府省および内閣府である。ただし、各府省や内閣府から一定の独立性を有する組織は独自に政策評価を行う。宮内庁、国家公安委員会、防衛庁、金融庁、警察庁、公正取引委員会、公害等調整委員会がこうした組織に含まれる。なお、これらをまとめて行政機関政策評価法では「行政機関」と呼び、政策評価の主体として位置づけている（行政機関政策評価法第2条第

1項)。本章では、表現の簡便化のため政策評価の主体を「府省」と呼んでいる。
(24) 堀江正弘「国における政策評価の現状と課題」『公共政策研究』第2号（2002）48頁。
(25) 田辺・前掲論文89頁。
(26) 塚本・前掲論文67頁。
(27) 国の政策評価制度の特色として、包括性や柔軟性を挙げた文献として、堀江・前掲論文49頁および田辺・前掲論文87-89頁。
(28) 総務省行政評価局『各府省が実施した政策評価の点検結果』（2005）40頁。
(29) 田辺・前掲論文101頁では、「達成水準を数値目標として予め設定する事業官庁の色彩の強い組織の場合には、測定指標の数を抑える傾向にある。逆に、達成水準を予め特定することを避ける制度官庁の色彩の強い組織においては、複数の測定指標を設定し、多くの観点から制度のモニタリング行うという形で指標を利用する。」と指摘している。
(30) 総務省『平成17年度　政策評価等の実施状況及びこれらの結果の政策への反映状況に関する報告』（2006）20-21頁。
(31) 総務省『政策評価制度に関する見直しの方向性』（2005）3-11頁。
(32) 塚本・前掲論文70頁。「中央省庁の場合と同様、業績測定、プログラム評価の理論・手法が意識され、その適用が試みられている。これらの状況は各自治体のホームページで知ることができるが、特に業績測定の手法の普及が目立つところである。」という。
(33) 岩手県は、三重県の導入の翌年度である1997（平成9）年度に政策評価制度を導入した。その後、政策評価制度を拡張しながら、2002（平成14）年度にはその条例化に踏み切っている。なお、以下の記述は、2006（平成18）年9月に行った岩手県総合政策室の政策評価担当者に対するインタビューに基づく。
(34) 岩手県経営評価課「平成16年度政策評価システムと評価結果の政策形成、予算編成の流れ」（2004年4月）を参照した。
(35) 以下の数値は、岩手県経営評価課「政策評価等の平成18年度予算への反映状況（ポイント）」を参照した。
(36) 岩手県総合政策室政策評価担当者に対するインタビュー（2006（平成18）年9月）。
(37) 田中啓「自治体の評価の課題と国の政策評価へのインプリケーション」『NIRA政策研究』2005年11月号（2005）46頁。
(38) 塚本・前掲論文73頁。
(39) そうした評価手法については、例えば、金本良嗣・蓮池勝人・藤原徹『政策評価

第8章 政策評価

ミクロモデル』(東洋経済新報社、2006) が詳しい。
(40) 政策評価と予算編成との連携について検討した文献として、松尾貴巳「地方公共団体における業績評価システムの導入研究－予算編成における行政評価システムの意義とその効果に関する実証研究」『会計検査研究』33号 (2006) 121－135頁や宮本幸平「自治体業績評価におけるフィードバックの諸問題－都道府県の現状調査と考察」『會計』164巻3号 (2003) 91－102頁がある。
(41) ここにあげた各論点については、田辺国昭「中央省庁における政策評価の現状と課題－期待と失望のスパイラルを超えて」『NIRA政策研究』2005年11月号 (2005) 38－40頁を参照した。

推薦図書

- 北川正恭・縣公一郎・総合研究開発機構『政策研究のメソドロジー-戦略と実践』(法律文化社、2005)。
- ハリー・P・ハトリー (上野宏、上野真城子訳)『政策評価入門-結果重視の業績測定』(東洋経済新報社、2004)。
- ピーター・H・ロッシ／マーク・W・リプセイ／ハワード・E・フリーマン (大島巌他監訳)『プログラム評価の理論と方法-システマティックな対人サービス・政策評価の実践ガイド』(日本評論社、2005)。
- 古川俊一・北大路信郷『新版公共部門評価の理論と実際-政府から非営利組織まで』(日本加除出版株式会社、2001)。
- 宮川公男『政策科学の基礎』(東洋経済新報社、1994)。
- 山谷清志『政策評価の実践とその課題-アカウンタビリティのジレンマ』(萌書房、2006)。

第9章

公共哲学

宮崎文彦

キーワード

公共性／「個人」と「社会」／公共政策／規範理論／補完性の原理

1 公共哲学の時代─「公共性」が問題となってきた社会的背景─

 「公共哲学」というこれまで耳にすることがなかった学問が、ここ数年の間に極めて注目されるようになっている。本章では、この「公共哲学」というものがいかなるもので、行政学とどのような関係にあるのかということ、あるいはこの新しい学問分野が行政学に与える影響を考察してみたい。

 まず「公共哲学」なるものが、登場してきた背景から見ていくことにしたい。

 わが国におけるこの分野の開拓には、2001（平成13）年から出版されたシリーズ『公共哲学』（全3期20巻）が、政治・経済・社会、哲学・思想の枠組みを越えた議論を提供することによって寄与してきた。そのほかにも章末の文献リストに見られるように、ここ数年で数多くの文献が刊行されている。また、いくつかの大学においては「公共哲学」を冠した授業が展開されている。

 その一方で、「公共哲学」の内容は、ここ数年で急速にその重要性を高め

て登場してきたわけでは必ずしもなく、すでに議論の土台は1970年代に見ることができる。そもそも「公共哲学」は、「**公共性**」に関する「哲学」とでも称すべきものであり、近年問題とされている公共性の問題設定は、すでに高度経済成長期後に顕在化した、**公害問題**等の社会問題の発生を背景としているのである。

このような公害問題には様々な例が見られるが、公共性との関係においては大阪空港公害裁判（1969〜81年）が注目された。この裁判において着目されたのは、第二審の大阪高裁における判決（1975年）において、損害賠償のみならず、公共事業における公害や環境破壊への考慮という「**公共性**」の問い直しが行なわれた点にある。

この点に早くから着目していた経済学者の宮本憲一は、大阪空港最高裁少数意見であった中村治郎裁判官の定義を参照しながら、公共事業の「公共性」が伝統的な「垂直的な権力‐服従」によって判断されるべきではないとされたことを指摘し、社会的な有用性、あるいは費用便益分析による社会的利益だけで考えるのではない、**新しい理念**の必要性を訴えた。[1]

しかし問題化された国家の「公共性」に関する議論も、その後の1980年代には停滞をしてしまう。この時代を『公共哲学とは何か』の著者である山脇直司は、「思想的に失われた10年」と指摘している。その原因としてはまず、日本特殊文化論に関する書物が多数刊行され、日本の良き伝統の見直しが行なわれたものの、それは「単に現状肯定的で没批判的な文化論として行なわれた」点が挙げられている。さらに、思想が「ファッション」して受け入れられ「ニュー・アカ」と称して売り出されるような「軽薄な傾向が顕著」になり、「思想のオタク化」が起こった点を原因としている。[2]

また、1980年代の日本政治の状況に目を転じてみれば、先の公共事業の公共性が十分に問題化されなかったことは、容易に想像できるはずである。

1970年代の二度のオイル・ショックを受けて、とりわけ先進各国では、経済の低成長時代への突入と財政悪化という事態を迎え、国家の活動を縮小しようとする、いわゆる「**小さな政府**」を目指す動きが活発となった。アメリカ合衆国のレーガン（Ronald Reagan）政権下での「レーガノミクス」や、イギリスのサッチャー（Margaret Thatcher）政権の下での「サッチャリズム」な

どと並び、わが国でも、中曽根康弘首相や第二次臨時行政調査会（1981年設置）を中心として、**「増税なき財政再建」**をスローガンに三公社の民営化など、政府の活動規模を縮小しようとする動きが顕著であった。

　これは後の**規制緩和**、**「官から民へ」**という新自由主義的改革や **NPM**（New Public Management）へと繋がっていくわけであるが、このような政府の規模を「量的に」縮小しようとする傾向は、公務員の定数削減などに顕著に見られるように、その「質」を問うものでは必ずしもない。本来、公害訴訟などにおいて問題にされたのは、「公共事業などの行政活動が果たして本当に『公共性』にかなったものであるのかどうか」という点であったわけであるが、「小さな政府」を目指す方向へ改革が進むと、公共性の問題よりも「国家行政の活動をどれだけ減らすか」という点に関心が集まることは必然ともいえよう。そのような意味において、1980年代に公共性に関する議論が、行政の現場をめぐる議論としても下火となってしまったことは、当然のこととしいえる。また、1980年代後半から始まった、いわゆる「バブル景気」によって経済が活性化され、それに伴い国家財政の窮地はあまり注目されなくなってしまったことも、議論の停滞要因になっていたのではないだろうか。

　しかしながらその後1990年代になると、再び公共性に関する議論は、それまでの沈黙を押し破るように溢れ出し活発化することになる。一つには、先のバブル景気の崩壊によって再び国家財政の窮状が露になったことや、自由民主党による一党支配の崩壊などにみられる政治の流動化、政治に対する不信の増大などが、再び国家行政活動に対する批判として表われるようになったことが挙げられるだろう。また一方で、阪神・淡路大震災（1995年）におけるボランタリー活動をはじめとして、わが国においても **NPO**（**非営利組織**）や **NGO**（**非政府組織**）の活動が活発化した。そのような中で、「新しい市民社会論」が登場し、政策的対応としても **NPO法**（**特定非営利活動促進法**）が1998年の３月に公布されている。公共性という言葉が、それまでの国家行政活動の公共性という観点から離れ、「市民的公共性」などの「新しい公共性」がようやく議論されるようになったということができるだろう。国家政府による一元的な「ガバメント」からより多元的な主体による「**ガバナンス**」(3)へという流れや **PPP**（Public Private Partnership）などにも、国家だ

けが公共性の担い手ではない、様々なアクターによる公共的な問題解決が重要であるとのニュアンスが含まれている。

このようにして、これまでの「国家的公共性」が挑戦を受け、「国家のみが公共性を独占するわけではない」という議論が盛んとなる一方で、齋藤純一は1999年における周辺事態法、通信傍受法や国旗・国家法といった一連の法制化が、「市民社会」によるさほどの抵抗を受けることなく行なわれた状況に眼を向けている。⁽⁴⁾

確かに「愛国心」の復権や「公共心」の復権といった「新保守主義的傾向の強まり」も、理由がないわけではない。すなわち、戦前の**滅私奉公**に対して、とりわけ1980年代からその反動としての**滅公奉私**(日高六郎など)が指摘されるようになり、過度の個人主義的傾向が公共性や公的なものへの関心を喪失させてしまっているという議論が、現われてくるようになったのである。昨今の教育基本法改正問題などにも、そのような議論を見ることができる。

それではこのような新保守主義的な議論、あるいは先の「市民的公共性」の議論は、「公共哲学」とどのような関係にあるのであろうか。次節においては、「公共哲学」とはいかなるものであるのか、その内容を検討していくこととしたい。

2 「公共哲学」とは

2-1 思想史的背景──アリストテレスから現代アメリカ政治哲学まで──

確かに「公共性」という言葉は、わが国においても注目されるようになったのは近年のことであり、「公共哲学」ということになれば、ここ数年の間に使われるようになったばかりのものである。しかしながら、現代日本において議論されている「公共性」「公共哲学」が、それではこれまで見られなかったような全く新たな学問分野を創造しているのか、というとそのようなことはない。その源流ともいうべき問題関心やテーマは、思想史を概観すれば古代ギリシアにまで遡るものである。とりわけ、**アリストテレス**(Aristotelēs)はここで取り上げられるべき人物であろう。

公共哲学の源流としてアリストテレスが取り上げられるべき理由は、主に２点あげられる。まずは、有名な「**人間はポリス的動物である**」(『政治学』1253a) に集約されている、アリストテレスの倫理学、政治学。もう一つが、アリストテレスにおける実践知の重視という側面である。

「人間はポリス的動物である」というアリストテレスの中でも名高い一節は、人間が他の何ものにも依存することなく自律した個人であるのではなく、ポリスという「**共同体**」に生きる存在であることを示している。ポリスという共同体は、単なる実体としての共同体を意味するだけではなく、人間はポリスに生きてこそ、初めて徳性を発揮して「**善く生きる**」ことができるという規範的な意味を有している。

「かくしてポリスというものは、人びとが住む場所をともにしつつ、たがいに対する不正を禁じ、物の交換を行なうことを目的とするような共同体ではないことは明らかである。たしかに、それらのことは、ポリスが成立するためには、そなわっていなければならない。しかし、それらのすべてがそなわったからといって、ただちにポリスになるわけではない。ポリスは、家族であれ、同族の者であれ、善く生きることをともにしつつ、完全で自足的な生を目的とする共同体である」(5)

このようにして人間は、ポリスという共同体において初めて、その本性を実現することが出来、善く生きることが出来るのである。そして、人間存在というものが、このように「**個的な存在であると同時に社会的存在であること**」(片岡寛光)(6)によって、公共性という問題が議論されるべき話題となるのである。

私たちはこのようなアリストテレスの議論から、公共哲学というものが、個と共同体のどちらかを先行させて議論するものではないということ、また個々人が善き生を実現する場である共同体は、単なる共同の場ということではなく、**公共的な「善」**を実現するものであることが確認できるであろう。

また他方、アリストテレスにおける議論において着目されなくてはならないのが、**実践知**に関するものである。この議論は、アリストテレスのプラト

ン（Platōn）批判に関わるものであるが、プラトンとアリストテレスの違いは、イデア＝理想を完全に分離させ、現実を超越したところに存在する真の実在として捉えるか（プラトン）、あるいは現実に内在する理念を考えるか（アリストテレス）という点にあることは広く知られている。

　理想と現実が分離された状態であれば、求められるものは彼岸にあり、それをいかにして知ることができるかが問題となる。しかしながら、現実に理念が内在しているとなると、個々に異なる現実から取り出さなくてはならない。「何を為すべきか、為さざるべきか」という判断を行う「**慎慮（フローネーシス）**」には、普遍的に妥当する理想を知ることが求められるのではなく、個別の状況において、その**文脈に即した判断**が求められることとなる。慎慮は「一般的なことがらにかかわるにとどまらない。それは個別的なことがらをも知らなくてはならないのである」[(7)]。

　個々人が善き生を実現するために共同体における実践が不可欠であることは、理想の世界のことを知ろうとする「観想知」を得ることが出来ればよいのではなく、「実践知」が必要であることを意味している。

　ここでも私たちは、公共哲学が目指すべき知のあり方を学ぶことが出来る。すなわち現実から遊離した哲学や思想でもなく、かといって現実の分析を客観的な立場で行なえば十分であるというものでもない。両者を架橋するような性格を持った、**現実に即した哲学**というものが求められているのである。

　思想史の流れをさらに見ていけば、公私の問題はたびたび問題とされ、公共哲学の思想的潮流として取り上げられるべき思想家も数多いが、ここではアリストテレスのポリスの問題を受け継ぎ、現代における公共的領域（と私的領域）の喪失を問題化した、**アレント**（Hannah Arendt, 1906–75）を次に取り上げることにしたい。アレントはあまり使われることのない publicness という名詞形の英語を「はっきり定義して使った哲学者」（山脇直司）という意味でも、重要であろう。

　さてアレントは著書『人間の条件』のなかで、二つの意味で public を定義している。一つが「公に現われるすべてのものは、万人によって見られ、聞かれ、可能な限り最も広く公示されるということ」という「**公開性**」の意味

である。
(8)

　もう一つの意味が「世界そのもの」である。もっともこのアレントのいう「世界」とはどのようなものを指しているかを確認する必要がある。世界とは「私たちすべての者に共通するものであり、私たちが私的に所有している場所とは異なる」という。具体的な「地球」や「自然」ではなく、人間によって生み出された「工作物」や「製作物」、あるいはこの「人工的な世界に共生している人びとの間で進行する事象」に結びついているものであるという。

　私たちは、様々な活動によって世界を構成し、またその世界によって様々な行為を生み出し結び付けられる。それぞれの人びとは、共通した世界に共生しているが、個々人はそれぞれ特有の位置を占めている。「共通世界は、あらゆる人びとが出会う共通の場所であるが、そこに姿を見せる人びとはそこで異なった場所を占めている」のであり「二つの物体が同一の場所を占めえないように、他者の立場に一致することはない」。そして**公共的な生**(public life) というものの意味は「他者によって見られ、聞かれるということが意義をもつのは、あらゆる人びとが異なった立場から見聞きしているという事実のゆえである」とアレントはいうのである。このような「**世界**」＝「**共通世界としての公共領域**」がアレントの指摘する第二の意味である。
(9)

　アリストテレスが「人間はポリス的動物である」というとき、またアレントが「世界」ということばで公共性を語ろうとするとき、そこに私たちはポリスや世界というものを「社会」と理解してしまいがちであるが、アレントはむしろこの「社会」なるものの勃興による公共的領域（と私的領域）の喪失を問題としている。

　「大衆社会の出現とともに、社会的なるものの領域は、数世紀の発展の後に、大いに拡大された。そして、今や、社会的領域は、一定の共同体の成員をすべて、平等に、かつ平等の力で、抱擁し、統制するに至っている」という。「**画一主義**」によって、本来異なった個性を公共的領域で発揮していた人間の活動は、行動として標準化され、人格的な支配は無人の支配すなわち官僚制へと変質させられた。そのような現代において「公共的な領域の喪失」は、人びとが結びつく共通の世界が失われてしまったことだけではな
(10)

く、そこで発現していた「**複数性**」が失われたことを意味しているといえる。

このような「**複数性**」にアレントの公共性論の特徴的な面を見る齋藤純一は、次のように述べている。すなわち「アイデンティティ（同一性）の空間ではない公共性は、共同性のように一元的・排他的な帰属（belonging）を求めない。公共的なものへの献身、公共的なものへの忠誠といった言葉は明白な語義矛盾である」[11]。このような見解は、とりわけ先に今日の日本の動向で指摘した「愛国心」や「公共心」を復興させようとする新保守主義傾向に対して、有効な批判を提供してくれる。「公共性」は国家のみに回収されるものではなく、むしろ**多元的な世界**を実現するための原理ということもできるのである。

さて続いて、アレントとともに取り上げられるべき論者として、**ハーバーマス**（Jürgen Habermas, 1929-）が挙げられるであろう。現代における「公共性」に関する議論においては必ずといってよいほど取り上げられるハーバーマスは、『公共性の構造転換』において、17～18世紀において西欧社会で成立した「市民的公共性」と、19世紀における**国家と社会の自同化という社会国家（行政国家）化**を背景に、それらが衰退していく姿を描いている。

市民的公共性の成立には、一つには現実面において資本主義の発達による絶対王政に対抗的な市民社会の登場が契機となっている。このような市民社会の登場は、まずそれまで宮廷における貴族的社交の世界にあった芸術や文化が公衆のものとなっていくという「文芸的公共性」の形態をとって表われる。財産と教養をもった市民たちによって、芸術批評や文芸批評が行なわれるようになり「サロン」や喫茶店といった討論の場が形成されていくのである。その時点では私人による議論であったかもしれないが、自由な討論はやがて「財産主」としてのものへと変容していく。

　　「私人たちが人間としての彼らの主体性について相互理解を求めるだけでなく、財産主として公権力を彼らの共同の利益のために制御しようとするやいなや、文芸的公共性のフマニテートは、政治的公共性に実効性をもたせる媒介役をつとめることになる」[12]

このような政治的公共性が「**公論**」という形で結晶していくことになるが、19世紀末から始まった、自由主義の終焉と保護貿易の推進、資本集中や大企業のコンツェルン化、選挙権の拡大などの時代の変化により、国家行政の役割の増大を招くことになる。ここに「国家の社会化」「社会の国家化」（＝国家と社会の自同化）という**社会国家（行政国家）**という事態が生まれる。もともと社会が自律的に解決していた問題に国家が乗り出してくるという意味が「**国家の社会化**」であり、社会の側も特に選挙権の拡大などによって、多様な要求を国家に対してするようになり、それが「**社会の国家化**」を意味している。

行政学とのかかわりにおいて、このような社会国家化ないしは行政国家化が「公共性の構造転換」をもたらしたという点は、特に注目されるべき点であろう。ハーバーマス自身は「国家と社会の相互滲透」が大きくなるにつれ、「公共性は——そしてこれとともに、国家機関として成立している公共性としての議会は——その媒介機能をいくらか喪失する。或る種の連続的な統合過程が、これまでとはことなる仕方で確保される。すなわち、議会の立場が弱まるにつれて、国家から社会（管理）への、そして逆に社会から国家への変圧装置（団体と政党）が強化される」と述べているが、これは「**政治（議会）と行政**」の問題として、今日の私たちにとっても大きな問題である。

このような「**国家と社会の自同化**」という問題認識は、片岡寛光の「行政国家」論においても重要な位置をしめている。「行政国家とは、市民の人格の中における主客の分裂が進行し、何が公共目的であるのかの判断が政府によって独占的かつ恣意的に解釈される状態」として片岡は問題性を指摘し、その解決策として市民の自覚による積極的な参加と同時に、官僚制の側にも公共目的の実現への強い意思が求められるとしている。

さて、これらの論者に加えて、私たちは**公共哲学 public philosophy** ということばそのものの源流として、アメリカの**リップマン**(Walter Lippmann, 1889–1974) を取り上げる必要があるであろう。わが国においても『**世論 Public Opinion**』によって名高いジャーナリストにして、数々の優れた学術的著作

をも記した政治思想家・政治理論家でもあるリップマンは、戦後1955年に著作『公共哲学 Essays in the Public Philosophy』を刊行している。

　このなかでリップマンは、「西洋の没落」を、ソビエトの共産主義体制や、ドイツ・イタリアにおけるファシズムの台頭といった全体主義的風潮という、自由民主主義諸国の危機に見ている。その原因としてリップマンは、「人民 people」というものが、単なる現時点での「選挙民」として捉えられてしまい、将来の子孫の幸福や安全といった「人民という結合体」として考えられていない点、さらにそれに伴い、投票者の利益でしかないはずのものが「公共の利益」として受け止められた結果、公共の利益に責任を持つべき政府（執政府）が、有権者の代理人たる議会に権力を委ね、統制を不可能にしてしまった事態を挙げている。これらは「公共哲学」が失われた結果であるとリップマンは診断し、その再生に解決の道を見いだすのである。この問題は、今日においても議会と行政との関係として、認識されているものといえるだろう。

　さてリップマンのいう「公共哲学」とは**「自然法」**として知られるものであると述べている（第8章）。すなわち、支配者と主権を持つ人民の上に、生命ある者の全社会の上に法が存在するという「自然法の教義」である。これらは具体的にある文章として明確に述べられているものではないが、ストア派からマグナ・カルタ、独立宣言、権利章典等々の伝統のうちに述べられ「公的および私的行動の標準」として働いてきたものである。この再生は現代の大衆社会において容易な課題ではないが、西洋の危機において天命（the mandate of heaven）であると捉えられている。

　さらにより今日に近いアメリカにおける議論には、**コミュニタリアニズム（共同体主義）**という動向があり、リップマンの「公共哲学」の思想が継承されている部分も見られる。そのなかで、特に**サンデル**（Michael Sandel, 1953-）を取り上げておきたい。サンデルは、1996年の著作『デモクラシーの不満』において、「**公共哲学 Public Philosophy**」とは「私たちの実践に潜在的に含まれている政治理論、私たちの公共的生活を特徴づける市民性 citizenship と自由 freedom に関する諸前提」であると指摘している。そして、アメリカの現実の中に見られる憲法をめぐる解釈・判例や、政治経済を

めぐる議論や政策に見ることのできる、共和主義の公共哲学の衰退とリベラリズムの公共哲学の台頭を描き出し、その「手続き的共和国 procedural republic」という**道徳的に中立な政府のあり方**が、現代における「デモクラシーの不満」の原因となっていることを暴き出しているのである。[16]

すなわち、道徳や宗教といった善の問題を、あくまで個々人の問題として政治の場から排除してしまうことにより、各人がそれぞれに思い思いの生を充足できるような社会が到来したのではなく、むしろ、モラルマジョリティや宗教的原理主義といった「偏狭で不寛容な道徳主義」に道を開く結果を招いてしまったと、サンデルは指摘している。[17]

サンデルはこのような事態に対して、**公共空間における「政治の活性化」**を求めている。人びとが公共空間に集まることにより「自分たちの状況を解釈できるようになり、連帯と市民参加が育成される」というのである。[18] そしてサンデルは、ロールズ（John Rawls, 1921-2002）らによるリベラリズムが想定するような「負荷なき自我 unencumbered self」ではなく、「位置づけられた自己」それも現代のように「地域から国家、さらには世界全体に至るまで、多層的な舞台において演じられる政治が要求されている」なかでは、「**多層的に位置づけられた自己 multiply-situated self**」として思考し、行動する市民が要求されるという。[19]

「公共哲学」という、私たちの現実の中に埋め込まれている政治哲学・政治理論を抽出していくという作業は、一方で歴史的事実における言説や政策等々を分析するという「**現実主義**」的な作業を行いながら、それを「政治哲学」という形で規範的議論を可能なものにするという「**理想主義**」の側面も有している。アリストテレスに見られた「実践知」の方法論が、サンデルの「公共哲学」にも生きていると見ることができるであろう。

2-2 わが国における公共哲学の展開

さて、では前節で見てきたこれまでの思想史の流れを受けて、現在わが国で展開されている公共哲学の特徴を本節では見ていくこととしたい。代表的なものとしては、冒頭にも挙げたシリーズ『公共哲学』があり、幅広い分野の論者を集めての議論を集約している。このシリーズでは、以下の四点が編

集上の留意として挙げられており、これらが公共哲学の議論における主たる論点と言うことができるであろう。

1　公共性を、個を殺して公に仕える「滅私奉公」のような見方ではなく、個が私を活かして公を開く「活私開公」という見方でとらえる。
2　従来の「公」と「私」という二元論ではなく、「公」と「私」を媒介する論理として公共性を考える。
3　公共性の担い手について、国家が独占するという観点よりは、市民や中間団体の役割を重視するという観点から議論を進める。
4　グローカル（グローバルかつローカル）なレベルでの公共性について積極的に考慮する。

このシリーズにおいては第Ⅰ期（10巻）とその後の第Ⅱ・Ⅲ期（各5巻）において、趣旨を異にしている点も着目されるべきである。すなわち、第Ⅰ期では「公共性」に関する思想的な議論が中心とされたのに対して、第Ⅱ期および第Ⅲ期では、「現場との対話を重視し、これらの点をより深化・発展させる方向」で編集がなされているという。具体的には「より鮮明に『政府の公』と『民の公共』と『私』の三領域が区別されつつ、議論されるような内容構成となっていること」、「民を形成する個人の『生活世界』と『制度世界』を媒介する視点として『公共世界』をとらえようとする視点が、前面に打ち出されていること」、「グローカルに加えて、グローナカル（グローバル×ナショナル×ローカル）な三次元相関的思考発展もはかる」、「このような『私・公・公共』や『生活世界・制度世界・公共世界』の相関的三元論とは異なる論者の意見も含め、様々な考え方を尊重して、自由闊達な討論を心がけ」「公共性をめぐる議論についての考え方は、一般読者に開かれていること」といったことが挙げられている。

　このような編集の意図は、「公共哲学」というものが、「哲学」という名を冠しながらも、それが「法哲学」や「政治哲学」といった、実証的・現実分析の学問とは目的を異にする抽象的思考を基礎とする学問分野をさすものではなく、**思想と現実との議論・対話、相克を特徴としていることを表してい**

るということができる。「公共性」に関する「哲学」ではあるが、それは、現代日本における「公共性」をめぐる問題状況に応答すべく、政治学、経済学、社会学といった既存の学問分野を超えた、衆知の結集を図っていることを示している。

その意味において、まず「公共哲学」というものが**「学問横断的」**であるという特徴を指摘することができるであろう。前節でもとりあげたアメリカにおけるコミュニタリアニズムの展開において、ベラー（Robert N.Bellah, 1927-）らによる研究も注目されている。ベラーを中心とするグループによる著書『心の習慣』には付論として「公共哲学としての社会科学」が掲載されており、次のように指摘されている。

「公共哲学としての社会科学は、社会科学と人文科学の間の鉄のカーテンを破ることによって、社会自身の自己理解あるいは自己解釈の一形態となる。それは社会の伝統、理想、願望をその現在の現実と並置する。それは社会に向けて鑑を掲げる。こうした社会科学は、現在ばかりでなく過去もまた探ることによって、また『事実』と同じほどに『価値』にも目を向けることによって、定かには見えない連関を見出し、困難な問題を提示することができる」[20]

また学問横断的という点に関しては、やはり山脇直司が「公共哲学はまさに、政治学と経済学のセクショナリズムを拒否して、これらのトピックスに即して政治と経済を橋渡しする任務を担う。換言すれば、自らを『社会問題のトポロジー』として定位しつつ、様々なトピックスの論考において、政治における『ある』と『べき』と『できる』の統合的把握と、経済における『制度』・『進化』・『倫理』の考察との接合を目指す」と述べている。[21]

さて山脇の指摘する「ある」と「べき」と「できる」の統合的把握という観点は、単に異分野間の学問横断性を強調するだけではない。理想の追求を一般抽象的なものの追求ではなく、個別事例に即して行われるべきとするアリストテレスの「実践知」や、その現実の動向を規範論から批判的に捉えなおす、サンデルの「公共哲学」に見ることができる方向性を生み出すことに

なる。それがわが国の公共哲学では「**現実主義的理想主義**」もしくは「**理想主義的現実主義**」という表現で表されている。理想を語るのみならず、現実の政策を構想しうる、現実と理想の相克の自覚が公共哲学には求められているのである。それは「描写的（経験的）公共哲学（descriptive or empirical public philosophy）」という、公衆において現実に存在する、生きた思想の歴史的・経験的・実証的な研究を中心にする場面と、「規範的公共哲学（normative public philosophy）」という公共性の実現、あるべき理想の提示という二つの面を持っていると表現されるものである。(22)

また、以上のような学問世界における「タコツボ化」（丸山眞男）を打破する試みであると同時に、公共哲学はまた、学問を研究者などの専門家だけの「私的」なものに留める「私事化」もまた批判の対象とする。すなわち公共哲学というものは、研究者のみによって形作られるものでは必ずしもないし、またその成果も単なる学術的成果として認識されるのみならず、公共政策の指針や人々の行動規範として応用される可能性をもつべきものとして考えられているのである。その点に関しては小林正弥が、公共哲学プロジェクトの基本的発想として、「**研究者-市民の連携による実践的学問**」や「**公共的市民＝公共民（public citizen）の育成**」と「**公共民教育（civic education）**」を挙げている点は、重要である。(23)

先のベラーもやはり公共哲学の「公共」的という点が「たんにその発見物が学者世界の外の集団や団体にも公共的にも利用可能あるいは有用であるから」というのではなく「それが公衆を対話へと引き込むことを目指しているから、『公共的』なのである」と述べている。(24)

戦後の「滅私奉公」への反動としての「滅公奉私」が指摘され、「真の市民」とは誰か、市民の資格とはいかなるものかといった議論がなされ、復古的な傾向も見られることは先にも指摘したとおりである。そのようななかで、国家的公共性を批判して市民の側に公共性を取り返すというのみならず、公共性を担いうる市民を育成するという「**公共的市民の育成**」の課題は意義あるものであろう。

ところで、「滅私奉公」や「滅公奉私」ということに関して、公共哲学はこの両者の極端な見解を排して、「公」と「私」の**二元論**ではなく、両者を

媒介する「公共性」という**三元論**を取ろうという見解を持っている。まさにそれは、アリストテレスの見解に見られたように、個的でありながら同時に社会的存在である人間という認識に基づき、どちらかを優先させようとするのではなく、「私」を活かしながら「公」を開いていくという「**活私開公**」（金泰昌）という発想である。媒介する「公共」というものは「何（誰）かのためになることではなくて、国家と個人、国家と国家、個人と個人、そして人間と自然など、すべての関係し合う相互のために、直接・間接、関係のある人間同士が共に考え、話し合い、解決を探り、練り、対応していくこと」という意味として捉えられるべきものなのである。また同様に「所与としての自然、文化、歴史によって規定されながらも、それらを他者との関係において変革していくような『自己―他者』論」として、山脇直司は応答的で多次元的な「**自己―他者―公共世界**」論を展開して、ナショナル（国民国家）レベルを超えた**グローカル**なレベルでの公共性を創出する重要性を強調している。

本節の最後に確認をしておきたいことは、「公共哲学」というものが、これまでの学問分野の垣根を取り払った、学際的な新しい学問分野をつくろうとするものではない、という点である。

　（公共哲学というものは）「もとより、専門分化した学問の硬直性を打破する学際的な試みであるが、たんに『公共哲学』という一分野を既存の学問に追加するものではない。それでは、すでに限界が露になった今日の学問に屋上屋を架すことに過ぎない。私たちの目指すのは、むしろ、『公共哲学』という学問的理念を中心に据えることによって、既存の学問の総体を抜本的に脱構築し、より高い水準において、再構築することにある。そして、このような学問的革命を通じて、現在『私事化』の潮流に侵食され、空洞化されている公共性の活性化を促し、ひいては、学界のみならず、『生活世界』に立脚した人々の『公共世界』の実践的な再建に寄与することこそ、私たちの念願するところである」（公共哲学宣言）

3 行政（学）と公共哲学―公共哲学的行政学の展開―

3-1 「公共哲学」と「公共政策」

　それでは「公共哲学」の観点から「行政」もしくは「行政学」について、いまいちど考察を行なってみることとしよう。いわば「公共哲学的行政学」というものが、どのような新しい知見をもたらしてくれるのか、あるいは可能性を有するのか、本節ではその点を考察してみたい。

　行政学において「公共性」もしくは「公益」という概念は、その意味内容の検討が重要視されつつも、曖昧であり確定はし難いものとして考えられてきた。すでに辻清明は「公益」というものが、その「意味内容を模索しても、これを確定することは難しいかもしれない」としつつも、これが「経験の堆積により、絶えずその内容を充実し、かつ実証されていく未完の理念」であると指摘している(27)。この指摘が意味するところは、「公共性」もしくは「公益」とはなにか、という抽象的な議論をいくら積み重ねたところで解答が導き出せるわけではない、ということであり、より具体的な議論の中でこの「**未完の理念**」を追求していくべきであるという議論につながるのではないだろうか。

　とくにそのような見解は、日本公共政策学会の初代会長も務めた松下圭一に顕著であろう。

　　「公共は、都市型社会では市民個人あるいは団体・企業、さらに各レベルの政府にとって、〈政策・制度〉の開発という形でそれぞれ解決を見出すべき《問題》、あるいは絶えず検証・評価すべき《仮説》となった。この問題あるいは仮説としての公共は、多元化・重層化という社会の分節構造に対応するため、〈公共〉をかざす政策・制度レベルでの『問題解決』をめぐる『解決仮説』として、試行というかたちでのみ成立するだけとなる」(28)

　このようにしてわが国における行政学の分野での「公共性」に関する議論

は、すでに「公共哲学」という議論とは別のかたちで、松下の指摘するような**政策**に着目する方法で行われてきたということができるであろう。公共性というものは、理論ないしは哲学として、その意味内容を吟味することだけが妥当なものではない。それがどのようにして認識されてきたか、そしてそこにどのような問題があり、どのように変えていくべきかを、具体的な場面に即して議論していくという方法、いわば「現実主義的理想主義」を実践して行く必要があり、**公共政策**という形でなされてきた議論はその試みであると見なすこともできよう。

さて、松下に続いて日本公共政策学会の会長に就任した山川雄巳は、1999年の年報における基調論文で次のように述べている。

「《公共性》は社会的共存の思想を核心とする概念であって、多数の人々が包摂されているこの共存秩序の全体的・一般的・共同的・公式的な性格のことをさしていると解されるのです。したがってまた、《公共政策》とは、この社会的共存にかかわる、一般的・共同的・全体的な性格をもつ問題の処理をするための行動指針であって、社会的共存への配慮を核心とする政策だということになります」[29]

またその後に会長を務めた足立幸男は、すでに著書『公共政策学入門』のなかで、**公共政策の策定指針**を「一般妥当性」「最低限の実効力」「実際的有用性」「社会的正当性」に求めているが、2002年の日本公共政策学会の年報「巻頭言」では、公共哲学の研究の必要性も指摘している。

「ある政策目的や政策手段を正あるいは不正であると判定するとき、われわれはある特定の公共哲学——公共政策を通じて実現すべき望ましい政治社会のありようについての哲学的信念——を拠りどころとている」のであり、「公共政策学は価値自由な純然たる経験科学ないし実証科学ではありえない。公共哲学の研究をもその不可欠の一部とせざるを得ないのである」という[30]。

またさらに翌年の会長基調講演において、政策学的思考の核心をなすところの「美徳」が「賢慮」(prudence ; phronesis ; prudentia) にあるとして、「特

定の世界観を社会に押し付けようとする思考」とも「没価値的な現実主義（リアリズム）や無原則な現状追随」とも一線を画し、「まずはあるがままの現実を現実として是認し、その現実の内にある『変わり得るもの』と『変わり得ないもの』を見極め、可能なるものの領野を他者に働きかけつつ徐々に拡大し、かくして社会改良を達成する——このようなデザイン思考を、賢慮の美徳は政策立案者、決定者、執行者に推奨し、要求するのである」と述べている。

より具体的に**公共性の規準**を追究していこうとするのが、山口定の立場である。「『公共性』の具体的内容は歴史的に形成されるべきものであり、かつその内容は政策研究者の責任感に支えられて不断に再構成されねばならない」と考える山口定は、より具体的なレベルでの実践性と規範性とを兼ね備えた正当性の判定基準を議論すべく、次の八つの具体的な規準を提起している。

①社会的有用性もしくは社会的必要性、②社会的共同性、③公開性、④普遍的人権、⑤国際社会で形成されつつある文化横断的価値（cross-cultural values）、⑥集合的アイデンティティの特定レベル、⑦新しい公共争点への開かれたスタンス、⑧手続きにおける民主性

山口は、このような**政策基準の公共性**あるいは**公共的であることの『指標』**に関する議論が、今日ほとんど議論になっていないことを批判し、現場の自治体職員は、自らの行う業務が「公共性やパブリック・インタレスト（公益）に叶うことであるかどうかという判断を日常的に迫られている」という状況において、「新しい公共性」はこのような判断の基準を提供しうるものである必要があることを指摘している。

また片岡寛光が「**過程としての公共性**」において、公共性の内容判断におけるチェック・ポイントとして挙げている以下の九つも、同じ文脈において理解されるものであろう。

①内包性、②感受性、③普遍性、④一般性、⑤相互関連性、⑥バランス、⑦互恵性、⑧公開性、⑨責任性

以上のようなポイントを確認しながら「何が公共性であり、それをどのような形で実現していくかを考え、必要とあらば公共性を孕む問題の解決を図

る」場として「公共空間」が説明され、各生活圏レベルに対応して、公共空間は重層的に形成されていくとしている。

さて、このような公共政策（研究）（学）や政策科学における議論は、公共哲学における「現実主義的理想主義」の実践の試みとしてみることが可能であると思われる。しかし、公共政策と公共哲学との対話が『公共哲学』11巻において試みられているものの、公共哲学で批判の俎上に上げられる「国家＝公＝官」という捉えかたの問題性の指摘や、先の松下圭一の見解に見られるような「私達の試行錯誤以前に、アプリオリに、公共は『実在』しません」という立場からは、現実の政策に活かされない議論ではないかとの批判も多く見られる。山口定による政策基準に関する批判も、これにあたる。また一方で、「公共政策」として「公共」が十分に議論されるのであれば現実主義的理想主義と考えることもできるが、単なる「政策」の議論になってしまえば、その議論は国家政府の政策にお墨付きを与えるだけという、現実主義的現実主義に陥りかねない。一方でこのような政策の規準をより精査しつつ、その適用・解釈においては規範理論からの再考を行なうなど、現実の行政活動や政策の妥当性、正当性に照らし合わせることが求められるはずである。

3-2 公共哲学的行政学の展望──補完性の原理の検討を通して──

さて、先の公共政策と公共哲学の対話という側面をもっていた『公共哲学』11巻の編者のひとりである西尾勝は、序文でつぎのように述べている。

「現代日本が当面している『公共課題』を取りあげ、これらの『公共課題』の発生構造とその歴史的な変容過程、そしてまたこれらの『公共課題』の解決に当たるべき制度的枠組みの問題状況とこの制度的な枠組みの再編成を求める諸々の運動の現状について考察しようとしている」

西尾は「**自治**」と「**公共問題**」とは「対極的な裏腹の関係にある」という。つまり「自治」が成り立たないところ、すなわち自分たちの手で解決できない問題が「公共問題」であるからである。この公共問題に対処すべく

「**公共世界**」が形成され、ここに「**公共性**」をめぐる諸問題が発生するのである。よって、「自治」の理念と実践に基づいた「公共性」の意識・観念・思想の再構築という形が、『公共哲学』11巻における「究極のメッセージ」であると西尾は述べ、「政治の発展を導いてきた理念はすべて、現実の中に芽生えた萌芽の内に認められる将来の発展可能性を理論化したものにほかならない」以上は、「『理念と現実』という二項対立の思考様式は克服されなければならない」という。(38)

さて、ではより規範理論に近い立場から、理念と現実という二項対立を越えることができるような、公共哲学からの行政学理論とでも言うべき議論の可能性を探ってみたい。

そもそも「公共性」と行政とは、深い結びつきを持っているはずである。なぜならば、公共性もしくは公共の利益の実現というものが、行政の目指すべきところだからである。逆に、行政の活動における、権力を伴った強制行為というものは、「公共性」によって初めて「**正当性**」を得ているといっても過言ではないであろう。

片岡寛光は「行政」を次のように定義している。すなわち「政治社会を構成する人びとがその政府を通じて、さもなくば達成されえないような社会全体としての共同目標や公共目的ないし共通善を達成し、ひいては社会正義を実現していこうとする集合的営為である」。(39)

私たちはここで、行政というものがまず「社会全体としての共同目標や公共目的ないし共通善」という目的を持つものであるということと、その目的に関して「さもなくば達成されえないような」もの、すなわち、政治社会において様々に存在する主体のなかで「政府」によってしか達成することが困難であるものが対象となっているということを、この定義から確認する必要があるであろう。

また公共目的や社会正義の実現は「**集合的営為**」によって、初めて実現されるという点も着目されるべきであろう。「社会のすべての人々が係わりを持つ集合的営為は、人々の間の諸関係を規律、媒介する社会制御のメカニズムの存在によって初めて可能となる」のである。(40)

このような集合的営為という側面は、公共性との関係において、近年、

3 行政(学)と公共哲学—公共哲学的行政学の展開— 213

「ガバメントからガバナンスへ」という議論への着目を促すであろう。

すでに、複雑多元化した現代社会において公共性も多元化し、公共的な問題に対処するのは必ずしも行政だけに限らないのではないかという見解を早くから示していた西尾勝(41)は、「ガバメントからガバナンスへ」という流れを「地域社会(community)の自治＝地方自治を共感・連帯・協働システムや交換・競争・取引システムと有効に関連づけようとする努力の一環」であり、「公共サービスのすべてが行政サービスになるものではないということを再確認し、行政サービス以外の公共サービスの担い手を多元化させ、多様な公共サービスの充実発展を図ろうとするもの」と説明している(42)。

しかしながら、一方で、これまで行政によって提供されてきたサービスを片端から次々に多様な主体の提供へと代えるのが妥当かどうか、という問題も存在する。先にも確認したように、政府によってしか提供しえないもの、すなわち唯一の正当な権力行使の主体である政府によって提供されるべきものも存在するであろう。

そのような問題を考えるにあたり、「**補完性の原理 Principle of Subsidiarity**」は、近年EU(ヨーロッパ連合)で採用されたこともあり、わが国の自治体でも注目を集めていることから、検討に値するものと思われる。

この補完性の原理は、1931年ローマ教皇ピオ(ピウス)11世による社会回勅において「個々の人間が自らの努力と創意によって成し遂げられることを彼らから奪い取って共同体に委託することが許されないと同様に、より小さく、より下位の諸共同体が実施、遂行できることを、より大きい、より高次の社会に委譲するのは不正であると同時に、正しい社会秩序に対する重大損害かつ混乱行為である」と述べられたことで知られている。もっとも、この社会回勅によって初めて認識されたわけでは必ずしもなく、16世紀の政治理論家アルトジウス(Johannes Althusius, 1557-1638)にも、多元的な連邦制に近い制度構想の中で語られている(43)。

この原理は、しかしながら、単に**権力の分散**を意味しているのではなく、一方で消極的な意味、すなわち「より大きな集団は、より小さな集団(究極的には個人も含む)が自ら目的を達成できるときには、介入してはならない」という「**介入限定の原理**」であるとともに、積極的な意味、すなわち

「大きい集団は、小さな集団が自ら目的を達成できないときには、介入しなければならない」という「**介入肯定の原理**」をも含んでいる。その両義性・曖昧性により、むしろ政治的「空話 empty word」ではないかと指摘されることもある。

　この補完性の原理は、「ガバナンス」論の高まりとともにわが国でも注目されているが、自治体が自ら十分な行政サービスを提供することが（財政的にも実体的にも）困難になってきたことから、責任転嫁として利用される危険性もある。確かに西尾の指摘にもあるように、「**公共サービス**」を「**行政サービス**」と同一視することは避けられなければならないが、それによって十分な行政サービスさえも提供されなくなってしまっては、元も子もない。

　そこで私たちは、政治哲学・政治思想の伝統から国家政府の役割を問い直す作業を促し、この原理が単に、「行政サービス」を「公共サービス」に「希釈する」意味あいで使われることを回避する方途を、探ることができるのではないだろうか。

　補完性の原理の「介入限定の原理」としての側面は、中央政府による過度の介入を排して、地方分権を推進する際に重要視されるものであろう。またそれは中央－地方関係のみならず、公共サービスを提供することができる、様々なアクターへの分権をも含むものであろう。

　その一方で、分権は**責任や権限**、さらには**財源**をも伴ったものでなくてはならないが、単なる責任逃れとして、権限も財源も伴わずに移転されてしまう危険性も看過できない。財政や人員の側面で十分な規模を持った自治体と、そうではない自治体で同じ業務を行なうとなると、そのサービスに大きな差異が生じてしまう危険性があるであろう。その意味では、積極的な介入をより権力的ではないかたちで認める可能性を考えることもできるのではないだろうか。

　すなわち、財政的な支援や権限移譲といったかたちで、中央が地方の支援を行なうような介入というのも考えられるであろう。補完性の原理は、相矛盾するような要求をしているように受け止められるが、その実、中央と地方の関係、あるいはその他のアクターとの関係ひとつひとつを、どのような役割分担で行なっていくことが適切であるのか、その再考を求めるものとして

解することができるのである。例えば、国家（中央）政府の役割を再検討し、調停・調整などの積極的支援の役割という面で捉え、これまでの福祉国家的な「**給付行政**」から「**支援行政**」へと質を変化させることを提案することができるであろう。[45]

またこのような議論は、2－2で検討したわが国における公共哲学の成果とも密接に関っている。一つにはこのような補完性の原理と「**活私開公**」との関係である。そもそも補完性の原理は、その源流を公共哲学と同様に、アリストテレスにまで遡ることができる。ローマ教皇ピオ（ピウス）11世による社会回勅は、それゆえに「人間存在基礎論に根差す社会哲学のひとつの表現」としてみなされている。[46]

その「人間存在基礎論」とは次のようなものである。まずこの原理は、「不可侵の価値を持った人格 person としての人間認識から出発する」ものである。しかしこの人格としての人間は、何ものにも依存することのない「個人」ではなく、「**社会的な存在**」である。社会的な存在である人格と（全体的な）社会とは「連帯的相互責任関係で結ばれている」のである。つまり、「人格共同体としての社会は独立した、自己目的存在ではなく、人格の完成を助け、個々人のできないことの実現を援助する存在」なのである。補完性の原理の二面性は、このような**個々の人格と社会との関係性**を反映したものであり、一方で個々人では達成できないものを実現するために積極的に社会や共同体（さらに大きくなれば国家、国際社会等々）が手助けをするという形で「介入」をするが、その介入は決して「不可侵な人格」を脅かすものであってはならないという、介入限定の側面をもつものである。このような考え方は、公と私を対立項として捉えるのではなく、私を活かしつつ公を開いていく「活私開公」の発想と共通項を有するであろう。さらに補完性の原理は、単に国家レベルの議論ではなく、そこで語られる共同体は身近な家族、近隣から、国際社会にまで幅広い多層的な公共空間を視野に入れた議論であることから、「グローバル」「ナショナル」「ローカル」という各レベルでの公共性という議論とも接点を持っている。

またこのような補完性の原理の哲学的な発想は、ヨーロッパ評議会編『補完性の原理の定義と限界』にも活かされているものであり、行政学の議論と

の関係性も十分持っているものである。とりわけ「中央―地方関係」に活かされるべきものであろう。

　「補完性の原理は、中央と周縁の権限関係に関する常に必要な討論を活発化させる性質をもっている。それは同時に、上級レベルの方がより効率的でより満足のいくやり方で実現しうる場合を除き、いかなる責務も個々の市民や社会集団から奪ってはならないとする社会の組織原理である。それは、地方、地域および国家の当局間の権限配分に関する技術的な原理でもある。それはまた、自発性を助長する方向に国家の介入形態を転換する一種の誘導の原理であり、中央当局に対して、ある任務を国家自身の手で行うよりも、もっと適切なレベルで行われるよう支援することを奨励する」[47]

　公共政策の規準を求めていくという作業は、規準という一般抽象的な理想を現実の政策との関係で考察していくという意味で「現実主義的理想主義」といい得るであろうし、現実に働いている原理や理論といった「公共における哲学」を、規範理論の観点から鍛えなおすという作業は、「理想主義的現実主義」と表現することができるかもしれない。
　もとより現代の公共政策は、社会・経済から医療や科学技術に至るまでその対象を幅広くすることから、学問横断的に研究されるべき面を有している。それとともに、行政が公共性ないしは公共の利益という、把握しがたい理想を実現すべきものである以上、実証研究と規範研究、現実と理想とを架橋するという公共哲学の側面が活かされていくべきではないだろうか。

コラム10　「公」と「官」の問題

　本文で指摘のあった「公」と「官」の関係に関して、井出嘉憲は、『日本官僚制と行政文化』において、「政府」ということばについて検討を加えるなかで次のような指摘をしている。
　もともと「政府」ということばは、明治初年には「権位」一般を指す汎称として広く用いられていたが間もなく、その汎称性は失われ、「国の大『権

位」＝中央の政府のみをさす用語となり、『地方政府』や『小政府』という用い方はほとんどみられなくなる」という。

　その背景には、地方制度の確立（とともに中央地方の上下関係の確立）があり、地方自治体は〈自治〉の建前を強調しつつも、それを〈官治〉の枠組のなかにはめ込むことにより、「〈官〉と〈民〉とのかかわりあいを媒介し、定形化する役割を演じた」という（以上、254頁）。「公共」という言葉は「〈私〉の占める部分が最も大きくなっていて『共』のウェイトがそれだけ高くなっている『公』」（53〜54頁）というのである。だからこそ現在においても「官公庁」とか「官公吏」といった表現が生き残っており、「公共」ということばは「地方」に結びつけられていて、「中央」や「国」の場合には「公共」をつけることは、ほとんどみられないということになっていると、井出は指摘している（59頁）。

注

(1)　宮本憲一「公共事業の公共性」山口定ほか編『新しい公共性』（有斐閣、2003）180−182頁。
(2)　山脇直司『公共哲学とは何か』（ちくま新書、2004）122−125頁。
(3)　ガバナンスの議論に関しては、本書の第1章を参照のこと。
(4)　齋藤純一『公共性』（岩波書店、2000）2−3頁。
(5)　アリストテレス『政治学』1280b、（牛田徳子訳（京都大学学術出版会、2001）140頁）。一部表記を変更した。
(6)　片岡寛光による「公共の哲学」論は、この人間の本質から展開されている。「人間の本質は、まさに個的な存在であると同時に社会的存在であることにあり、個的な存在でありながら、他者との関係において初めて生々発達を遂げ、人間としての尊厳を享受し、幸福を味わうことが出来る存在である。公共性は、まさに人間が個的な存在であると同時に社会的存在であるというその事実の中に端を発し、成立する。この人間の本性を離れては公共性はあり得ないし、また必要ともならないであろう」（片岡寛光『公共の哲学』（早稲田大学出版部、2002）6頁）。
(7)　アリストテレス『ニコマコス倫理学』1141b、（高田三郎訳（岩波文庫、1971）230頁）。
(8)　ハンナ・アレント（志水速雄訳『人間の条件』（ちくま学芸文庫、1994）75頁）。

(9) 同書85-86頁。
(10) 同書64頁。
(11) 齋藤・前掲書6頁。
(12) ユルゲン・ハーバーマス（細谷貞雄・山田正行訳『公共性の構造転換』（未来社、1994）77頁）。
(13) 同書266頁。
(14) 片岡寛光『行政国家』（早稲田大学出版部、1976）15頁。
(15) 片岡寛光による行政国家論、またハーバーマスの議論との関連については、拙稿「行政国家から見る『公共性』論」『公共研究』第2巻第1号（2005）を参照。
(16) Michael Sandel, *Democracy's discontent* (Belknap Press of Harvard University Press, 1996) p.4.
(17) *Ibid*., p.24.
(18) *Ibid*., p.349.
(19) *Ibid*., p.350.
(20) ベラーほか（島薗進・中村圭志訳）『心の習慣』（みすず書房、1991）362頁。
(21) 山脇直司『新社会哲学宣言』（創文社、1999）193頁。
(22) 山脇直司・小林正弥「公共哲学宣言」2001年12月発表〈http : //homepage2.nifty.com/public-philosophy/senngenn.htm〉。
　　また、この宣言を掲載している「公共哲学ネットワーク」は、研究会の開催のみならず、メーリングリストにおける日常的な議論の場として、公共的な討論の空間を形成している。
(23) 小林正弥「公共哲学と公共研究—学問的ルネッサンスに向けて」『学術の動向』2006年07月号（2006）43-44頁。このなかで小林は、①公共とそれに基づく「公」の再建（水平的「公共」の実現）、②活己（私、個）開公、③空間的公共性＝グローカル（地球域的）な公共性、④時間的公共性＝ジェネレイティヴ（世代継承生成的）な公共性、⑤「公共善—財」の実現を目指す「福祉公共体」、⑥研究者-市民の連携による実践的学問、⑦公共的市民の育成、を挙げている。
(24) ベラーほか・前掲書364頁。
(25) 金泰昌「おわりに」佐々木毅・金泰昌編『公共哲学』第10巻（東京大学出版会、2002）425頁。
(26) 山脇直司『公共哲学とは何か』216-219頁、同「グローカル公共哲学の構想」佐々木・金編・前掲書11-15頁を参照。
(27) 辻清明『行政学概論　上巻』（東京大学出版会、1966）65頁。
(28) 松下圭一『転型期日本の政治と文化』（岩波書店、2005）25頁。

(29) 山川雄巳「公共性の概念について」『日本公共政策学会年報』(1999) 29頁。
(30) 足立幸男「巻頭言」『公共政策研究』第2号 (2002) 3頁。
(31) 足立幸男「基調講演」『公共政策研究』第3号 (2003) 10頁。
(32) 山口定「新しい公共性を求めて」山口定ほか・前掲書19－26頁。
(33) 西尾勝・小林正弥・金泰昌編『公共哲学』11巻 (東京大学出版会、2004) 287頁などを参照。
(34) 片岡『公共の哲学』151－155頁。
(35) この生活圏レベルとは、(1)本人的生活圏、(2)家族的生活圏、(3)親密生活圏、(4)組織的生活圏、(5)経済的社会生活圏、(6)非国家的 (非経済的) 社会生活圏、(7)国家的社会生活圏、(8)国際的生活圏である。それぞれの説明については、片岡・同書93－131頁を参照。
(36) 西尾・小林・金・前掲書47頁。
(37) 西尾勝・小林正弥「はじめに―自治的公共性と政治学・行政学」西尾・小林・金編・前掲書 i 頁。
(38) 西尾・小林・金編・前掲書iv頁。
(39) 片岡寛光「政治理論と行政学」辻清明編『行政学講座 (第1巻)』(東京大学出版会、1976) 92－3頁。
(40) 片岡寛光『国民と行政』(早稲田大学出版部、1990) 6頁。
(41) 松下圭一『都市文化をデザインする：松下圭一対談集』(有斐閣、1984) 189頁。
(42) 西尾勝「分権改革による自治世界の形成」西尾・小林・金・前掲書140頁。
(43) アルトジウスと補完性の原理に関しては、トマス・O. ヒューグリン「下からの連邦主義」山口二郎・山崎幹根・遠藤乾編『グローバル化時代の地方ガバナンス』(岩波書店、2003) などを参照。
(44) 遠藤乾「ポスト主権の政治思想」『思想』945号 (2003) 210頁ならびに遠藤乾「日本における補完性原理の可能性」山口・山崎・遠藤・前掲書254頁を参照。
(45) 同様の見解にはたとえば松下圭一が、自治体、国の政治・行政と文化のかかわりに関して、市民や自治体による「『文化戦略』ないしはこれにともなう『条件整備』のみにとどまり、顕彰・勲章のバラマキ、あるいは補助・支援、また協働などに見られるような、個別施策ないし個別事業による、市民文化活動への介入であってはならない」(『転型期日本の政治と文化』197頁) と指摘している。
(46) 澤田哲夫「補完性原理」日本EC学会編『EC統合の深化と拡大』(日本EC学会年報) 第12号 (1992) 39頁。
(47) ヨーロッパ評議会編、大津浩・廣田全男訳「補完性の原理の定義と限界」『経済と貿易』188号 (2004) 134頁。

推薦図書

- 足立忠夫『行政サービスと責任の基礎理論』(公職研、1990)。
- 足立幸男『公共政策学入門』(有斐閣、1994)。
- 片岡寛光『公共の哲学』(早稲田大学出版部、2002)。
- 桂木隆夫『公共哲学とはなんだろう：民主主義と市場の新しい見方』(勁草書房、2005)。
- 齋藤純一『公共性』(岩波書店、2000)。
- 佐々木毅・金泰昌ほか編『公共哲学』(東京大学出版会、2001-6)。
  (特に西尾勝・小林正弥・金泰昌編『公共哲学』11巻 (東京大学出版会、2004))。
- 日本行政学会編『政策決定と公共性』(年報行政研究 10) (勁草書房、1973)。
- 宮本憲一編著『公共性の政治経済学』(自治体研究社、1989)。
- 山口定ほか『新しい公共性：そのフロンティア』(有斐閣、2003)。
- 山脇直司『公共哲学とは何か』(ちくま新書、2004)。

あとがき

　行政の現実は、日々変転している。これは、その正当性基盤を提供する政権の交代が生じた場合の政策変化のみならず、日常的な行政対応において、環境がもたらす変化を意味している。本書は、こうした行政の変化を、最新の状況を分析することで描こうと試みたものである。執筆メンバーは、早稲田大学大学院政治学研究科博士後期課程において、本学名誉教授であられる片岡寛光先生の薫陶を直接或いは間接に受けた30歳代の研究者たちである。

　本書では、行政が現在置かれている社会的コンテクストをまず第1章で概観した後、そのコンテクスト全体の運営・管理手法の展開を、第2章で議論している。このコンテクストの中で、特に今日喫緊の課題となっている市民団体と行政の関係が、第3章の対象である。

　これらのコンテクストの中で行政に影響を与える外在的要因として、テクノロジーとリスクをそれぞれ取り上げ、第4章と第5章で取り扱っている。これらの状況に対応する行政自体の変化として、行政改革の諸相を、第6章では日本の中央政府レヴェルで、そして第7章では地方政府レヴェルで、それぞれ概観している。

　続く第8章では、こうした行政改革の契機となるべき政策評価について、やはり中央と地方それぞれのレヴェルでの実態を取り上げている。そして最後の第9章では、社会的コンテクスト全体の中での行政のあり方を考える公共の哲学を議論し、本書を纏める形となっている。

　このように、本書では、行政の現実を、その全体像や他のアクターとの関係、そして運営理念から説き起こした後、外在的要因との関係を捉え、中央と地方での改革の現実とその契機としての政策評価を議論し、最後に行政のあり方を考えている。こうした構成で行政学を標榜することは、恐らくこれまで余り行われてこなかっただろう。

　その成果に対する評価は、読者諸氏に是非お願いしたい。ただ、その前に一点だけ申し述べさせて頂くなら、行政を社会全体のコンテクストで捉える

ことが、本書全体を貫く一つのモティーフである、と言うことである。これは、行政を決して独立した一つの組織としてのみ捉えるのではなく、環境と常に連関して動態する主体と考え、それを行政を巡る諸相から解き明かそうと試みている、ということである。つまり、行政をよりマクロな視点から考察するという試みが、本書の第一の目的であり、その意味で、既に序でも述べられている通り、行政学の常套手段の一つであるミクロな視点での考察には、欠けるところが多かったかも知れない。しかしながら、行政と環境との相互作用を捉えるには、やはり行政を社会的コンテクストで観察することが必要であり、この点、読者におかれては、ご了解頂ければ幸甚である。

　本書『コレーク行政学』、そして文字通り姉妹編である『コレーク政策研究』を、藤井浩司教授との共編で出版できることは、この上ない喜びである。教授とは、片岡寛光先生が1980年に修士課程行政学研究指導を担当され始めたその年から、先生の学恩に浴してきた間柄である。彼が、1997年に本学へ戻られて以来、学部・大学院において行政学を中心として共に研究を展開してきた縁で、今回の公刊に漕ぎ着けた。これからも、学恩の万分一に報いるべく、相互に切磋琢磨したい。

　最後となったが、両編の出版を快くお引き受け下さり、両書を政治経済叢書と位置づけて下さった成文堂阿部耕一社長には、衷心から感謝し申し上げる。そして、プロジェクト立上げから刊行まで、いつもながら、一貫して寛容を以ってご尽力下さった成文堂相馬隆夫氏に、心から御礼申し上げる。有難うございました。

2007年5月

縣　公一郎

索　引

あ

ICT ……71, 72, 74, 76, 77, 78, 80, 82, 84, 85, 86, 87, 88, 89, 90, 91, 92, 93, 94, 123, 134
IT ……………………………………………81, 83, 84
IT 基本法 ………………………………………76
青木一能 ………………………………………101
アカウンタビリティ …2, 4, 5, 6, 7, 8, 9, 12, 20, 61, 63, 64, 66, 113, 175, 178
足立幸男 ………………………………………209
アドボカシー ………………55, 58, 60, 61, 62, 66
安倍晋三 …………39, 46, 71, 134, 135, 136, 137
アマチュアリズム ……………………………57
新たなリスク（新しいリスク）……114, 115, 116
アリストテレス（Aristotelēs）……196, 197, 198, 199, 203, 205, 207, 215
アルトジウス（Johannes Althusius）…………213
アレント（Hannah Arendt）………198, 199, 200
e-Japan ……………………………72, 76, 77, 78
井出嘉憲 ………………………………………216
イノベーション …55, 71, 72, 74, 78, 84, 88, 91, 92, 93, 94
インターネット …72, 73, 74, 75, 76, 77, 78, 86, 87, 89
インフラストラクチャー・オーガニゼーション …………………………………………………62
ウィットマン（Rovert V. Whitman）…………99
ウェーバー（Max Weber）……………………27
エージェンシー …10, 13, 15, 18, 31, 32, 33, 35, 37, 140
NGO ……………………………………1, 8, 195
NPM …4, 5, 6, 7, 8, 9, 10, 13, 19, 26, 27, 28, 29, 30, 31, 33, 34, 35, 36, 37, 38, 39, 40, 42, 43, 44, 46, 84, 89, 90, 91, 92, 124, 172, 173, 195
NPO …1, 10, 11, 51, 52, 53, 54, 55, 56, 57, 58, 59, 60, 61, 62, 63, 64, 65, 66, 195
NPO 法 …………………………………………195
エンドポイント ……96, 97, 91, 102, 107, 109, 111

大住荘四郎 ……………………………………6
オズボーン（David Osbourne）………………29

か

ガーニ（Azra C. Ghani）………………………110
科学的知見 ………………………102, 105, 113
風間規男 ………………………………………101
舵取り …………4, 5, 6, 7, 8, 10, 11, 12, 13, 19, 20
舵取りと漕ぎ手の分離…………………………29
片岡寛光 …………………………197, 201, 210, 212
片山虎之助 ……………………………………158
活私開公 ……………………………204, 207, 215
合併新法 ……………………………………155, 157
合併特例法 …………………152, 153, 155, 156, 157
加藤寛 …………………………………………126
ガバナンス …1, 2, 3, 4, 6, 7, 8, 9, 10, 14, 19, 20, 101, 195
ガバナンス論 ………………………4, 5, 7, 214
ガバメントからガバナンスへ…………1, 4, 213
唐木英明 ………………………………………107
官から民へ………………37, 39, 124, 129, 144, 195
官製市場 ……………………………38, 39, 40, 41, 143
機関委任事務 …39, 147, 148, 149, 150, 151, 164
規制改革 ………………………41, 76, 127, 128, 143, 145
規制改革委員会 ………………………………127
規制改革会議 ……………………………39, 128
規制改革・民間開放推進会議 …38, 39, 41, 128
規制緩和 …10, 13, 29, 40, 41, 114, 126, 127, 142, 143, 195
規制緩和委員会 ……………………………127, 143
吉川肇子 ………………………………………101
キッケルト（Walter J. M. Kickert）……………10
規範理論 ……………………………211, 212, 216
金泰昌 …………………………………………207
行革委員会（行政改革委員会）………………127
行革会議（行政改革会議）…37, 128, 129, 130, 132, 135, 138, 140, 173
行革審（臨時行政改革推進審議会）…126, 127,

224　索　引

　　　　　　　　　　　　131, 135, 142, 148
競合パラダイム …………………………52, 54
行政機関政策評価法 ……174, 175, 176, 177, 181
強制競争入札 …………………………10, 30, 33
行政国家 …………………………27, 200, 201
行政 CIO ……………………………………92, 93
行政の守備範囲論 …………………………124
行政評価 …………………6, 34, 38, 42, 44, 82, 168
業績測定 …6, 168, 169, 172, 173, 177, 178, 183,
　　　　　　　　　　184, 185, 186, 187
グラハム（John D. Graham）……………100
クリントン（Bill Clinton）………………28
経済財政諮問会議 ……37, 38, 39, 129, 135, 136,
　　　　　　　　　　　　　137, 158
携帯電話 ……………………72, 74, 75, 76, 78
ケトル（Donald F. Kettl）…………………13
ケネディ（John F. Kennedy）……………171
ゲブラー（Ted Gaebler）…………………29
現実主義的理想主義 …………206, 209, 211, 216
小泉純一郎 ……37, 38, 39, 40, 42, 129, 130, 136,
　　　　　　　　　　137, 139, 158, 164
公共経営 ……………26, 27, 28, 31, 43, 44, 46, 82
公共経営モデル ……………………25, 26, 28
公共性 ………26, 45, 46, 143, 194, 195, 196, 199,
　　　　　200, 201, 204, 205, 206, 207, 208, 209, 210,
　　　　　212, 213, 215, 216
公共政策 …………………206, 209, 211, 216
公共性の構造転換 …………………200, 201
公行政モデル ………………………25, 27, 28
公共的な生 ………………………………199
公共的な「善」 …………………………197
公共哲学的行政学 ………………………208
構造改革 ……37, 38, 42, 76, 129, 130, 136, 137,
　　　　　　　　　　　　　142, 158
構造改革特区 ……………40, 41, 128, 143, 144
顧客志向 ……………………18, 29, 38, 44
個人情報保護 ………………………………79, 81
国家中心アプローチ ………………………4, 19
国家と社会の自同化 ………………200, 201
国庫補助負担金 ……………158, 159, 160, 161
小林正弥 ……………………………………206
コミュニタリアニズム …………………202, 205
コミュニティ ………………100, 151, 156, 165

さ

SARS …………………………………95, 114
サイデル（Judith R. Saidel）………………61
齋藤純一 ………………………………196, 200
サッチャー（Margaret Thatcher）……28, 30, 31,
　　　　　　　　33, 35, 46, 47, 66, 156, 194
佐藤栄作 …………………………………125
佐藤喜三郎 ………………………………125
サラモン（Lester M. Salamon）……………56
3E ……………………………………34, 171
三公社の民営化 ……………36, 126, 138, 195
サンデル（Michale Sandel）……202, 203, 205
三位一体の改革 ……42, 129, 136, 158, 159, 161,
　　　　　　　　　　　　162, 163
ジェソップ（Bob Jessop）…………………1, 4
支援行政 …………………………………215
事後評価 ……26, 34, 35, 36, 44, 169, 176, 178,
　　　　　　　　　　　　179, 185
市場化テスト ………33, 34, 39, 41, 42, 128, 144
事前評価 …………………169, 176, 178, 179, 185
自治事務 …………………………………150
市町村合併 ……39, 42, 151, 152, 155, 157, 164
実践知 …………………………197, 198, 203, 205
指定管理者 …………………30, 39, 40, 41, 43, 144
市民憲章 ……………………………………33, 34
事務事業評価 …………………44, 182, 184, 185, 186
事務の共同処理 …………………………152, 153
社会中心アプローチ ………………………5, 9
集合的営為 …………………………………95, 212
住民基本台帳ネットワーク ……………78, 81, 84
シュンペーター（Joseph Alois Schumpeter）…71
情報公開 …………………………63, 81, 86, 127
ジョンソン（Lyndon Johnson）…………170, 171
城山英明 …………………………………101
新自由主義 …………………………5, 25, 195
新地方行革指針 ……………………………42, 43
スロビック（Paul Slovic）………………99, 113
成果（アウトカム）指標 ……………179, 186, 187
政官関係 ……………………134, 135, 136, 137
税源移譲 ……………158, 159, 160, 161, 162, 163
政策評価 ………37, 91, 128, 167, 168, 169, 170,
　　　　171, 173, 174, 175, 176, 177, 178, 179, 181,
　　　　182, 183, 184, 185, 186, 187, 188

索　引　225

政策分析 ……………………168, 169, 170, 177, 186
脆弱性 ……………………………………93, 96, 99
制度選択論 ………………………………………53
政府中枢 ……………………13, 15, 16, 17, 19, 20
セクショナリズム ………………………124, 131, 205
セン（Amartya Sen）……………………………100
総合規制改革会議 …………38, 39, 41, 127, 128

た

第一臨調（臨時行政調査会）……125, 126, 135
第二次臨調（第二次臨時行政調査会）…36, 124,
　　　　　　　　　　126, 131, 138, 142, 148, 195
高橋はるみ ……………………………………164
竹中平蔵 ………………………………………162
橘木俊詔 ………………………………………101
地域総合行政主体 ……………………………42, 43
小さな政府…………27, 29, 30, 36, 124, 194, 195
チェンバース（Robert Chambers）……………100
地方交付税（交付税）…153, 158, 159, 160, 162,
　　　　　　　　　　　　　　　　　　　163
地方制度調査会 ………………153, 154, 157, 164
地方分権 ……8, 38, 39, 127, 129, 148, 149, 150,
　　　　　　　　　　　　　151, 158, 164, 214
地方分権一括法 ………………………………149
地方分権改革推進委員会 ……………………163
地方分権改革推進会議 ………………………42
地方分権改革推進法 …………………………163
地方分権推進委員会（分権委員会）…42, 148,
　　　　　　　　　　　　　149, 150, 158, 163
地方分権推進法 …………………………148, 163
地方分権の推進に関する決議 ………………148
地方六団体 …………151, 159, 160, 161, 162, 163
中位投票者 ………………………………………53
中央省庁再編 ……128, 129, 132, 133, 134, 135,
　　　　　　　　　　　　　　136, 137, 145
辻清明 …………………………………………208
テイラー（Frederick Taylor）…………………27
テングス（Tammy O. Tengs）…………………99
電子政府 ………………………………76, 77, 82, 83
電子メール …………72, 73, 74, 77, 78, 85, 87
道州制 …………………………151, 163, 164, 165
道州制特区推進法 ……………………………165
道路関連四公団民営化 ……………………130, 139
特殊法人 ………………………130, 139, 140, 141

独立行政法人 ……30, 31, 37, 40, 128, 130, 140,
　　　　　　　　　　　　　　　　　　　141
土光敏夫 ………………………………………126

な

内閣機能強化 …………………124, 128, 135, 137
中曽根康弘 ……………………………36, 125, 195
中西準子 …………101, 109, 110, 111, 114, 115
中邨章 …………………………………………101
中村治郎 ………………………………………194
中谷内一也 ……………………………………101
西尾私案 ………………………………………155
西尾勝 …………………………154, 211, 212, 213, 214
ネットワーク …1, 3, 4, 5, 6, 8, 9, 10, 11, 12, 13,
　　　　　20, 62, 72, 73, 76, 77, 78, 79, 80, 81, 87, 93
ネットワーク・ガバナンス ………………9, 11, 12
ネットワーク管理 ………………………10, 13

は

ハースト（Paul Q. Hirst）……………………5, 6
パートナーシップ ……1, 3, 9, 17, 18, 54, 64, 65
ハーバーマス（Jürgen Habermas）……200, 201
ハイデン（Carol Hyden）………………………14
暴露 ……………………………96, 102, 107, 117
暴露量 ……………………101, 107, 109, 110, 111
ハザード ……………96, 101, 107, 109, 111, 117
橋本行革 …………………………37, 39, 128, 129, 134
橋本龍太郎 ……………………37, 128, 149, 173
パソコン …72, 73, 74, 75, 76, 78, 79, 80, 83, 93
パターナリズム ………………………………56, 57
パブリック・コメント ………………12, 87, 185
バリュー・フォー・マネー …………28, 31, 34
パワー（Michael Power）………………………35
BSE …95, 102, 105, 106, 107, 108, 109, 110, 111,
　　　　　　　　　　　112, 113, 114, 115
PFI ……………………………………30, 43, 91
ピーターズ（B. Guy Peters）………2, 4, 7, 8, 13
PPBS ……………………………………………170
ピエール（Jon Pierre）………………………2, 7, 8
日高六郎 ………………………………………196
評価結果の反映 ………………………………177
評価指標 ………………………………26, 77, 172
費用効果分析 …………………………………170
費用便益分析 …………………………169, 170, 194

フッド（Christopher Hood）……………………28
プラトン（Platōn）………………………197, 198
ブレア（Tony Blair）…13, 14, 17, 18, 19, 20, 28,
　　　　　　　　　　　　　　　　　　36, 66, 156
ブロードバンド ………………73, 76, 77, 78, 86
プログラム評価 …168, 169, 170, 171, 172, 177,
　　　　　　　　　　　　　　　　　　186, 187
平成の大合併 ……………………151, 156, 165
ヘーゼルタイン（Michael Heseltine）…………31
ベック（Ulrich Beck）………………………………99
ベニントン（John Benington）………………14
ベラー（Robert N. Bellah）……………205, 206
法定受託事務 ……………………………………150
補完性の原理 …………………213, 214, 215, 216
細川護熙 …………………………………127, 135
ボランタリーの失敗 ……………………56, 59
ボランティア ………………………52, 56, 57, 59
ポリット（Christopher Pollitt）………………14

ま

毎熊浩一 ……………………………………………6
マクローリン（David Mcloughlin）……………99
松下圭一 ……………………………208, 209, 211
丸山眞男 ……………………………………………206
御手洗冨士夫 ……………………………………71
宮内義彦 …………………………………………39
宮本憲一 …………………………………………194
民営化 ……6, 9, 10, 27, 30, 33, 45, 51, 126, 129,
　　　　　　　130, 138, 139, 140, 143, 144, 145
民間委託 ……6, 9, 30, 33, 36, 43, 45, 51, 91, 144
民間活力の導入 ……………………30, 43, 45
村山富市 …………………………………………135
メージャー（John Major）……28, 33, 36, 66, 156

や

山川雄巳 …………………………………………209
山口定 ………………………………………210, 211
山脇直司 …………………………194, 198, 205, 207
u-Japan……………………………………72, 76, 77, 78
郵政民営化 ……………129, 130, 134, 136, 138, 139
ユビキタス ………………………………………78
予防原則 ……………………………………100, 112, 113

ら

リスクコミュニケーション…99, 101, 113, 114, 115
リスク社会 ……………………………………99, 101
リスクトレードオフ …………100, 113, 116, 117
リスク評価 ……96, 101, 106, 107, 108, 109, 111,
　　　　　　　　　　　　　　　　　　114, 115
リスクマネジメント …97, 98, 107, 114, 115, 117
理想主義的現実主義 …………………………206, 216
リップマン（Walter Lippmann）………201, 202
リング（Tony Ling）…………………………15
ルーマン（Niklas Luhmann）………………99
レイナー（Sir Derek Rayner）………………31
レイブ（Lester B. lave）……………………100
レーガン（Ronald Reagan）……………172, 194
連携政府 ……………………………14, 15, 18, 19, 20
ローズ（R. A. W. Rhodes）…5, 10, 11, 12, 19, 20
ロールズ（John Rawls）……………………203
リスク社会 ………………………………………99

わ

ワイズブロッド（Burton A. Weisbrod）………53
ワフ（William L. Waugh）……………………116

執筆者紹介

＊藤井　浩司（ふじい　こうじ）　　　　早稲田大学政治経済学術院教授
＊縣　公一郎（あがた　こういちろう）　早稲田大学政治経済学術院教授

新谷　浩史（しんたに　ひろし）　　　　東洋大学法学部講師
久保木匡介（くぼき　きょうすけ）　　　長野大学環境ツーリズム学部専任講師
廣川　嘉裕（ひろかわ　よしひろ）　　　関西大学法学部准教授
上田　啓史（うえだ　ひろふみ）　　　　早稲田大学大学院政治学研究科博士後期課程
神田　隆之（かんだ　たかゆき）　　　　早稲田大学大学院政治学研究科博士後期課程
武藤　桂一（むとう　けいいち）　　　　清和大学法学部講師
武岡　明子（たけおか　あきこ）　　　　札幌大学法学部専任講師
宇野　二朗（うの　じろう）　　　　　　札幌大学法学部専任講師
宮﨑　文彦（みやざき　ふみひこ）　　　千葉大学人文社会科学研究科COEフェロー

（＊編者）

コレーク行政学		政治経済叢書

2007年10月31日 初版 第1刷発行

編　者　　藤　井　浩　司
　　　　　　縣　　公　一　郎

発行者　　阿　部　耕　一

〒162-0041　東京都新宿区早稲田鶴巻町514番地
発　行　所　　株式会社　成文堂
電話 03(3203)9201(代)　Fax 03(3203)9206
http : //www.seibundoh.co.jp

製版・藤原印刷　　　　　　　　　　製本・弘伸製本
　　©2007 K. Fujii, K. Agata　　　Printed in Japan
☆乱丁・落丁本はおとりかえいたします☆　検印省略
ISBN978-4-7923-3230-3　C3031
定価（本体2500円＋税）

政治経済叢書

コレーク政策研究　　　　　　　縣公一郎・藤井浩司/編
　　　　　　　　　　　　　　　A5判/244頁/2500円＋税

コレーク行政学　　　　　　　　藤井浩司・縣公一郎/編
　　　　　　　　　　　　　　　A5判/240頁/2500円＋税